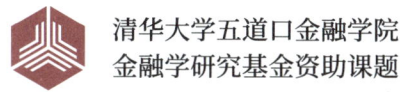

清华大学五道口金融学院
金融学研究基金资助课题

致知录：中国资本市场实践与思考

Attaining Knowledge: Practice and Review on China's Capital Market

安青松 著

中国财经出版传媒集团
中国财政经济出版社

图书在版编目（CIP）数据

致知录：中国资本市场实践与思考／安青松著．－－北京：中国财政经济出版社，2020.5

ISBN 978－7－5095－9769－9

Ⅰ．①致… Ⅱ．①安… Ⅲ．①资本市场－研究－中国 Ⅳ．①F832.5

中国版本图书馆 CIP 数据核字（2020）第 067800 号

责任编辑：付克华　　　　　　　　责任校对：徐艳丽
封面设计：锦麒麟文化

中国财政经济出版社 出版

URL：http：//www.cfeph.cn

E－mail：cfeph @ cfeph.cn

（版权所有　翻印必究）

社址：北京市海淀区阜成路甲 28 号　邮政编码：100142
营销中心电话：010－88191537
北京时捷印刷有限公司印刷　各地新华书店经销
787×1092 毫米　16 开　22.5 印张　408 000 字
2020 年 6 月第 1 版　2020 年 8 月北京第 2 次印刷
定价：88.00 元
ISBN 978－7－5095－9769－9
（图书出现印装问题，本社负责调换）
本社质量投诉电话：010－88190744
打击盗版举报热线：010－88191661　QQ：2242791300

——致敬中国资本市场创立三十周年

序

30年前上海证券交易所的成立标志着中国证券市场的起步。30年来，中国证券市场经历了从无到有、从小到大，从对经济的影响微乎其微到成为中国配置金融资源重要手段的过程。成立之初，中国只有8家上市公司、十几亿元的市值，2019年年末已经建成了由主板、中小板、创业板、科创板和新三板构成的多层次资本市场，有3700多家上市公司和近60万亿元的市值。中国国内生产总值跃居全球第二的同时，股票市场和债券市场的规模也同样成为全球第二。

回顾过去30年的发展，中国资本市场的发展之路并不是一帆风顺。旧的体制和历史遗留问题不可能一下消除，法律和制度的健全和完善也不可能一蹴而就，投资者对于资本市场的理性认识和正确理解更是一个非常漫长的过程。我们既不可能完全照搬照抄其他国家的做法，又不可能随机游走式地误打误撞。从中国国情出发，尊重社会和经济发展规律，闯出一条中国特色的资本市场发展之路，是我们一直坚持的目标和追求，而不断地反思和总结，则是业界、监管层和学术界共同的任务。

清华大学五道口金融学院的前身是中国人民银行研究生部，以"培养金融领袖，引领金融实践，贡献民族复兴，促进世界和谐"为使命，锐意打造国内领先、国际一流的金融高等教育平台和金融学术、政策研究平台。学院作为中国改革开放的历史见证者和推动中国金融变革的身体力行者，特别设立了专项基金，动员全社会的力量积极参与中国的金融研究。安青松博士的著作《致知录：中国资本市场实践与思考》就是学院基金支持的研究成果。

安青松博士具有深厚的理论基础和丰富的实践经验，他长期工作在中国资本市场的第一线，参与了中国资本市场的多项重要改革，亲历了中国上市公司监管制度构建的全部过程。同时，安博士也长期利用业余时间在五道口金融学院从事教学工作并担任了硕士生导师，这些学术工作也助推了他对中国资本市场制度与实践进行全面和系统地思考。本书在回顾中国资本市场和证券业发展历程的基础上，反思历史真相，总结实践经验，梳理发展逻辑，探寻规律趋势，提出了加快资本市场基础制度建设和推动证券业高质量发展的方向、方法和方案，具有重要的理论价值和实践意义。

本书既是一本了解中国资本市场发展历程的轻松读本，又是思考中国资本市场发展逻辑和发展道路的深度读物；既是金融研究者了解资本市场历史真相的多维视窗，又是金融从业者践行初心使命的广角视镜。

我隆重向大家推荐这本书！

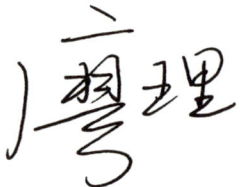

讲席教授、博士生导师
清华大学五道口金融学院常务副院长
清华大学金融科技研究院院长
2020年5月

前　言

2020年是中国资本市场创立30周年。在伟大的改革开放实践中，发展市场经济和虚拟经济是最前沿的领域，资本市场作为二者结合的高级形态，在中国的实践没有教科书可以示范，也没有普遍适用的经验可资借鉴，一切都靠"在事上磨"。自从事资本市场工作以来，我从最初碰到一件事就写一个案例开始，慢慢养成了格物致知和笔耕不辍的习惯，并一直保持了近30年。得益于这一习惯，我完成了在中国社会科学院金融所的博士后研究，并通过了社科系列研究员高级职称的评审。本书是得益于这一习惯的又一成果。

本书的缘起是清华大学五道口金融学院金融学课题研究项目。自2016年受聘担任清华大学五道口金融学院业界导师以来，除指导金融学硕士研究生论文外，经常应邀为学生讲授"资本市场理论与实践"相关课程，讲述的主要内容就是亲身经历的那些事以及用经济金融学原理贯通的思考。正如约瑟夫·熊彼得所说："一个没有掌握足够历史真相，没有足够历史感或者没有所谓历史经验的人，毫无可能理解任何时期（包括现今）的经济现象"。在大小数十场讲座和数以千计学生中获得广泛一致好评，引人入胜之处就在于亲历者的历史视角和实践者的真相思考。有此机缘，廖理教授建议我在学院金融学研究基金的支持下，继续结合工作实践开展相关领域的课题研究工作，并期待有更多的金融学研究者能够分享到这些实践性、前瞻性很强的课题研究成果。正是在学院金融学研究基金的支持下，完成了"中国证券业高质量发展路径探索"的课题研究，也是本书的主体内容之一。

　　本书分上下两篇。上篇"格物篇"，由1份总报告和3份分报告组成。4份研究报告紧扣一个主题，就是探讨如何通过完善证券服务机构的能力和责任体系，建设高质量的投资银行和财富管理机构。研究方法是通过"回看走过的路、比较别人的路、远眺前行的路"，力图弄清问题的来龙去脉，找准问题的解决方案，探明高质量发展的基本路径。研究成果力求体现中国证券业发展的历史经验、实践比较、逻辑规律和趋势共识。研究提出，从中华民族伟大复兴的战略全局和世界百年未有之大变局来看，资本市场在经济高质量发展和现代金融体系中发挥着日益重要的中枢作用。资本市场的中枢作用是现代化经济体系的重要特征，主要体现在4个方面，即投融资交易的枢纽、经济信息传导的枢纽、风险定价管理的枢纽、引导预期稳定的枢纽。证券公司是发挥资本市场中枢作用的重要环节，是促进提高要素资源配置效率和创新资本形成效率的核心中介机构，应当推动高质量的创新发展和更高水平的开放，不断完善现代投资银行的基本功能，健全与资本市场中枢作用相适应的能力和责任体系，打造具有更高适应性、竞争力和普惠性的现代投资银行。当前中国证券业高质量发展受制于5个方面的结构性问题，即大市场小行业、大金融小证券、大场内小场外、大公募小私募、大管制小自律问题；推动证券业高质量发展，需要统筹好5个方面的关系，即直接金融与间接金融均衡发展的关系、场内市场和场外市场协同发展的关系、投资功能与融资功能协调发展的关系、中介机构能力与责任对等匹配的关系、激励创新与防范风险适度相容的关系。建设高质量的投资银行和财富管理机构，是打造一个规范、透明、开放、有活力、有韧性资本市场的核心基础设施，需要抓住5个方面的发展机遇，即投资银行业务将回归本源、财富管理业务将成熟定型、投资者结构将持续优化、资本市场创新将突出导向、资本市场体系将配套健全；着力提升6个方面的适应性，即适应资本市场新使命增强服务实体经济能力、适应注册制改革新环境提升投资银行枢纽作用、适应全面开放新趋势全面提高核心竞争力、适应科技运用新发展改善市场投融资生态、适应行业文化建设新动能打造证券公司"软实力"、适应经济高质量发展新要求构建良好市场生态。进而围绕打造具有高度适应性、竞争力、普惠性的现代投资银行，从推动证券业更高水平开放、合理优化中介机构责任体系、全面提升投资银行核心能力、加快财富管理业务转型升级、促进证券服务数字化发展、推进行业文化和市场生态建设6个方面，提出了中国证券业高质量发展的措施和建议。王惠娟、黄钰薇、潘燕、徐仕达、李家鸣等同志参加了总报告的调研和撰写工作；黄健、赖朝晖、李亚琳、王惠娟、王晓慧、徐仕达等同志参加了3个分报告的调研和撰写工作，韩卓、顾军峰等同志为分报告课题研究提出了指导意见；学院刘碧波老师、卢诗凝老师参加了课题研究讨论。

本书下篇"究理篇"，汇集了在学院讲授"资本市场理论与实践"课程的主要观点，以及阐述这些观点形成的23篇专业文章。近年来，这些文章陆续在《中国金融》《清华金融评论》等核心经济期刊和重要经济论坛上发表，内容涵盖资本市场功能定位、发展逻辑的思考与前瞻，资本市场基础制度建设经验的回顾与启示，上市公司、证券公司高质量发展的探讨与认识，金融科技和财富管理最佳实践的洞察与借鉴，推动区域资本市场发展与证券业高质量创新发展的探索与实践。针对受美国金融发展模式影响，形成的经济金融化、金融自由化、金融业脱实向虚趋势，作者提出新时代中国特色资本市场发展的新方位是促进完善现代化经济体系，应当聚焦3个方面的校准工作方向：一是遵循市场规律和发展逻辑，找准服务实体经济的正确方向。二是紧握金融供给侧结构性改革主线，着力解决发展不平衡、不充分问题。三是紧扣质量效率动力变革主题，健全具有高度适应性、竞争力和普惠性的现代金融体系。新时代资本市场发展应当遵循"回归本源、优化结构、强化监管、市场导向"的重要原则，始终坚持法治化、市场化的发展逻辑，切实做到4个尊重：一是尊重法律制度，坚持依法治市，把发展与监管工作全部纳入法制轨道。二是尊重市场规律，按市场规则办事，更好地发挥政府作用。三是尊重金融属性，坚守风险底线，特别关注金融内生的信用脆弱性、杠杆放大性、价格失真性和危机传染性风险。四是尊重专业精神，按专业主义行事，增强市场公信力和稳定市场预期。当前落实金融供给侧结构性改革，关键是发挥好资本市场提高资源配置效率的枢纽功能，重点围绕提高金融供给体系的质量和效率，从提高市场效率、制度效率、创新效率、监管效率4个方面，加快完善资本市场基础制度；上市公司质量是资本市场投资者价值投资的源泉，提高上市公司质量须坚持高质量发展标准，强化创新驱动发展导向，坚定回归本源优化结构，着力理顺国家发展战略的资本市场传导机制、金融资本与实体产业的良性互动机制、资本市场服务实体经济的政策传导机制；须着力从公司治理、信息披露、"看门人"机制、退市机制4个方面加强制度建设和执行效力，健全中国特色上市公司质量保障体系。持续推进资本市场深化改革，是打造一个规范、透明、开放、有活力、有韧性资本市场的核心动力，需要应对好4个方面的风险挑战：经济下行的宏观环境和持续去杠杆的压力，导致"融资饥渴症"泛滥的风险；全方位配套改革，防止政策措施"叠加共振"的风险；市场化改革"单兵突进"，在制度成熟定型磨合期，缺乏市场共识的风险；放松管制的改革取向，在监管适应性不足的情况下，出现"一放就乱"的风险。新一轮资本市场改革应当把着力点放到加强系统集成、协同高效上来，更加注重改革的系统性、整体性和协同性，围绕提高资源配置效率的核心使命，优化融资结构、机构结构、市场结构、产品结构,为现代化经济的产业体系、市场体系、区域发展体系、绿色发展体系等提供高质量的金融服务,补齐服务中小微先进制造企业、新一代科技创新企业和人民日益增长的财富管理需求的"短板",推动资本市场基础制度更加成熟、更加定型,构建资本市场长期健康发展的良好生态。

需要说明的是,本书分享的课题研究成果和课程讲授观点,是作者多年在监管机关、监管基层和自律组织工作实践的体察、体会和体悟,并尽量体现了调研中市场主体的共识和智慧,包括参与课题研究的同事和学生贡献的卓识,具有较强的实践指导性和理论独创性,为金融学理论研究者和资本市场工作者提供重要的从业经验、历史真相和理论视角。书中所述不代表作者供职单位的立场和观点。

2020 年 3 月

目 录

上篇 "格物篇"

总研究报告：中国证券业高质量发展路径探讨 ······· 3

没有充分发展的证券行业就没有高度发达的资本市场。新修订实施的《证券法》，将重塑证券服务机构能力和责任体系；注册制改革试点及推广的新环境，将推动投资银行向市场化纵深发展；资本市场全面开放的新格局，将促进提升证券公司核心竞争力；证券科技运用的新发展，将深度重构资本市场投融资生态，为证券业发展带来新的挑战和机遇。建设具有高度适应性、竞争力和普惠性的投资银行，是证券业高质量发展的目标和方向。推动证券业更高水平开放、合理优化中介机构责任体系、全面提升投资银行核心能力、加快财富管理业务转型升级、促进证券服务数字化发展、推进行业文化和市场生态建设，是证券业高质量发展的基本路径。

一、中国证券业发展历程回顾 ······················ 4
  （一）证券公司初创成长发展阶段 ················ 6
  （二）证券公司快速增长发展阶段 ················ 10
二、证券行业发展状况与存在的问题 ················ 13
  （一）中国证券业发展的基本状况 ················ 13
  （二）中国证券业发展存在的问题 ················ 21
三、当前证券业面临的发展环境变化 ················ 32
  （一）资本市场新使命增强服务实体经济的能力 ···· 32
  （二）注册制改革新环境提升投资银行枢纽作用 ···· 34

（三）全面开放新趋势促进全面提升核心竞争力 ………… 37
（四）科技运用新发展改善资本市场投融资生态 ………… 39
（五）行业文化建设新动能提升证券公司"软实力" ………… 41
（六）经济高质量发展新要求构建良好市场生态 ………… 44
（七）新环境下行业发展面临的历史性机遇 ………… 45
四、证券业高质量发展的目标和措施建议 ………… 46
（一）建设具有高度适应性、竞争力和普惠性的投资银行 ………… 47
（二）推动证券业高质量创新发展的主要措施和政策建议 ………… 49

分研究报告Ⅰ：关于推动证券行业高质量发展的建议 ………… 67

证券业是支持打造规范、透明、开放、有活力、有韧性资本市场的重要主体。当前中国证券业尚处于低水平发展阶段，推动证券业高质量发展是跨越阶段的迫切要求和发挥资本市场枢纽功能的关键环节。在深入调研征集行业意见、广泛凝聚市场共识的基础上，形成了就改善制度环境、激发市场活力、推动证券业高质量发展的9点建议。

一、加强投资银行功能建设，全面提升核心业务能力 ………… 67
二、推动经纪业务转型升级，打造财富管理专业平台 ………… 69
三、积极发展场外市场业务，丰富实体经济投融资工具 ………… 70
四、完善跨境业务制度安排，提升证券公司国际竞争力 ………… 71
五、积极开发运用金融科技，形成创新驱动发展新格局 ………… 72
六、大力发展综合机构业务，增强证券公司核心竞争力 ………… 74
七、不断完善风险管理体系，提升全面风险管理的水平 ………… 75
八、积极拓宽资本补充渠道，增强可持续发展资本实力 ………… 76
九、促进改善外部发展环境，推动证券行业高质量发展 ………… 77

分研究报告Ⅱ：创新财富管理中介业务研究 ………… 79

财富管理是支持资本市场实现投资功能的重要业务。中国证券基金机构财富管理能力，受制于政策制度局限，明显落后于欧美同行，难以满足人民日益增长的财富管理需要。建议加快完善资本市场相关制度机制安排，支持证券基金机构增强财富管理能力、发挥好"买方中介"作用，提升资本市场资金供给的专业性、稳定性、多样性，促进形成投融资功能平衡发展的市场生态。

  一、中国证券基金行业财富管理业务存在的主要问题……………… 79
  二、境外市场发展财富管理业务的实践经验…………………………… 82
  三、发展财富管理业务的政策建议……………………………………… 85

分研究报告Ⅲ：优化"看门人"执业生态研究……………………………… 88

  "看门人"机制是资本市场的一项重要治理方式，其通过要求各类证券服务机构承担核查验证、专业把关的职责，来保障发行人的信息披露质量。中国资本市场"看门人"机制存在职责配置失衡、行政追责失效、司法惩戒缺位、声誉约束缺失等现状问题，应当借鉴成熟市场最佳实践，着力从提升追责体系效能、完善权责匹配规则、健全声誉约束机制等方面，优化"看门人"执业生态。

  一、中国资本市场"看门人"机制存在的问题……………………… 88
  二、境外成熟市场"看门人"机制的最佳实践…………………… 91
  三、优化市场"看门人"执业生态的政策建议…………………… 94

下篇 "究理篇"

新时代中国资本市场发展的新方位……………………………………… 99

  近年来国内外金融市场各种发展动向交织出现：全球金融业向"服务交易"异化趋势明显，金融业脱实向虚、推高实体部门成本，中国金融体系中直接融资"短板"突出，银行储蓄资金"转移"引发股市异常波动，金融部门冲击实体企业案例时有发生。围绕建设现代化经济体系的战略目标，中国资本市场应当谨遵客观规律和发展逻辑，着力找准服务实体经济正确方向；紧抓金融供给侧结构性改革主线，聚力解决经济社会发展不平衡不充分问题；紧扣质量效率动力变革主题，健全具有高度适应性、竞争力和普惠性的现代金融体系。

新时代金融工作的重要原则与资本市场的发展逻辑 ········· 108

回归本源、优化结构、强化监管、市场导向是当前做好金融工作的重要原则。回归本源是金融回归内生于实体经济的本源，金融产品回归银行、证券、保险业务属性，金融机构回归中介服务的角色定位，金融市场回归公募与私募、直接金融与间接金融不同体系。优化结构应着力为分散不确定性创造金融产品，增加有效投资；为新兴产业发展提供金融支持，合理进行资产定价和权益保护；为绿色投资提供中长期资金供给的制度安排；在产能过剩行业促进僵尸企业退出和存量资产重组。强化监管是针对影子银行、资管嵌套经营、新兴金融企业过度杠杆等风险加强宏观审慎监管，针对融资者的欺诈风险、金融中介的道德风险和投资者的无知、贪婪和短视风险，加强微观审慎与行为监管。市场导向是注重发挥金融市场决定资源配置、价格发现、风险管理的核心功能，切实做到尊重法律制度，坚持依法治市；尊重市场规律，按市场逻辑办事；尊重金融属性，坚守风险底线；尊重专业精神，按专业主义行事，增强市场公信力和稳定市场预期。

加快完善资本市场基础制度 ········· 116

围绕提高金融供给体系的质量和效率，着力从提高市场效率、制度效率、创新效率、监管效率，加快完善资本市场基础制度；着力解决交易所市场中长期资金不足、中小投资者股权意识淡薄、机构投资者投资行为短期化等资本市场结构性问题，在大力发展公众化、标准化交易所市场的同时，推动规范发展场外市场，补齐服务中小微先进制造、科技创新企业的短板；着力解决大市场小行业、大金融小证券、大场内小场外、大公募小私募、大管制小自律等金融体系结构性问题，进一步释放创新驱动发展活力。

上市公司质量与资本市场发展 ········· 122

资本市场的经济"晴雨表"功能，主要体现在上市公司质量。上市公司质量包括经济效益、治理能力、信息真实和会计基础等方面。提高上市公司质量，需要理顺国家发展战略的市场传导机制、资本与产业的良性互动机制、服务实体经济的政策传导机制；增强对新技术、新产业、新业态、新模式的制度支持，促进形成实体经济、科技创新、现代金融、人力资源协同发展的产业体系，把握好强化监管与市场导向的关系，防范化解科技创新在资本市场形成叠加共振风险。

提高上市公司发展质量，促进完善现代化经济体系 ………… 128

上市公司是现代企业制度的高级形态，是混合所有制经济的最优形式，具有制度体制机制的发展优势。上市公司质量是引领创新驱动发展，推动发展质量、效率、动力变革，引导转变发展方式、优化经济结构、转换增长动能的风向标。提高上市公司质量应当以建设现代化经济体系为发展导向，以服务经济高质量发展为价值导向，以防控金融风险为问题导向，抓住优化经济结构、强化科技创新、深化改革开放、加快绿色发展和参与全球经济治理体系变革带来的新机遇，推动上市公司实现高质量发展，筑牢资本市场长期健康发展基石。

健全上市公司质量保障体系 ………… 134

建设中国特色上市公司质量保障体系，应当结合中国资本市场的国家属性、政治属性、文化传统和社会基础，在遵循市场规律的基础上，减少行政性保障和干预，完善市场基础制度，增强公司治理、信息披露和看门人机制的制度约束，促进实现3个有机统一：即遵守《宪法》规定与依据《公司法》健全公司治理内在逻辑的有机统一；党的领导、行政监管和公司自治协调运转的有机统一；中介保证、市场约束和社会监督归位尽责的有机统一，全方位多维度保障上市公司的公共信用。

资本市场制度建设的经验与启示 ………… 140

一部资本市场发展史，制度建设扮演了核心的角色。本文结合近30年监管工作经历，从如何客观地认识资本市场的功能作用，如何专业地认知资本市场的特征性质，如何历史地看待资本市场建设的实践经验，如何有效地发挥好资本市场的枢纽功能4方面，讲述资本市场制度建设的"故事"，期以鉴往事有资于治道，推动构建行政监管、自律规范、公司治理、中介监督、司法惩戒五位一体，各司其职、各负其责的综合监管体系，形成行政监管精准、中介把关有效、司法惩戒有力、企业文化健康的监管合力，充分发挥市场约束、规则约束、诚信约束、声誉约束的作用，促进完善资本市场基础制度。

股权分置改革的经验与启示 ························· 166

股权分置改革是市场化改革的成功实践。从股权分置问题的最初提出，到广泛征集解决方案，聚焦讨论"基于股份取得成本差异，非流通股股东如何补偿流通股股东"问题而陷入误区，最后回归金融本质、市场属性、制度本位，采取统一组织，分散决策，让"两类股东协商对价平衡预期收益"的方式，通过合作博弈达成帕累托改进目标，推动中国股票市场出现转折性变化，为私募市场和私募基金、创业板和多层次市场体系、股指期货和各类金融衍生品创设打开了发展空间，促进形成权利公平、机会公平、规则公平的股权文化和股东共同利益基础的公司治理，构建起资本市场规范发展的良好生态。

资本市场并购重组制度建设经验 ····················· 173

并购重组是资本市场的基础制度，是要素资源市场化配置的重要方式。在中国资本市场30年发展历程中，并购重组经历了股权分置格局下、股权分置改革推进中和完善市场化制度安排3个重要阶段，各个阶段并购重组制度建设的实践经验，客观反映了特定时期的制度变迁逻辑和市场发展规律。实践表明，尊重市场放松管制，尊重规律宽严相济，尊重专业激励创新，市场导向扶优限劣，强化监管兴利除弊，是资本市场并购重组制度建设的重要经验，也是贯通资本市场基础制度建设的基本逻辑。

上市公司再融资监管制度研究 ······················· 181

上市公司再融资是发展股权融资、促进资本形成、服务实体经济的重要渠道。上市公司再融资与IPO审核监管审核理念具有差异性，上市公司再融资是建立在持续信息披露和监管的基础上，更有条件实施以信息披露为核心的注册制，提高上市公司再融资效率，增强A股市场的制度吸引力。建议借鉴美国知名发行人制度，实行再融资发行人资质分类管理，通过正面准入或者负面清单方式，对发行人资质进行分类分层,形成发行人融资资质名单;实施"分道制"审核,根据发行人的融资资质,提供差异化的审核流程;完善发行配售市场化机制;构建适应注册制模式的问责体系。

回归本源,优化结构,推动证券行业高质量发展 ……………… 187

证券业迈向高质量发展,需要解决好3个问题:一是找准站位与站队,提高政府、市场对行业的信任度。自觉向增强服务实体经济能力站位,向促进现代化经济体系建设站队,建立政府、市场和行业良性互动的信任基础。二是坚守定位与定力,回归本源,优化结构。全面贯彻落实新的发展理念,坚持守正创新,防止脱实向虚和自我循环。三是坚定方向与方位,推动高质量创新发展。努力提升投资银行服务实体经济能力,全面加强风险管理、投资交易、产品设计、金融科技、研究分析等核心业务能力建设,推动数字化转型向深度发展。

建设高质量的证券财富管理机构 …………………………… 203

国际成熟市场经验表明,投资顾问制度是推动财富管理业务发展的重要载体,账户管理能力是提供财富管理服务的关键环节,财富管理业务的"买方中介"定位促进形成以客户为中心的业务模式,有利于提升市场资金供给的专业性、稳定性和多样性。深化资本市场投资端制度改革,建设高质量的财富管理机构,应当分步构建投资顾问牌照体系,深入推进相关试点;加强财富管理账户体系建设,同步强化持续监管;丰富财富管理产品体系,对接客户个性化需求;理顺薪酬和评价体系,提升从业人员专业能力;强化科技赋能与运用,加快财富管理数字化平台建设。

健全完善资本市场投融资制度 ……………………………… 214

当前资本市场发展环境面临深刻的、积极的变化,推动投资银行功能回归本源、投资者生态持续优化、财富管理业务更加成熟定型、资本市场创新更加突出导向、资本市场体系更加配套健全。全面深化资本市场投融资制度改革,需要统筹应对好4个方面的风险挑战:一是经济下行的宏观环境和持续去杠杆的压力,导致"融资饥渴症"泛滥的风险。二是全方位配套改革,防止"叠加共振"的风险。三是市场化改革"单兵突进",在制度成熟定型磨合期,缺乏市场共识的风险。四是放松管制的改革取向，在监管适应性不足的情况下，形成"一放就乱"的风险。

推动证券业实现更高水平开放 ························ 221

资本市场开放是建设更高水平开放型经济新体制的重要一环。资本市场的开放属性，是完善市场流动性机制和健全全球定价机制的内在要求。资本市场实施更高水平的对外开放，促进要素资源在境内外市场和更高层次上优化配置，以开放倒逼改革，推动证券公司业务多元化、经营全球化、服务国际化，有利于提高证券业国际竞争能力；在全面开放的大格局下，证券公司参与"一带一路"建设，有利于提高全球定价能力、维护国家金融主权、参与国际金融治理。

准确把握证券业深化科技运用新趋势 ·················· 228

科技运用打破了传统投资银行的业务、地域界限，拓展了证券业务的时空、广度和深度，提高了证券服务效率，降低了证券交易成本，改善了证券产品的供给质量和效率。伴随着市场活动以数字化、虚拟化、智能化、云服务等方式呈现，极大地改变了投资银行的业务生态和场景。证券业迫切需要进一步增强科技运用的战略布局，加大证券科技的开发运用，提高信息技术系统集成的自主性，补齐证券科技产业链相应环节，提升数据治理能力，共建共享共治的行业数据生态，推动数字化转型。

守正笃实推进证券行业文化建设 ······················ 242

推进文化建设应当牢固树立服务实体经济的价值观，克服脱实向虚、自我服务倾向；牢固树立以贯彻新发展理念为中心任务的发展观，克服急功近利、投机取巧文化；牢固树立以防范金融风险为首要任务的风险观，切实防止道德风险酿成系统性风险。行业文化建设以制度建设强基，以生态培养固本，以文化形成致远；需要处理好行业文化建设与公司文化建设的关系、公司治理与文化建设的关系、公司文化建设与从业人员自律的关系、自律管理的底线要求与最佳实践的关系；切实把文化建设与人的建设结合起来、与历史传承结合起来、与专业养成结合起来、与党建要求结合起来。

全面提升证券业服务经济高质量发展能力 ·················· 253

证券业应当把握好五大战略机遇，全面提升服务经济高质量发展能力：一是把握加快经济结构优化升级的机遇，加强投资银行能力建设，全面提升核心业务能力和综合服务功能。二是把握提升科技创新能力的机遇，深化科技运用，促进证券业与金融科技的深度融合。三是把握全面深化改革开放的机遇，以开放倒逼改革，以更高水平的开放应对外部不确定性，提升证券业国际竞争力。四是把握加快绿色发展的机遇，适应绿色投资回报期长的特点，为中长期资金供给提供制度安排，大力发展绿色金融。五是把握参与全球经济治理体系变革的机遇，推动建设国际一流投资银行，增强证券业国际化发展水平。

适当性是有效保护投资者权益的基础 ·················· 261

投资者适当性制度是资本市场的核心基础制度。由于信息不对称问题难以消除，传统契约关系中的主体平等无法实现，"卖者有责"成为资本市场的重要契约原则。投资者适当性是实现"卖者有责"原则的基本保障，是保护投资者权益的第一道防线；证券公司承担适当性管理的主体责任，发挥投资者适当性的"看门人"作用责无旁贷，促进形成投资者权益得到有效保护的良好生态，是证券公司锻造、提升核心竞争力的重要一环。

推动证券业更好服务民营经济高质量发展 ·················· 266

资本市场为民营企业提供权利公平、机会公平、规则公平的发展环境，构建市场化的资本金增加机制，促进民营企业发展壮大，形成与民营企业共生共荣的发展机制。证券公司作为资本市场的核心中介机构，通过股票、债券、股票质押、股权基金等多种市场工具，满足了不同发展阶段民营企业多样化的金融需求，推动民营企业从家族企业转变为公众公司，建立现代企业制度。当前民营企业发展处在质量、效率、动力变革的重要关口，发挥好资本市场的枢纽功能，更好服务民营经济高质量发展、支持民营企业走向更加广阔的发展平台，是证券业责无旁贷的时代使命。

证券业服务脱贫攻坚出实招重实效 ·· 272

精准脱贫是决胜全面建成小康社会的关键。中国证券业协会以高度的政治自觉和社会责任,积极发挥传导、动员、组织、督促作用,引导行业切实履行社会责任,发起"一司一县"倡议,截至2019年5月,101家证券公司结对帮扶283个国家级贫困县,覆盖了全国34%的国家级贫困县;推动"一县一企"行动,证券公司帮助贫困地区企业融资2000多亿元。在金融扶贫、产业扶贫、消费扶贫、智力扶贫、公益扶贫等领域多措并举,截至2019年5月,13家贫困地区企业通过IPO"绿色通道"发行上市,募集资金74亿元;证券公司为贫困地区政府人员、企业管理人员等开展资本市场教育培训430场,培训人员达7.8万余人次。

推进青岛资本市场发展和财富管理中心建设的若干建议 ········· 286

2014年针对青岛上市公司数量偏少、区域经济证券化率偏低、股权融资规模偏小、证券经营业态偏窄等,与区域经济的发展水平、财富管理金融综合改革试验区不相匹配的状况,提出推进青岛资本市场发展和财富管理中心建设的6点建议:支持青岛上市公司顺应新常态实现转型升级;内引外联打造"基金宜居城",助力财富管理中心建设;健全蓝海股权交易中心的职能定位;健全证券经营业态,提升财富管理服务实体经济水平;适应多层次市场和双向开放发展趋势,大力培育上市资源;提升青岛辖区期货行业发展水平。

提升天津资本市场服务实体经济能力和水平的若干建议 ········· 295

2016年针对天津资本市场发展存在的直接融资占比较低,融资结构失衡;上市公司质量效益不高、结构不合理、与区域经济关联度不大;上市、挂牌公司利用资本市场的能力相对较弱、后备资源不足;证券、基金、期货机构服务实体经济能力不强等问题,提出7点补齐"短板"的建议:推动建立与天津战略定位和经济地位相匹配的直接金融体系;以深化混合所有制改革为方向,增强市属国企上市、挂牌公司体制机制活力和发展后劲;重点推进以上市公司为主体的并购重组,推动经济转型升级,提高发展质量和效益;提升天津资本市场与实体经济的关联度;发挥资本市场中介机构的专业优势,支持企业规范发展提升核心竞争力;规范发展区域性股权市场;加强金融监管,防控金融风险,维护金融安全。

中国上市公司并购基金研究 ········· 303

> 并购基金是指投资方向定位于并购企业的私募股权基金。本文比较分析中外并购基金发展的历史沿革和功能作用,实证分析2014~2016年并购基金在中国资本市场的发展状况和积极作用,深度剖析上市公司及相关方利用并购基金进行题材炒作、伪市值管理和不正当利益输送等现象,进而提出上市公司参与设立并购基金,不能走脱实向虚的邪路,应当加强政策引导,完善制度安排,坚持市场化、专业化、合规化方向,促进产业资本与金融资本的有机结合,更好地为实体经济服务。

参考文献 ········· 324

后记 ········· 333

上篇

格物篇

"致知在格物，物格而后知至"

（《礼记·大学》）

本篇探讨如何通过完善证券服务机构的能力和责任体系，建设高质量的投资银行和财富管理机构。研究方法是通过"回看走过的路、比较别人的路、远眺前行的路"，力图弄清问题的来龙去脉，找准问题的解决方案，探明高质量发展的基本路径。研究成果力求体现中国证券业发展的历史经验、实践比较、逻辑规律和趋势共识。研究结论表明，建设具有更高适应性、竞争力、普惠性的现代投资银行，是打造一个规范、透明、开放、有活力、有韧性的资本市场的核心基础设施。

总研究报告：
中国证券业高质量发展路径探讨

摘要：中国证券业是资本市场改革发展的实践成果。伴随着经济市场化改革的进程，中国资本市场走过了30年探索发展的历程，证券业得以不断发展壮大。服务实体经济、贯彻新发展理念、防范金融风险是新时代金融工作的核心任务，也是证券行业高质量发展的靶向目标。站在新的历史起点，新修订实施的《证券法》，将重塑证券服务机构的能力和责任体系；注册制试点及全面推广的新环境，将改变投资银行的发展生态；资本市场全面开放的新格局，将改变证券业的市场竞争环境；科技运用的新发展，将改变证券交易、服务的技术生态，为证券行业高质量发展带来新的挑战和机遇。

打造规范、透明、开放、有活力、有韧性的资本市场，需要构建更加健康、健全、可持续的证券服务业发展生态。本报告旨在通过回溯中国资本市场发展及制度演进的历史脉络和发展逻辑，分析中国证券业由简单到复杂的发展历程，由低级到高级的变化趋势，以及所反映出的前进性、曲折性、周期性发展规律；通过体察法律制度变迁、国际经验得失、技术迭代发展、市场生态演进等外因变化，以及证券公司经营模式、专业能力、文化生态、人员素质等内因变化，深刻揭示证券业高质量发展面临的适应性、竞争力、普惠性不足的问题。在此基础上探讨推动证券业高质量发展的目标方向和基本路径，进而提出推动证券业更高水平开放、合理优化中介机构责任体系、全面提升投资银行能力、加快财富管理业务转型升级、推进证券服务数字化创新、促进行业文化和市场生态建设6个方面58条措施建议。

关键词：证券业　高质量发展　创新　挑战和机遇

致知录：中国资本市场实践与思考

中国证券业是资本市场改革发展的实践成果。伴随着经济市场化改革的进程，中国资本市场走过了30年探索发展的历程，证券业得以不断发展壮大。党的十九大报告提出，中国经济已由高速增长阶段转向高质量发展阶段，正处在转变发展方式、优化经济结构、转变增长动力的攻关期，建设现代化经济体系是跨越关口的迫切需要和中国发展的战略目标。在新的发展阶段和发展战略背景下，高质量发展成为证券业新的历史使命和历史方位。本文试图通过"回看走过的路、比较别人的路、远眺前行的路"，透过历史经验和历史真相，深入探讨中国证券业高质量发展的基本路径和方向，进而提出推动中国证券业高质量发展的方针和政策建议。

一、中国证券业发展历程回顾

广义的证券业包括证券公司和证券服务机构，狭义的证券业专指证券公司，本文研究的重点为证券公司。根据《证券法》（2019年12月修订，2020年3月实施）的有关规定，设立证券公司，应当具备《证券法》规定条件，并经国务院证券监督管理机构批准。未经批准，任何单位和个人不得以证券公司名义开展证券业务活动。经核准取得经营证券业务许可证的证券公司，可以从事证券经纪、证券投资咨询、与证券交易、投资有关的财务顾问、证券承销与保荐、证券融资融券、证券做市交易、证券自营及其他证券业务。依照上述立法本义，证券公司是法定设立、特许经营的金融机构。

早期证券经营机构和证券业务，主要是由人民银行承担监管职责。人民银行负责制定股票和债券相关试点的政策和规定并对证券经营机构实施监管。1991年8月，在人民银行推动下，证券行业的自律性组织——中国证券业协会成立，时任全国人大副委员长陈慕华担任名誉会长，人民银行常务副行长郭振乾担任会长；中国证券业协会承担证券行业自律监管职能。1992年10月，国务院证券委员会和中国证券监督管理委员会（以下简称"证监会"）成立，中国资本市场进入集中统一管理阶段。1997年8月，经国务院批准，上海证券交易所和深圳证券交易所划归证监会直接管理。同年11月，为理顺证券监管体制，将原由人民银行监管的证券经营机构划归证监会统一监管，中国证券业协会同时划归证监会管理。1998年4月，证监会与国务院证券委员会合并，证监会依据法律、法规和国务院授权，统一监督管理全国证券期货市场，维护证券期货市场秩序，保障其合法运行。证监会的主要职责之一是监管证券期货经营机构、证券投资基金管理公司、证券登记结算公司、期货结算机构、证券期货投资咨询机构、证券资信评级机构；审批基金托管机构的资格并监管其基金托管业务；制定有关机构高级管理人员任职资格的管理办法并组织实施；指导中国证券业协会、期货业协会开展证券期货从业人员资格管理工作。

证券公司是资本市场最重要的中介机构和参与主体，在资本市场运行中发挥着重要的枢纽作用，证券公司高质量发展是"打造一个规范、透明、开放、有活力、有韧性的资本市场"的关键环节。回顾中国证券公司的发展历程，可以发现，证券公司的发展历程是中国改革开放历史大背景下的具体场景之一，也是经济市场化改革的重要成果之一。伴随着计划经济体制向社会主义市场经济体制的转变，证券公司的发展经历了从无到有，由小到大，制度不断完善，规模不断壮大的发展历程。

纵观中国证券公司的发展历程，体现出由简单到复杂、由低级到高级的变化趋势，呈现出波浪式前进、循环往复上升的发展过程，反映出前进性、曲折性、周期性的发展规律。伴随着中国资本市场30年的探索实践，证券公司大致经历了两轮发展循环：发展—暴露问题—治理规范—再发展。第一轮循环是初创成长阶段，萌芽于20世纪80年代，肇始于1990年上海证券交易所、深圳证券交易所开办营业，证券公司逐步从商业银行、信托公司脱离出来独立经营，在经历了萌芽初创、野蛮生长之后，暴露出挪用客户保证金、违规经营等问题，2004年8月起进行为期3年的证券公司综合治理，至2007年8月，以确立客户资金第三方存管、构建净资本约束为核心的监管制度为标志，证券公司全面进入规范发展新阶段；第二轮循环是快速增长阶段，其始于 2007 年股权分置改革基本完善后，资本市场出现转折性变化，证券公司业务领域、创新发展空间得到大大拓展，并经由 2012 年管理层推动创新发展，证券公司规模、业务实现快速增长，但在 2015 年股市异常波动之后进入合规风控体系建设期，2019 年转向探索高质量发展新阶段。

（一）证券公司初创成长发展阶段

中国证券业发展的滥觞，最早可以追溯到 20 世纪 80 年代商业银行和信托公司的国债承销业务。随着改革开放由农村向城市的不断深入，经济活力得到持续释放，作为微观经济主体的企业对资金需求十分迫切，北京天桥、深圳宝安等企业率先进行股份制改革试点，并通过发行企业债券和在内部发行股份融资，飞乐音响、延中实业等企业开始尝试向社会公众公开发行股票融资，开创了通过证券市场直接融资的先河，为中国证券业的孕育、产生和发展提供了土壤。1984 年 11 月，中国工商银行上海信托投资公司旗下静安证券营业部代理发行"飞乐音响"和"延中实业"两只股票；1986 年 8 月，经中国人民银行沈阳分行批准，沈阳市信托投资公司正式成立，并向社会开办债券转让业务，成为改革开放后全国首家设立债券交易柜台的证券经营机构。1986 年 9 月，中国工商银行上海信托投资公司静安证券营业部也开始对其代理发行的"飞乐音响"和"延中实业"两只股票开展柜台挂牌交易，成为股票二级交易市场的雏形。早期的证券业务发端于商业银行和信托公司，但是随着证券业务实践的发展，现代证券公司的雏形开始萌芽，为此后中国证券市场和证券行业的发展提供了宝贵经验和实践借鉴。1987 年 9 月，经中国人民银行批准，深圳市 12 家金融机构出资组成的全国第一家专业性证券公司深圳经济特区证券公司成立，并于 1988 年正式启动国债柜台交易。此后，为配合国库券在全国范围内的转让推广，由中国人民银行牵头陆续在各省市组建了 33 家证券公司。中国工商银行上海信托投资公司旗下静安证券营业部是当时全国事实上最大的股票发行市场、交易市场和管理机构。截至 1991 年年末，在中国证券业协会登记的各类证券经营机构会员达 170 家，但是这些证券经营机构的业务结构较为单一，资产规模相对较小，且缺乏机构独立性和业务专业化。

进入20世纪90年代，特别是1990年上海证券交易所、深圳证券交易所相继开业，为证券公司成为独立经营实体和市场主体提供了重要的经济环境。1992年党的十四大提出中国经济体制改革的目标是建立社会主义市场经济体制，以市场为导向的经济体制改革步入全新的历史时期，国有企业全面推行以公司制为代表的现代企业制度，为证券公司的业务发展提供了重要的政策环境。1992年由财政部、中国建设银行、中国工商银行、中国农业银行、交通银行和中国人民保险公司等联合发起的国泰证券10月5日在上海成立，华夏证券10月8日在北京成立，南方证券12月21日在深圳成立，这三大全国性证券公司的成立标志着全国性证券公司群体的兴起。与此同时，各地方政府也相继成立了区域性证券公司，如江苏证券公司、浙江证券公司、湖北证券公司等。1993年12月，国务院发布《国务院关于金融体制改革的决定》，明确要求银行业、保险业、证券业和信托业实行"分业经营"的原则。1995年《商业银行法》进一步规定分业经营的原则要求。1996年7月，人民银行发布《关于人民银行各级分行与所办证券公司脱钩的通知》，要求63家与人民银行有股权关系的证券公司在规定期限内与人民银行脱钩，并要求四大国有商业银行与所属信托投资公司挂钩，证券营业部转让给证券公司和信托投资公司。商业银行与证券公司分业经营的格局逐步锚定，大量证券经营机构从银行、信托和财政体系中剥离出来，形成了专业独立的证券公司。截至1995年年底，在中国证券业协会登记的独立专业证券公司数量为97家，各类证券经营机构营业网点数量达2600多家。1998年实施银证脱钩，审计署对88家证券公司同步进行全面审计。审计表明，证券行业当时挪用保证金、违规理财等行为比较普遍，资产质量较低，隐藏巨大历史风险。

1999年7月《中华人民共和国证券法》正式实施，首次以法律形式确立了证券公司法定设立、特许经营的法律地位，为证券公司开展证券经营业务健全了法律环境。根据《证券法》的规定，证券业、银行业、信托业和保险业分业经营、分业管理。设立证券公司，必须经国务院证券监督管理机构（即"证监会"）审查批准。同时，明确对证券公司实行分类管理，分为经纪类和综合类证券公司，由证监会按照其分类颁发业务牌照。综合类证券公司除可以从事经纪类业务外，还可以从事自营业务、证券承销业务以及证监会核定的其他业务。按照《证券法》分业经营的要求，证券经营机构进一步规范整合，各类兼营机构逐步退出了证券业务领域，原有业务与网点整合转型为证券公司或其营业部。2001年12月，中国加入世界贸易组织（WTO），加大金融业开放是中国加入WTO的承诺内容之一，外资进入证券公司成为大势所趋。2002年6月，证监会发布《外资参股证券公司设立规则》，规定境外机构参股证券公司的比例不得超过1/3。根据该规则，华欧国际证券有限公司、长江巴黎百富勤证券有限责任公司和海际大和证券有限责任公司3家中外合资证券公司先后于2003年2月、2003年11月和2004年11月在上海注册成立，外资均持股33%。

处于初创成长发展阶段的证券行业，由于相关法律法规、监管制度不健全，证券公司法人治理结构不完善，经营模式较为单一，业务领域较为局限，合规意识十分薄弱，抗风险能力不强，主要依靠证券市场行情上涨生存。在证券市场持续走低的态势下，许多证券公司脱离证券业务经营，开始介入房地产投资、实业投资和违规融资活动，从而形成大量不良资产；部分证券公司的自营投资和委托理财业务严重亏损，证券公司挪用客户交易结算资金、违规资产管理等问题形成的风险逐渐暴露出来。特别是2001年以后股市持续低迷，证券行业连续4年亏损，各种违规和风险问题集中暴露，资金链面临断裂，行业技术性破产，社会信誉跌至冰点。各种矛盾和问题的"水落石出"，全面触发证券公司的信用风险和发展危机，一些证券公司陷入困境后，投资者权益得不到有效保护的问题十分突出。2004年1月国务院发布《关于推进资本市场改革开放和稳定发展的若干意见》（即"国九条"），提出促进资本市场中介服务机构规范发展，提高执业水平，把证券、期货公司建设成为具有竞争力的现代金融企业。2004年8月证监会全面部署和启动证券公司综合治理工作。综合治理工作主要围绕摸清证券公司风险底数并督促整改、完善制度与建立机制、稳妥处置高风险公司并推进行业整合、完善法律制度并强化违法违规打击力度4个方面进行。截至2017年8月底，为期3年的综合治理工作完成，有31家高风险公司被关停或被托管，其中，南方证券、闽发证券等被关停，天一证券、金通证券等被托管。3年综合治理平稳化解了证券公司长期积累的风险和历史遗留问题，证券行业扭转了连续4年亏损的现象，证券公司的合规经营意识和风险管理能力得到加强，证券行业监管法规制度得以完善，初步建立了风险防范的长效机制。

与此同时，2005年10月全国人大审议通过《证券法》修订案，并于2006年1月正式实施。新修订的《证券法》对证券公司的设立条件进行了完善，尤其对股东的资格做出了细化的规定；取消经纪类和综合类证券公司的分类，对证券公司实行按业务分类监管；明确规定证券公司客户的交易结算资金应当存放在商业银行，以每个客户的名义单独立户管理；要求监管部门对证券公司净资本，净资本与负债的比例，净资本与净资产的比例，净资本与自营、承销、资产管理等业务规模的比例，负债与净资产的比例，以及流动资产与流动负债的比例等风险控制指标作出规定，构建以净资本为核心的监管指标体系。2007年6月，证监会发布《证券公司分类监管工作指引（试行）》，明确以证券公司风险管理能力为基础，结合公司业务能力和市场规模，对证券公司进行重新分类，支持优质证券公司做大做强。根据该指引的规定，监管部门依据证券公司风险管理能力评价得分，将证券公司分为5类11级：A（AAA、AA、A）、B（BBB、BB、B）、C（CCC、CC、C）、D、E。

中国证券公司伴随着新兴加转轨的资本市场发展不断成长，经历了早期资本市场起起伏伏的洗礼，也经受了野蛮生长带来的困顿，通过3年综合治理出清了风险隐患和历史遗留问题，构建起规范发展的基本制度框架，更为重要的是股权分置改革的顺利完成，资本市场出现转折性变化，为证券公司拓展业务打开了市场空间，为证券公司进入快速增长发展阶段奠定了坚实基础。

（二）证券公司快速增长发展阶段

随着股权分置改革的顺利完成，中国资本市场基础制度得以完善，极大地拓展了资本市场发展的广度和深度，为证券行业的创新发展打开了空间、释放了动能。2008年6月国务院颁布实施《证券公司监督管理条例》，从法规层面进一步明确以防范风险为根本内容的证券公司监管制度框架，从证券公司的设立与变更、治理结构、业务开展与风险控制、客户资产保护以及监督管理等方面明确了具体要求。2008年7月证监会配套发布实施《证券公司合规管理试行规定》，进一步细化证券公司合规管理的具体内容、组织、环节、程序、责任和目标。健全完善证券公司规范运作的治理结构、合规风控和分类监管要求，为证券公司快速发展创造了积极条件。

2008年6月证监会陆续发布《上市公司重大资产重组管理办法》《上市公司并购重组财务顾问管理办法》；2009年10月深圳证券交易所推出创业板；2010年3月证监会公布融资融券首批6家试点券商，融资融券业务进入市场操作阶段；2010年4月沪深300股指期货合约正式上市交易；2013年1月全国中小企业股份转让系统正式运营。2013年5月，上海证券交易所、中国证券登记结算有限责任公司联合发布《股票质押式回购交易及登记结算业务办法（试行）》，为开展股权质押式回购交易业务打开通道。上述市场体系、业务领域和产品结构的不断丰富，使证券公司的经营范围从初创期的仅限于证券经纪、证券承销和证券自营三大传统业务，扩展到财务顾问、资产管理、融资融券、股票质押式回购、约定购回式证券交易、债券质押式报价回购交易、衍生品以及私募股权投资等多元化业务。同时，证券公司具体业务的内涵也得到拓展：保荐承销业务覆盖的企业群体既有国有企业，又有民营企业；既有大型企业，又有中小微型企业；既有传统企业，又有创新企业。证券经纪业务不仅为投资者提供主板交易咨询业务，而且还为其提供中小板、创业板、新三板交易咨询业务等。

为贯彻落实第4次全国金融工作会议精神和《国务院关于进一步促进资

本市场健康发展的若干意见》（国发〔2014〕17号），提高证券公司核心竞争力，2012年8月证监会印发《关于推进证券公司改革开放、创新发展的思路与措施》，从提高证券公司理财类产品创新能力、加快新业务新产品创新进程、放宽业务范围和投资方式限制、扩大证券代销金融产品范围、支持跨境业务发展、推动分支机构组织创新、鼓励证券公司发行上市和并购重组、拓展证券公司基础功能发展柜台业务、改革完善证券公司风险控制指标体系、探索长效激励机制、加强证券行业社会责任建设11个方面提出36项具体措施。2014年5月证监会发布《关于进一步推进证券经营机构创新发展的意见》，就进一步推进证券经营机构创新发展，从建设现代投资银行、支持业务产品创新、推进监管转型3个方面提出了15条意见，涉及54项具体措施。在此背景下，证监会、证券业协会组织推动证券公司开展了包括融资及交易类、投资类、经纪类等在内的18项创新业务。其中，中国证券业协会组织开展直投基金、场外股权质押回购、收益凭证、股票收益互换、场外期权、区域性股权市场、互联网证券、场外证券业务8项创新业务。随着中国资本市场广度和深度的拓展，证券行业创新驱动发展取得积极成效，2008~2014年证券公司迎来了快速增长发展的"黄金期"。截至2014年年末，证券公司家数、总资产、净资产、净资本、管理资产规模、从业人员数量分别达到120家、4.09万亿元、9205.19亿元、6791.60亿元、7.96万亿元、23.97万人，较2008年年末分别增长12.15%、240.83%、156.77%、135.25%、8561.59%、210.13%；2014年度证券公司分别实现营业收入、净利润2602.84亿元、965.54亿元，较2008年度分别增长108.06%、100.32%。

2015年股票市场的异常波动，给市场信用和投资者信心造成很大伤害，突出暴露出中国金融业发展不平衡、不充分问题。特别是近年来中国金融业发展明显加快，形成了多样化的金融机构体系、复杂的产品结构体系、信息化的交易体系、更加开放的金融市场，尤其是金融创新发展形成的综合经营趋势，对现行的分业监管体制带来巨大挑战。就资本市场而言，不成熟的交易者、不完备的交易制度、不完善的市场体系、不适应的监管制度，突出反映出中国资本市场基础性制度存在重大缺陷。同时证券业在创新驱动发展过程中，也暴露出存在重速度、重规模，忽视合规风控，忽视国情阶段，忽视发展质量，业务无序扩张，创新无章可循等问题，造成行业信用风险、流动性风险隐患。

为贯彻落实第5次全国金融工作会议精神，打好防范重大金融风险攻坚战，从2016年起证券行业进入合规风控体系建设期。按照"回归本源、优化结构、市场导向、强化监管"原则，证监会以加强全面风险管理为主线，推动健全完善合规风控规则体系，陆续发布或修订了《证券公司和证券投资基金管理公司合规管理办法》《证券公司风险控制指标管理办法》《证券期货投资者适当性管理办法》《证券公司投资银行业务内部控制指引》；证券业协会发布了《证券公司全面风险管理规范》《证券公司合规管理实施指引》《证券公司压力测试指引》等一系列合规和风控的业务规范，特别借鉴巴塞尔协议Ⅲ对投资公司的监管要求，进一步完善了证券公司以净资本和流动性为核心的风控体系。证券业协会针对投行类尽职调查和承销行为，发布了《首次公开发行股票承销业务规范》《科创板首次公开发行股票承销业务规范》以及网下投资者管理的自律规则；针对公司债券承销、尽调和受托管理中存在的问题，证券业协会发布了《公司债券承销业务规范》《公司债券承销业务尽职调查指引》《公司债券受托管理人执业行为准则》等。

针对2012年以来证券公司开展的18项创新业务，在证监会统一部署下进行了疏堵结合、分类规范，如证监会暂停了私募基金综合托管服务资格的新增；中国结算暂停了非现场开户过程中的单向视频方式的新增；证券业协会于2015年11月暂停了"融资类"和"通道类"的股票收益互换业务，2018年5月暂停了场外股权质押交易；放缓了互联网理财业务中的理财账户试点，进一步规范场外期权业务等。针对场内股票质押业务出现的风险，证券业协会和沪深交易所发布了股票质押业务相关规则；针对场外证券业务和区域性股权市场，证监会发布了《区域性股权市场信息报送指引（试行）》，证券业协会发布了《场外证券业务备案管理办法》《区域性股权市场自律管理与服务规范》。此外，由于证券公司柜台市场、场外证券业务等规则在出台时对业务范围界定不够清晰，行业在开展业务时存在对业务性质和边界把握不清的情况，最终表现在《场外证券业务备案管理办法》中规定的 14 项场外证券业务，实际上有一半并未实际开展。

2018 年 4 月，中国人民银行、中国银保监会、中国证监会、国家外汇管理局联合印发了《关于规范金融机构资产管理业务的指导意见》，按照产品类型制定统一的监管标准。2018 年 10 月，证监会发布《证券期货经营机构私募资产管理业务管理办法》及《证券期货经营机构私募资产管理计划运作管理规定》，明确证券期货经营机构私募资管业务监管要求。随着一系列资管新规定的落地，证券行业资管业务通道化、管理职责不清、内部管控不力等问题得到明确规范，资管业务中刚性兑付、多层嵌套、杠杆畸高等乱象得到有效解决，标志着证券行业资管业务步入金融强监管时代。

经过 2016 年以来一系列规范治理工作，证券行业风控指标得到明显改善。截至 2019 年年底，证券公司的风险覆盖率、资本杠杆率、流动性覆盖率、净稳定资金率分别为 255%（监管要求是 100%）、23%（监管要求是 8%）、277%（监管要求是 100%）、145%（监管要求是 100%），4 项核心风控指标大幅超过监管要求，为证券业由快速增长发展转向高质量发展奠定了坚实基础。

二、证券行业发展状况与存在的问题

（一）中国证券业发展的基本状况

中国证券业经过 30 多年的持续发展，规模实力、服务能力、资产质量、规范水平得到明显提升，收入渠道不断拓宽，核心竞争力日益增强。在此坚实基础上，随着国民经济的持续健康发展、金融供给侧结构性改革的深入推进以及资本市场深化改革政策的落实落地，打造高质量投资银行和财富管理机构之路开始起步，证券业更高水平开放新格局初步形成。

1. 经过 30 年的持续发展证券业取得长足进步

一是资本实力和盈利能力不断增强。截至 2019 年年底，证券行业共有 133 家证券公司，总资产、净资产、资产管理规模分别达到 7.26 万亿元、2.02 万亿元、12.29 万亿元，较 2008 年年底分别增长 510%、463%、13268%；2019 年度证券公司分别实现营业收入、净利润 3604.83 亿元、1230.95 亿元，较 2008 年度分别增长 188%、155%。证券行业在 2008~2019 年间与银行、保险行业基本保持同步增长速度。与此同时，证券公司业务类型品种逐渐丰富，由传统的经纪、投行、自营业务，向资管、融资融券、衍生品、场外业务、境外业务等多元化发展，业务规模不断增加，产品结构更加丰富，部分证券公司的新业务收入占总收入的 40%。截至 2019 年年底，中国证券行业的总资产、净资产规模分别较 2008 年年底增长 5 倍、4.6 倍，同期高盛和摩根士丹利两大国际投行总资产、净资产分别增长 14.6%、39.2% 和 35.92%、60.43%[①]。中国证券业与国际一流投行之间的差距在逐渐缩小。

二是行业发展生态和服务能力不断改善。经过 3 年的规范治理，证券公司组织结构规范整改进度完成 80% 以上，子公司、孙公司"叠床架屋"问题基本消除。行业统一情景压力测试、专项业务风险压力机制得以优化，持续对杠杆资金、股票质押、资管计划等重点风险领域进行监测分析，基本固化存量风险，新增风险得到遏制。2018 年及时推动改进股票质押回购规则，强化资本约束，截至 2019 年年底存量规模下降 30%，履约保障比例上升至 222%，大股东高比例质押上市公司数量减少至 491 家。稳步推进降杠杆、去通道、打破刚性兑付，资管产品总体杠杆水平降至 1.2 倍，存量杠杆超标产品下降 70%，债券交易杠杆稳中有降，通道类资管计划规模下降近 15%，类资金池大集合产品规模下降 22%。累计化解和缓释 252 只债券风险，涉及本金 2050 亿元。证券业作为资本市场最重要的中介机构，通过充分发挥资源配

---

① 数据来源：https://www.morganstanley.com；鉴于官方只披露归属母公司股东权益，故 2019 年年底摩根士丹利的净资产较 2008 年年底增长比例数据取"归属母公司股东权益"。

置作用和专业优势，更好地满足人民群众和实体经济多样化的金融需求。2013年以来证券公司为近8万亿元股票及19.4万亿元交易所债券提供承销保荐服务，为近11.5万亿元上市公司并购重组交易提供财务顾问服务。截至2019年年末，证券业资产管理规模达12.29万亿元，较2008年年底增长133倍。2019年度，行业服务实体经济通过股票、债券和并购重组融资共计9.4万亿元，其中，201家企业IPO融资2490亿元；上市公司再融资1万亿元，上市公司并购重组交易金额2万亿元；企业发行债券和资产支持证券融资4.3万亿元，支持地方政府发行政府债券2.8万亿元。直接融资占全国社会融资规模的比重为14.1%，较2002年度的4.9%增长显著。

三是行业规范发展的规则体系逐步健全。在监管部门、行业协会、证券公司等多方的共同努力下，行业制度体系日益完善，逐步形成了以《证券法》《证券投资基金法》等法律为核心，以《证券公司监督管理条例》《证券公司风险处置条例》等行政法规为基石，以《证券期货投资者适当性管理办法》《证券公司风险控制指标管理办法》等部门规章为主体，以《证券公司合规管理实施指引》《证券公司信息隔离墙制度指引》等行业自律规则为补充的法律法规框架体系。2016年开始，监管部门总结2015年股票市场异常波动中反映出来的行业问题，及时弥补创新发展中出现的合规风控不足和规则规范的"短板"，在3年的时间里先后出台了24项部门规章和规范性文件，其中，2018年就推出10项监管规则。例如，配合人民银行统一资产管理业务监管标准，出台私募资管办法及配套规则，补齐资管业务监管的短板；经过多年酝酿推出信息技术管理办法，使证券行业增强技术能力、探索金融科技有规可循。经过3年的努力基本具备了一套结构完整、行之有效的证券监管制度体系，更重要的是推动行业聚焦主业、资本约束、内控有效、履职尽责等监管理念的落地生根，稳健经营的底线意识逐渐深入人心。证券公司基本建立起合规管理体系，普遍设立了单独的合规和风控部门，任命了合规总监，组建了专业的合规管理团队。"合规是证券公司生存发展不可逾越的底线"成为行业的共识。截至2018年年底，各证券公司专职合规管理人员平均约93人，占公司全体员工数的平均比例为5.49%，较2017年上涨10.71%；全体合规管理人员（含兼职）占公司全体员工数的平均比例达7.70%。

2. 打造高质量投资银行和财富管理机构开始起步

在证券行业总体实力与合规能力不断增强的基础上，证券公司经纪业务向财富管理逐步转型、金融科技在证券公司业务运营及管理中广泛运用、风控指标并表监管及基于风险的证券公司分类管理实施、深化资本市场改革全面推进、行业履行社会责任取得实效，在这一系列"回归本源，聚焦主业"的行业生动发展实践中，打造高质量投资银行和财富管理机构开始起步。

一是经纪业务积极向财富管理转型，迈出打造高质量财富管理机构的步伐。长期以来，作为证券公司核心支柱业务的证券经纪业务，定位于为资本市场提供交易服务，多年固化的展业模式导致同质化竞争严重，佣金费率不断下滑，收入占比不断降低，从2012年之前占收入的半壁江山降至目前不足25%。为提升证券公司的持续盈利能力，满足居民日益增长的财富管理需求，证券经纪业务向财富管理转型已成为证券行业的广泛共识，并稳步付诸实践。多家证券公司已纷纷布局财富管理业务，积极推动客户分层和服务分层，搭建为客户提供精细化服务的框架，并在产品代销、资产配置等领域发力，力求占据战略先机。在发展财富管理业务过程中，证券行业积极转变发展理念，构建以客户为中心的财富管理模式，通过金融科技运用、投顾团队培育等措施，建立差异化的客户服务体系，以期满足高净值客户、长尾客户等不同客户群体的财富管理需求；同时，谋求通过提升投研能力、大类资产配置能力、风险控制能力等强化证券行业的核心竞争力，坚定迈出打造高质量财富管理机构的步伐。

二是金融科技广泛运用，助力打造高质量投资银行和财富管理机构。证券业协会2018年年底开展的证券行业金融科技运用情况专项调查结果显示，人工智能、区块链、云计算、大数据等技术已广泛运用于证券公司业务运营及管理中。在全部133家证券公司中，已有超过50家利用人工智能等技术，为客户提供智能客服、客户画像、智能投顾、智能交易、个性化资讯等服务。

其中，部分证券公司利用人工智能和大数据更好地解决信息获取中维度不足、效率不高的问题；部分证券公司将云计算技术运用于证券经纪业务和系统运维，如自动化构建和部署平台；部分证券公司将大数据技术运用于风险管理和运营决策中；部分证券公司已着手研究区块链在证券结算、发行、合规管理等方面的运用。近年来，中国证券行业的科技创新投入不断增大。2018年度，证券行业科技建设投入达130.66亿元，较2017年度增加16.89%，近年连续保持两位数增长，已占行业营业收入达5.15%。大数据、云计算、人工智能和区块链等金融科技的运用突破了传统金融机构的业务和时空限制，拓展了证券服务的广度和深度。金融与科技的深度融合，极大地提高了证券服务效率，降低了服务成本，提高了金融产品的供给能力，成为打造高质量投资银行和财富管理机构的利器。

三是风险管理能力提升，为打造高质量投资银行和财富管理机构奠定坚实基础。2016年6月，证监会发布《证券公司风险控制指标管理办法》及配套风控指标计算标准，完善了以净资本和流动性为核心的证券公司风控指标体系。2017年初启动首批风控指标并表监管试点，中信证券、海通证券等7家证券公司按要求建立完善覆盖境内外全部母子公司风险敞口的评估、监测体系，强化分支机构的风险管理，实现风险管理全覆盖。2019年7月，证监会发布《证券公司股权管理规定》，进一步明确对证券公司的分类管理安排。根据证券公司从事业务的风险及复杂程度，将证券公司分为从事常规传统证券业务的专业类证券公司与从事具有显著杠杆性质且多项业务之间存在交叉风险的综合类证券公司，证券公司的业务经营与资本实力、风控能力相挂钩，支持各类证券公司差异化、专业化、特色化发展。对标监管要求，各证券公司均以风险控制和合规管理为抓手，着力整改风险管理方面存在的问题。行业风险管理能力切实提升，为打造高质量投资银行和财富管理机构奠定坚实基础。

四是全面深化资本市场改革稳步推进，为打造高质量投资银行和财富管理机构构建良好生态。2018年11月5日，习近平总书记在首届中国国际进口博览会开幕式主旨演讲中表示,将在上海证券交易所设立科创板并试点注册制。2019年7月22日,科创板正式开市交易,截至2019年年底已有70家企业在科创板上市,实现融资824亿元。2019年9月,证监会召开全面深化资本市场改革工作座谈会。会议提出了当前及今后一个时期全面深化资本市场改革的12项重点任务:第一,充分发挥科创板的试验田作用。坚守科创板定位,优化审核与注册衔接机制,保持改革定力。总结推广科创板行之有效的制度安排,稳步实施注册制,完善市场基础制度。第二,大力推动上市公司提高质量。制订实施推动提高上市公司质量行动计划,切实把好入口和出口两道关,努力优化增量、调整存量。严把IPO审核质量关,充分发挥资本市场并购重组主渠道作用,畅通多元化退市渠道,促进上市公司优胜劣汰。优化重组上市、再融资等制度,支持分拆上市试点。加强上市公司持续监管、分类监管、精准监管。第三,补齐多层次资本市场体系的短板。推进创业板改革,加快新三板改革,选择若干区域性股权市场开展制度和业务创新试点。允许优质券商拓展柜台业务。大力发展私募股权投资。推进交易所市场债券和资产支持证券品种创新。丰富期货期权产品。第四,狠抓中介机构能力建设。加快建设高质量投资银行,完善差异化监管举措,支持优质券商创新提质,鼓励中小券商特色化、精品化发展。推动公募机构大力发展权益类基金。压实中介机构责任,推进行业文化建设。第五,加快推进资本市场高水平开放。抓紧落实已公布的对外开放举措,维护开放环境下的金融安全。第六,推动更多中长期资金入市。强化证券基金经营机构长期业绩导向,推进公募基金管理人分类监管。推动放宽各类中长期资金入市比例和范围。推动公募基金纳入个人税收递延型商业养老金投资范围。第七,切实化解股票质押、债券违约、私募基金等重点领域风险。第八,进一步加大法治供给。加快推动《证券法》《刑法》修改,大幅提高欺诈发行、上市公司虚假信息披露和中介机构提供虚假证明文件等违法行为的违法成本。用好用足现有法律制度,坚持严格执法,提升监管威慑力。第九,加强投资者保护。推动建立具有中国特色的证券集体诉讼制度。探索建立行政罚没款优先用于投资者救济的制度机制。推动修改或制定虚假陈述和内幕交易、操纵市场相关民事赔偿司法解释。第十，提升稽查执法效能。强化案件分层分类分级管理，集中力量查办欺诈造假等大要案，提升案件查办效率。第十一，大力推进简政放权。大幅精简审批备案事项，优化审批备案流程，提高监管透明度。加强事中事后监管。第十二，加快提升科技监管能力。推进科技与业务深度融合，提升监管的科技化智能化水平。全面深化资本市场改革系列措施的出台与实施，将进一步完善中介机构能力和责任体系，为打造高质量投资银行和财富管理机构构建良好发展生态。

五是积极拓展"买方中介"业务，开辟打造高质量财富管理机构的新渠道。证监会机构部2019年10月24日发布《关于做好公开募集证券投资基金投资顾问业务试点工作的通知》，明确试点机构可以接受客户委托，向公募基金投资组合提供策略建议，多家证券公司积极响应申请试点。基金投顾业务作为一个全新业态，对于机构的专业资产配置能力、客户服务能力以及基于互联网业态的技术能力具有较高要求。与其他机构相比较，证券公司凭借强大的网点优势和更紧密的客户关系，在买方投顾模式下更易从买方视角为客户提供投资建议，其较强的研究实力也将成为有力助攻。而公募基金的场景化设置是其他产品难以企及的，在养老、医疗、教育等方面具有天然的产品契合优势，有利于推动证券公司一线投顾人员对产品产生更加深入的了解，从而真正为客户提供一站式的综合财富管理解决方案。积极参与基金投顾业务将助力证券公司向高质量财富管理机构转型。

六是履行社会责任成效显著，为打造高质量投资银行和财富管理机构树立良好的行业形象。证券行业积极履行社会责任，助力脱贫攻坚国家战略取得成效。自2016年8月证券业协会发起"一司一县"结对帮扶倡议以来，截至2019年年底，已有101家证券公司结对帮扶294个国家级贫困县，覆盖35%的国家级贫困县；82家证券公司从"一司一县"增至"一司多县"，3家证券公司结对帮扶的贫困县达10个以上；72家证券公司主动向深度贫困地区倾斜，结对帮扶111个深度贫困地区，覆盖33%的深度贫困县。"一司一县"结对帮扶，推动行业帮扶的影响力和覆盖率不断提升，引导行业通过志智双扶、金融帮扶、产业帮扶、人才帮扶等，形成多元帮扶体系，切实为贫困地区的发展注入新动能。2020年年初当新型冠状病毒肺炎疫情来临，各证券公司坚决贯彻党中央、国务院的工作部署和要求，积极响应证券业协会倡议，在认真做好自身疫情防控工作的前提下，全力保障交易系统安全运营和疫期正常开市，大力拓展线上业务，提高证券服务质量，发挥专业中介优势助力疫情防控产业提升产能，切实保护投资者权益和健康，同时积极行动捐钱捐物支持前线抗击疫情。据不完全统计，截至2020年2月20日，共有21家证券公司承销完成"疫情防控债"18只，为10个省份17家发行人完成融资168.4亿元；共有89家证券公司（含子公司、股东单位等）先后捐赠资金及紧缺物资超过5.04亿元，体现了证券从业人员的家国情怀和社会责任，树立起良好的行业形象。

3. 证券业更高水平开放新格局初步形成

党的十九大报告指出，推动形成全面开放新格局。实行高水平的贸易和投资自由化、便利化政策，全面实行准入前国民待遇加负面清单管理制度，大幅度放宽市场准入，扩大服务业对外开放，保护外商投资合法权益。2019年，中国资本市场对外开放的9项措施与金融业对外开放的11项措施陆续公布。当前，放宽外资从事证券投资基金托管业务准入、全面推开H股全流通改革、扩大期货品种范围等已经落地实施，A股平稳纳入富时罗素、标普道琼斯等国际指数，"沪伦通""中日ETF互通"正式开通。2020年将取消证券、基金、期货公司外资持股比例限制，资本市场对外开放的步伐进一步加快。证券行业通过"引进来"和"走出去"相结合，促进跨境交流，开展跨境业务，推动实现专业化经营、国际化发展，行业更高水平开放新格局初步形成。

一是"引进来"，通过竞争促进发展。截至目前，证券行业有11家外资参股证券公司，3家近期获批设立的外资控股证券公司——瑞银证券、摩根大通证券（中国）和野村东方国际证券。国际一流投资银行在客户综合服务、产品创新，尤其是机构客户服务体系、跨境投融资服务以及全球资产配置等方面具有丰富的业务经验，国内业务综合全面、资本实力雄厚、风险管理能力领先的大型证券公司有望在竞争中借鉴其业务模式和服务经验，实现自身跨越式发展，跻身国际一流投行队伍。此外，放宽外资企业、外资资产管理机构准入，加快资本市场对境外投资者的开放程度，为境内证券公司在投行、研究、机构经纪、托管服务等业务领域带来重大商机。

二是"走出去"，学习国际最佳实践。2018年9月，证监会正式发布《证券公司和证券投资基金管理公司境外设立、收购、参股经营机构管理办法》，统一准入条件，明确监管要求，强化母公司对境外子公司的管控，支持符合条件的证券基金经营机构"走出去"，有序开展境外业务，逐步提高跨境金融服务能力和国际竞争力。截至目前，已有中信证券、海通证券等9家证券公司获得开展跨境业务试点资格，31家证券公司通过设立境外子公司布局境外业务。另有部分证券公司通过收购境外机构股权实现国际化布局，如2013年7月中信证券收购里昂证券，2015年9月海通证券收购葡萄牙圣灵投资银行，2016年10月华泰证券收购美国资产管理公司AssetMark等。2019年6月"沪伦通"正式开通，华泰证券成为"沪伦通"机制下首家在伦敦证券交易所挂牌交易的境内证券公司。近年来，国际化经营与布局成为越来越多证券公司的战略选择，证券行业的国际化之路渐行渐稳。

（二）中国证券业发展存在的问题

回顾30多年的发展历程，中国证券行业从无到有、不断壮大，已经成为现代金融体系不可或缺的重要组成部分。证券公司已成为现代金融体系的系统性重要单位，对国民经济的发展发挥着越来越重要的作用。2017年7月第五次全国金融工作会议指出，资本市场是中国金融体系的"短板"，直接影响去杠杆的进程（中国经济总体杠杆率和非金融企业部门杠杆率具体如图1、图2和表1、表2所示）。从直接融资占比等指标来看，目前中国资本市场体量距离政策目标和国际水平仍有较大差距，发展潜力大（见图3至图5）。

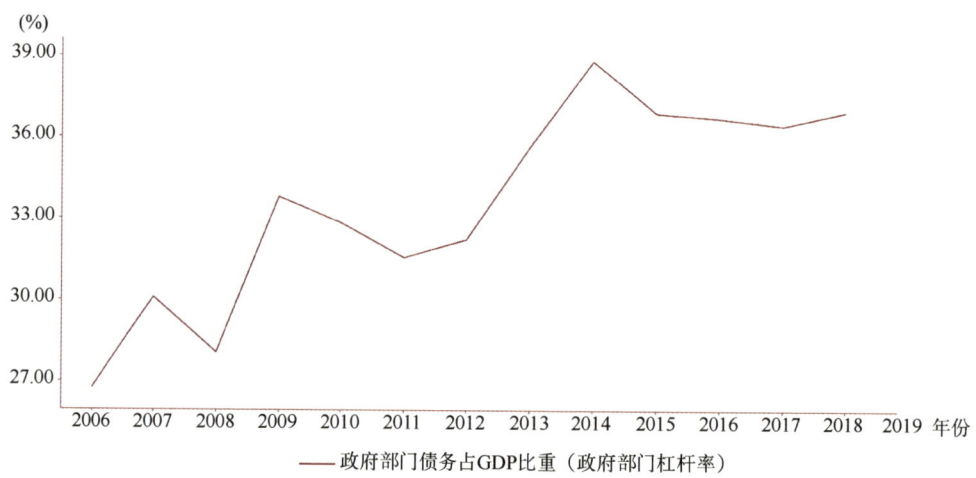

资料来源：Wind 数据库。

图 1　2006~2019 年政府部门债务占 GDP 比重（政府部门杠杆率）

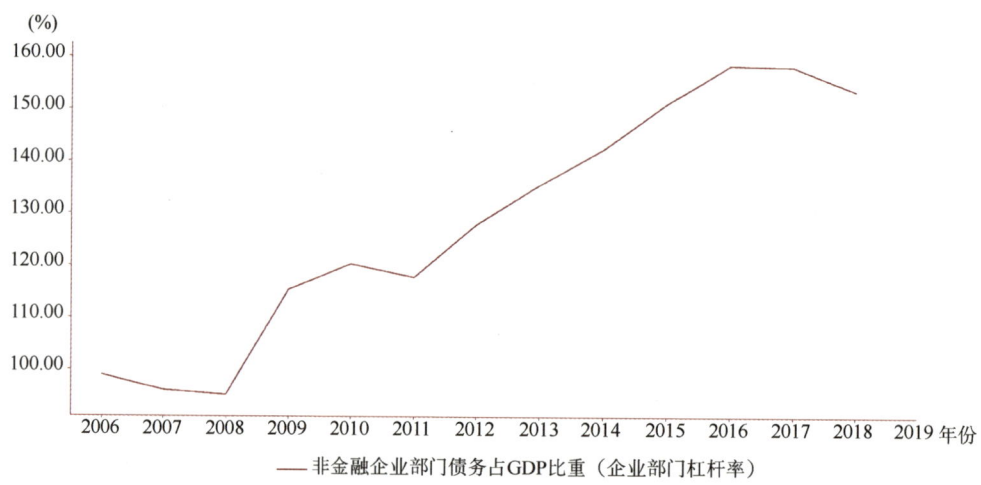

资料来源：Wind 数据库。

图 2　2006~2019 年非金融企业债务占 GDP 比重（企业部门杠杆率）

表1　　　　　2019年第三季度各国杠杆率　　　　　　　单位:%

杠杆率 (国际清算银行口径)	居民部门	非金融企业部门	政府部门	非金融企业+政府部门
发达经济体	72.00	89.40	101.10	190.50
新兴经济体	41.60	100.60	47.60	148.20
中国	53.60	154.70	45.70	200.40
美国	75.00	74.90	95.50	170.40
日本	58.20	103.20	202.40	305.60
英国	86.60	78.20	86.30	164.50
德国	53.06	58.00	67.20	125.20
印度	11.70	46.00	67.90	113.90

表2　　　　　2016~2019年第三季度中国杠杆率　　　　　　单位:%

中国杠杆率 (中国社会科学院口径)	实体经济部门	居民部门	非金融企业部门	政府部门	地方政府	中央政府
2016年12月	240.15	44.96	158.48	36.71	20.59	16.13
2017年12月	243.99	49.36	158.19	36.44	20.07	16.37
2018年12月	243.70	53.20	153.55	36.95	20.42	17.53
2019年3月	248.83	54.28	156.88	7.67	21.42	16.25
2019年6月	249.50	55.30	155.70	38.50	22.00	16.50
2019年9月	251.15	56.31	155.62	39.21	22.51	16.70

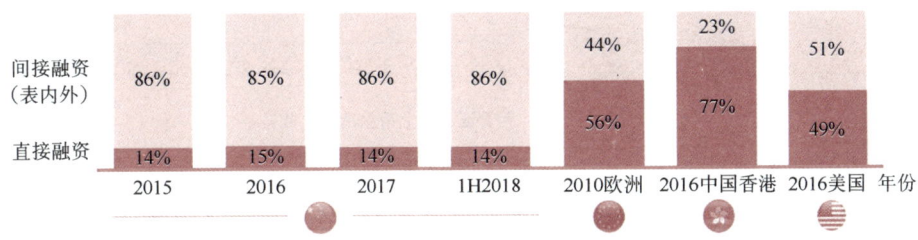

图3　从直接融资占比指标来看,中国资本市场体量距政策目标差距大、潜力大

资料来源：Wind 数据库。

图 4　2011 年 3 月至 2020 年 3 月存管证券已上市总市值：股票

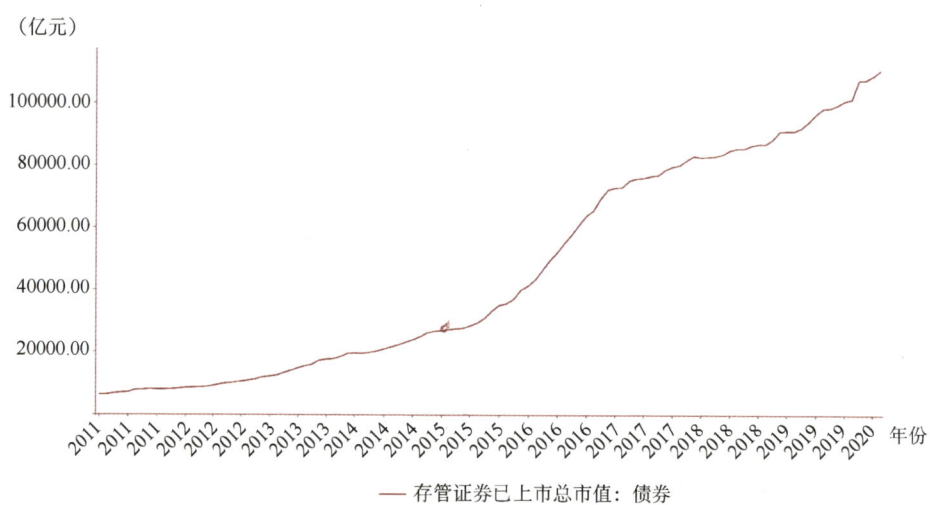

资料来源：Wind 数据库。

图 5　2011 年 3 月至 2020 年 3 月存管证券已上市总市值：债券

党的十九届四中全会《关于加快完善社会主义市场经济体制推进国家治理能力和体系现代化的决定》中明确提出，加强资本市场基础制度建设，健全具有高度适应性、竞争力、普惠性的现代金融体系，有效防范化解金融风险。2018年年底中央经济工作会议明确指出，资本市场在金融运行中具有牵一发而动全身的作用，要通过深化改革，按照市场化、法治化要求，打造一个规范、透明、开放、有活力、有韧性的资本市场。建设一个强大的资本市场，需要一个强大的证券行业。无论从经济高质量发展的需要，还是建设现代金融体系的要求来看，当前中国证券业处于较低发展水平，存在能力和责任体系不健全，服务实体经济的能力不足，适应性、竞争力、普惠性不强的问题，突出表现为：证券服务机构在承担资本市场"看门人"、直接融资"服务商"、社会财富"管理者"、金融创新"领头羊"等方面存在服务能力不足的问题；怎样为分散不确定性创造金融产品，推动跨期限、跨产业、跨群体分散风险，引导储蓄转化为投资，增加有效投资；怎样为新兴产业发展提供金融支持，合理进行资产定价和权益保护；怎样适应绿色投资回报期长的特点，为中长期资金供给提供制度安排；怎样在产能过剩行业促进僵尸企业退出，推动存量资产重组等方面存在适应性不强问题，难以有效解决实体经济"融资贵"和"融资难"问题，无法综合利用场内市场和场外市场满足中小微企业的融资需求。

制约中国证券业发展的主要矛盾是历史形成的大市场小行业、大金融小证券、大场内小场外、大公募小私募、大管制小自律的结构性问题。具体表现为，在业务经营发展方面，证券公司长期以来依赖牌照经营，形成投资银行业务"通道化"、经纪业务同质化竞争，片面追求"大而全"的业务发展格局，不能沉下心来深入研究业务、聚焦客户需求，无法为市场提供差异化、高附加值服务。在行业文化建设方面，证券行业的资本密集、人才密集属性使得证券公司片面追求业绩、业务规模，忽视合规风控管理，导致证券行业风险易发高发；在缺乏有效制约和健康行业文化的引领下，证券从业人员偏离职业操守、违背职业道德的现象时有发生，严重损害了行业的公信力和竞争力。

1. 证券行业整体发展处于较低水平

一是与国际同业比较，中国证券行业发展体量与质量尚存在差距。截至

2019年年底,证券行业共有133家证券公司,总资产、净资产、资产管理规模分别为7.26万亿元、2.02万亿元、12.29万亿元,2019年度证券公司分别实现营业收入、净利润0.36万亿元、0.12万亿元。这些指标与同期美国投资银行业的经营数据相差甚远。2019年年底,美国前五大投行资产总额62.73万亿元,净资产6万亿元,2019年度分别实现营业收入、净利润2.51万亿元、0.7万亿元。可见中国证券行业的资产规模、盈利能力与美国同业的差距较大。在盈利能力方面,中国证券行业平均净资产收益率2018年为3.5%、2019年为6.29%,远低于境内商业银行13%和同期美国投资银行11.7%的水平。对比国际成熟市场,中国证券行业杠杆率平均为3.4倍,低于美国的9.7倍、欧洲的18.3倍、日本的15倍,金融属性表现不充分。

二是与国内银行、保险等其他金融行业相比,中国证券行业系统重要性不足。截至2019年年底,中国证券行业资产总额在整个金融体系中的占比仅为2.33%,远低于银行业的90.82%和保险业的6.61%(见图6)。证券行业7.26万亿元的资产总额仅相当于一家中等股份制商业银行——兴业银行的规模。与国际同业及国内金融体系其他金融机构相比,中国证券行业存在的"大市场小行业"问题突出。这不但使得证券行业难以与国际投行以及国内银行、保险等其他金融机构形成有效竞争,难以充分发挥证券行业在提高直接融资水平中的金融中介职能,而且不利于证券行业在打造"规范、透明、开放、有活力、有韧性"的资本市场中做出应有的贡献。

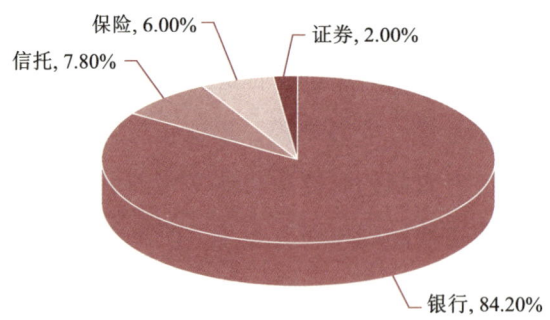

图6 2018年金融行业总资产占比

2. 服务实体经济能力尚需提高

一是无法有效解决实体经济融资难题，资源配置能力缺乏。党的十九大报告指出，深化金融体制改革，增强金融服务实体经济能力，提高直接融资比重，促进多层次资本市场健康发展。证券行业作为建设多层次资本市场的重要参与主体，在服务实体经济发展、优化资源配置、提高直接融资比重方面应有所作为。然而，中国证券行业在服务实体经济方面的能力不尽如人意。2016~2018年，中国直接融资占全国社会融资规模的比重稳定在15%左右，与美、日等发达国家50%以上的直接融资比重相比存在较大差距。证券行业对于解决实体经济"融资贵、融资难"等痛点难点问题研究不够，过分关注大型企业，对于中小微企业、创新创业企业关注不够，导致资本市场的资产定价、资本形成和资源配置等功能无法有效发挥，出现"大公募小私募"的问题。根据Wind数据统计，2018年度，中国企业IPO募集资金额为1378亿元，私募股权融资额为179.23亿元，公募是私募的7.7倍。同期美国私募发行筹资1.23万亿美元，公募0.66万亿美元，私募是公募的1.86倍。

二是过分关注场内市场，场外市场业务发展不充分。中国优先发展场内市场具有一定的历史必然性，场内市场经过30年的发展已经取得了突出成就。然而，相对中国资本市场的发展及其基础设施的不断完善，中国场外市场及其业务的发展并未相应跟上，存在一定的滞后性。作为服务于中小微、成长性企业的市场，场外市场在拓宽中小企业融资渠道、提供证券流通转让场所等方面的功能未能有效发挥。2017年中国场内市场（含股票和债券）的融资额是场外市场的8倍。而欧美资本市场是先有场外，后有场内（交易所），场外市场是场内市场的源头和基础，而且场外市场规模远远大于场内，其中，约90%的衍生品、80%的债券交易在场外进行。活跃的场外市场有利于满足各类型企业和投资者的金融服务需求，促进资本形成，提高全社会风险管理水平。

三是资本市场作为宏观经济"晴雨表"的功能尚未有效发挥。证券行业金融中介职能的有效发挥离不开资本市场的合理高效运行。然而，资本市场作为宏观经济的"晴雨表"，其功能一直未能有效发挥。宏观经济的"晴雨表"功能主要体现在股票市场价格的长期走势之中。长期以来，股票市场价格走势与宏观经济走势不一致的现象依然存在，1995~2005年以及2013~2015年甚至出现截然背离的情况。从30年资本市场的经验数据可以得出，中国股票市场与宏观经济发展态势的契合度仅有不到30%，与美国70%的契合度形成鲜明对比。成熟资本市场的经验同时表明，资本市场的资源配置功能在促进产业结构优化调整方面具有弹性的自我调节机制。然而，从目前中国上市公司的产业结构分布来看，第二产业上市公司在数量、市值以及融资金额方面都远超第三产业，且有逐渐强化趋势。这与中国国民经济结构第二产业增加值（39%）远低于第三产业增加值（54%）完全相反，这也从侧面暴露出中国资本市场"晴雨表"功能未能充分发挥。

3. 业务多元化发展有待加强

一是业务结构趋同，且以重资本业务为主。2006年修订的《中华人民共和国证券法》对证券公司实行按业务分类监管，证券公司可以从事的业务包括证券经纪、投资咨询、财务顾问、承销保荐、证券自营、资产管理等。经过十余年的发展，证券行业的业务类型相对固定，逐渐形成了以重资本业务为主的收入结构。且不论是大型证券公司，亦或是中小型证券公司，都在追求"大而全"的发展战略，证券行业特色化经营、差异化发展的趋势不明显。根据证券行业2018年度的经营数据，证券投资业务蝉联成为证券行业第一大收入来源。加上融资类业务，重资本业务占据行业收入比重达47%，表明证券行业与二级市场关联度较高，顺周期特征明显。不论大型证券公司，还是中小型证券公司，证券经纪业务、证券承销保荐业务收入均位居证券公司收入来源前列，表明证券行业差异化发展能力尚需加强。

二是境内业务占比大，国际化发展能力有待提升。截至2018年年底，证券行业共有31家证券公司在境外设立了证券子公司。2018年度，上述证券公司境外业务收入（境外子公司合并口径）合计235.44亿元，占证券公司营业收入（合并口径）的8.47%。其中，境外业务占比排名前两位的海通证券、中金公司其比例分别为 27.74%、20.65%，与国际一流投行相比尚存在较大差距，高盛集团跨境业务收入占比高达 40%。可以看出，中国证券行业的国际化发展还有很长的一段路要走。

4. 业务通道化问题亟待改变

一是经纪业务通道化。证券经纪业务是证券公司最传统的业务之一，也是支持其他证券业务开展的基础业务。长期以来，证券经纪业务的盈利模式比较单一，即证券公司为交易客户提供通道并收取佣金来实现收入。在这一盈利模式下，证券公司提供的服务也相对简单，仅限于转发交易指令。与国际投行相比，结算信用服务、柜台融券、特定交易模式服务、代理簿记和风控、交易系统及交易委托外包、综合托管服务等高附加值业务尚未开发。随着资本市场的发展以及金融科技的融合应用，证券经纪业务盈利模式面临严峻挑战。据统计，目前证券经纪业务平均佣金率水平仅为万分之 3.87。2019 年 10 月，美国最大的在线经纪商嘉信理财宣布将美国股票、ETF 和期权的在线交易佣金降至为零，其他经纪商纷纷跟进。在中国证券行业对外开放不断深入的时代背景下，国内证券经纪业务走上转型发展之路成为必然选择。

二是投行业务通道化。投资银行业务是证券公司传统业务之一，也是证券行业重要的收入来源之一。长期以来，证券公司的投资银行业务主要是满足监管部门对发行材料的合规审查，缺乏应当具备的价值发现能力、估值定价能力、风险管理能力和资源配置能力。随着上海证券交易所设立科创板并试点注册制，投资银行开始重视资本市场定价、销售能力等建设，但是当前证券行业依然存在通过价格战的方式抢占市场份额的情形，严重扰乱了证券行业的竞争秩序，破坏了证券行业的整体形象。根据 2018 年证券行业承销情况测算，股票市场平均主承销佣金费率为 1.33%，最小值为 0.13%；债券市场平均主承销佣金费率为 0.31%，最小值为 0.05%。收费水平如此之低不仅未能体现投行工作的专业价值，而且也必然影响承销项目质量及客户服务水平。

三是财富管理通道化。与国外相比，国内证券行业财富管理业务起步较晚，尚处于初级发展阶段，且仍属于业务驱动、销售驱动。证券行业财富管理脱胎于证券行业传统的经纪业务、资产管理业务，两项业务历经多年发展，已初具规模。截至2018年年底，证券公司及其子公司私募资产管理业务规模13.36万亿元。但目前以通道类为主的定向资管规模仍占77%，整体费率仅为0.19%，依然处于较低水平，与公募基金权益类1.2%、固定收益类0.6%左右的管理费率相比，仍存在较大差距，反映出证券公司资管业务普遍缺乏主动性管理能力。

5. 合规风控水平仍显不足

一是合规意识与合规管理能力有待加强。金融行业是高风险行业，资本市场是规则导向的市场，俗话说"无规矩不成方圆"。证券公司作为资本市场重要的参与主体，必须遵守规则，按照法律法规、监管规定的要求开展一切经营活动，将合规经营作为一切工作的出发点和落脚点。然而，证券行业不重视合规、合规流于形式的现象依然屡见不鲜。在制度制定方面，依然有部分业务和流程未能实现合规流程全面覆盖，仍部分存在合规管理组织架构设置不够科学合理、合规管理人员数量和岗位设置不符合法律规定要求、合规管理制度与流程不够细致明确等问题。在合规管理实践方面，仍部分存在事前合规审查让位于业务扩张和竞争压力，事中合规检查不足，事后合规问责不够重视等问题。

二是风险管理意识与风险管理水平尚有提升空间。风险管理能力是证券公司的核心竞争力，也是证券行业高质量发展的有力保障。近年来，证券公司业务不断扩张发展，而风险管理水平与业务发展速度不匹配的现象仍然存在，部分证券公司风险管理水平明显滞后于业务发展的速度，不能有效落实全面风险管理的要求，甚至没有真正建立起全覆盖的风控系统和监测模型，对证券行业的稳健经营暴露了风险。"重业务发展，轻风险管理"的观念仍然存在，部分证券公司对流动性、系统性风险的防范意识不足，大大提高了证券行业经营的风险性，阻碍证券行业的高质量发展。

6. 行业文化建设滞后，从业人员职业操守有待提升

证券行业经过30多年的持续发展，规模实力得到大幅提升。但与之形成

鲜明对比的是，行业文化、职业道德等"软实力"建设相对落后，至今尚未形成独具特色、有影响力的行业文化，制约着行业经营的效率和效果。长期以来，证券行业处于市场经济的最前沿，片面追求发展的速度，过分注重业绩导向，导致证券公司偏离初心和使命，无法有效发挥直接融资的"服务商"、社会财富的"管理者"的角色和职能。证券行业是社会主义市场经济的重要组成部门，证券从业人员长期处于市场经济的最前沿，且从业人员以年轻人居多，容易受到利己主义、拜金主义的影响。同时，证券行业本身存在的短期激励机制，也容易诱发从业人员的短视行为。根据统计，2018 年至今，共有 180 余名从业人员被采取监管及自律措施，职业操守及道德水平有待提升。

导致行业文化"软实力"发展相对滞后的原因，主要有以下几个方面：一是重业绩导向，轻发展质量。在经营模式上走激进路线，业务管控不足，风控合规薄弱，不重视文化建设和从业人员管理，视之为业务发展之余的"锦上添花"之举。二是过度短期激励，滋生急功近利习气。在"业绩为王"的导向下，业务人员薪酬采取"二八、三七"比例激励分成，公司仅收取"牌照费"；对合规情况、职业道德、客户评价、服务质量等指标只在形式上"充权重"；员工持股、股权激励等长效激励约束机制不健全。三是过责不相匹配，助长道德风险加大。突出体现在：发现难，证券行业专业性高、业务类型复杂，违法失信活动隐蔽性强，难以主动发现；认定难，道德风险引发的违法违规行为，难以证明主观故意动机；追责难，相关法律法规规定较为原则，缺乏具体行为界定及细化到人的明确罚则，难以有效遏制道德风险发生；责任轻，法律规定的问责处罚和司法惩戒不足，难以发挥惩前毖后、以儆效尤的效力。四是诚信体系滞后，声誉约束不足。行业诚信体系不健全，特别从业人员诚信记录不完整、不连贯，失信成本低，没有形成"一处失信，处处受限"的声誉约束机制。五是监管前瞻性不足，缺乏有效引导。在监管理念上侧重于"惩劣"，"奖优"相对不足，没有形成"好人举手"的正向激励机制；对公司治理、发展战略、经营模式、人员素质等潜在风险，缺乏有效的预防性监管手段。六是行业文化缺失，职业教育滞后。在中国金融体系中，证券行业是新兴行业，早期实践中重生存发展，综合治理之后重创新发展，行业文化建设严重滞后，没有形成行业共同的价值观、风险观、发展观；从业人员缺乏系统的职业教育和道德教育，受利己主义、拜金主义等浮躁情绪的影响，法制观点和风险意识淡薄，道德风险危机四伏，成为制约证券业高质量发展的"瓶颈"。

三、当前证券业面临的发展环境变化

当前，证券业面临资本市场新要求、注册制改革新环境、全面开放新趋势、科技运用新发展、行业文化建设新动能、经济高质量发展新要求6个方面的发展环境变化，行业正面对革命性挑战，但同时亦面临历史性机遇。

（一）资本市场新使命增强服务实体经济的能力

党的十八大以来，习近平总书记对资本市场改革发展做出了一系列重要指示批示，明确提出"发展资本市场是中国改革的方向"；在第5次全国金融工作会议上进一步要求"要把直接融资放在重要位置，形成融资功能完备、基础制度扎实、市场监管有效、投资者合法权益得到有效保护的多层次资本市场体系"。在经历了中美贸易摩擦的碰撞之后，2018年中央经济工作会议提出"资本市场在金融运行中具有牵一发动全身作用，要通过深化改革，按照市场化、法治化要求，打造一个规范、透明、开放、有活力、有韧性的资本市场"。国务院金融发展稳定委员会第8次会议指出："资本市场关联度高，对市场预期影响大，资本市场对稳经济、稳金融、稳预期发挥着关键作用。要坚持市场化取向，加快完善资本市场基本制度，发挥好资本市场枢纽功能"。中央政治局第13次集体学习时进一步强调"资本市场的市场属性极强，规范要求极高，必须以规则为基础，减少行政干预，充分发挥市场在资源配置中的决定性作用"。党的十九届四中全会在《关于坚持和完善中国特色社主义制度、推进国家治理体系和治理能力现代化若干重大问题的决定》中明确提出"加强资本市场基础制度建设，健全具有高度适应性、竞争力、普惠性的现代金融体系，有效防范化解金融风险"，进一步确立资本市场在国家治理体系现代化、建设现代化经济体系中的地位和作用。打造一个规范、透明、开放、有活力、有韧性的资本市场，既是完善社会主义市场经济体制、推进国家治理体系和治理能力现代化的重要内容，又必须紧紧依靠国家治理的现代化。

面对新冠疫情的全球性冲击，各国采取超常规的财政货币政策应对，对世界经济政治格局产生前所未有的重大影响，形成了百年未有的大变局，2010年4月国务院金融发展稳定委员会连续召开两次会议，根据对国内外形势研判提出了资本市场发展的新定位、新要求，明确资本市场高质量发展的6个关键点：发挥资本市场的中枢作用、放松不适应发展的管制、提升投资者活跃度、增强投资财富效应、提高上市公司质量、压实中介责任。

从中华民族伟大复兴的战略全局和世界百年未有之大变局来看，资本市场在经济高质量发展和现代金融体系中发挥着日益重要的中枢作用。资本市场的中枢作用表现在以下4个方面：一是投融资交易的枢纽，资本市场具有促进资本形成、发现价格、管理风险的重要功能，是市场化配置要素资源的有效途径，在提高直接融资比重中发挥核心作用，是增加居民财产性收入的重要渠道。二是经济信息传导的枢纽，资本市场是经济运行的"晴雨表"，具有引导经济运行的价格信号功能。发挥好资本市场功能与实施稳健的货币政策、增强微观主体活力的信贷政策三者之间，构成稳定的金融三角支撑架构，有利于畅通货币传导机制。资本市场财富效应促进储蓄转化为投资和消费，可以有效激发市场创新活力，促进金融与实体经济的良性循环。三是风险定价管理的枢纽，资本市场作为风险定价的重要机制和风险管理的重要平台，对稳增长、调结构、降杠杆、防风险具有直接促进作用。同时资本市场风险隐蔽性、突发性和传染性特征突出，与其他市场高度关联交叉，极易形成系统性、区域性风险。四是引导预期稳定的枢纽，资本市场的"晴雨表"和价格信号功能，直接反映经济景气度、投资者预期和信心，同时资本市场联通千行百业，牵系千家百户，对经济、社会、政治等方面预期和信心产生重大影响，在稳经济、稳金融、稳预期中发挥不可替代的重要作用。资本市场的中枢作用是提高要素资源配置效率和创新资本形成效率的内在要求，是资本市场服务实体经济、促进经济高质量发展的新使命。证券行业是资本市场践行新使命的核心主体，证券公司是资本市场发挥中枢作用的重要环节，应当以高质量的创新发展和更高水平的开放，健全与资本市场中枢作用相适应的能力和责任体系，打造具有更高适应性、竞争力和普惠性的现代投资银行。

（二）注册制改革新环境提升投资银行枢纽作用

新修订的《证券法》于2020年3月1日正式实施，股票发行注册制改革将稳步向全市场推行。注册制将审核责任、中介责任、发行人责任前重后轻配置改变为前轻后重配置，重新构建市场责任体系；将行政指导定价改变为建立以机构投资者为主体的买方市场协商定价，重新构建市场定价体系；将以行政审核为重点"大而全"的信息披露要求改变为以由投资者价值判断为中心"精而实"的信息披露要求，重新构建信息披露体系。在注册制下，投资银行需要实现3个方面核心能力的变革。

1. 定价能力

实现资本要素的市场化配置，价格形成是核心环节。注册制下，IPO定价应由投资者基于企业基本面做出，并承担相应的投资风险。证券公司应通过合理的估值引导投资者做出全面、科学的价值判断并对发行人进行预期管理。实现市场化定价是注册制的关键环节，其目的是加强信息传递、促进价格发现，进而提升资本市场资源配置效率。中国股票市场建立以来，IPO定价制度在探索中几经变革。1999~2001年、2009~2012年的发行制度改革都试图实现市场化定价，但是两次改革由于频发高市盈率、高发行价、高超募资金等"三高"现象而终止，并继续回归市盈率上限管制而告终。注册制下发行价格由监管导向转为市场导向，投资银行的价值发现能力和价格发现能力将直接面临市场检验。这将推动投资银行回归本源,通过专业的尽职调查、深度的行业研究、合理的市场判断、科学的估值分析、详细的盈利预测、投资者可理解的语言表达,帮助投资者做出高效、客观的投资决策,实现从通道作用向专业顾问作用和价值发现作用转化。注册制下,新股合理定价对成功配售、发行后股价稳定等均具有重要意义。投资银行对企业估值和市场定价的合理性将直接影响投资银行的市场声誉和行业地位,定价能力成为投资银行的核心竞争力。

2. 保荐能力

投资银行是直接融资服务的主要提供者和资本市场的核心参与者,在提升全社会创新资本的配置效率过程中,投资银行凭借专业的宏观、行业和公司研究能力,筛选出一批符合经济发展方向、具备创新成长能力的企业,发挥资本市场"看门人"作用,是上市公司质量的第一层保证。投资银行的保荐能力即"看门人"作用其具体体现:一是作为信息披露的背书人,注册制以信息披露为核心,招股说明书是重中之重,投资者将根据招股书所披露内容进行价值判断,招股书的披露质量很大程度上影响定价效率和收敛方向。投资银行是招股说明书主要编制者,在保护投资者利益,提高市场透明度、安全性、高效率方面,发挥专业保障作用。二是作为估值定价的锚定者,一方面,通过督促市场参与各方在定价流程中勤勉尽责,挖掘市场供求关系,促进买方市场的形成,提高询价的质量和效率;另一方面,通过基于产业研究分析的系统性搜索形成专业的《投资价值报告》,作为承销商对发行价格的建议,提供给询价对象参考,引导投资者形成理性预期,促进市场合理发现价格,发挥市场"锚定"作用。三是作为持续督导的责任人,投资银行对上市公司招股书披露内容的真实性、准确性和完整性保持持续关注,督导上市公司持续披露信息和规范诚信运作,维护投资者合法权益。

3. 承销能力

注册制下,投行业务模式将发生重大变化,保荐与承销职能逐渐分离,业务重心亦将由项目承做向销售转移,承销能力成为投资银行的关键能力。

"新股不愁卖"的传统生态将被打破,新股发行从纯卖方市场逐渐转变为买方市场,承销形势由单一同质变得复杂多元;新股销售将依赖于投资银行专业信誉、客户资源、市场匹配、交易撮合、内部协同和资本实力等综合因素。机构承销能力成为竞争力的重要体现,具体表现为:一是如何提升客户覆盖广度,吸引到足够的专业机构投资者参与路演询价,保障发行价格的合理性,促使项目发行成功。二是如何加大客户覆盖深度,将IPO项目与机构客户需求相匹配,有针对性地开展路演、推介,提升项目推进效率。三是如何培育优质客户资源,增强机构客户黏性,打造密切的客户关系网络,获得最高订单转换率。

注册制试点和逐步全面推广,是对证券公司责任和能力体系建设的重大考验。证券公司在参与培育发行主体、询价定价、保障交易、风险管理、投资者适当性管理等各个环节,需要重塑和强化以下4个方面的责任:一是识别选择发行人的责任,特别是新型科创企业具有技术迭代快、不确定性高的特点,深入理解其技术含量、商业模式,是判断企业发展强劲的关键。证券公司需要有足够的专门人才,严格的投行质量控制流程,才能真正识别新型技术的发展前景,确保发行材料真实、准确、完整。二是合理估值和定价的责任,长期以来,证券公司保荐业务仅作出简单的合规性判断,承销是完全的卖方市场,投行不关注定价问题,也缺少稳定的机构客户群。市场化发行定价机制,将考验承销机构在询价中能否与买方客户、发行人充分沟通、博弈,平衡好双方的长、短期利益。三是风险管理的责任,在市场化发行机制下,证券公司将面对巨大的发行失败风险,需要相应重构内部控制机制,改造技术系统,调整管理流程。四是组织交易的责任,机构投资人为主的市场,需要中介机构提供灵活多样的风险管理、结构化融资、融券、批量订单执行等交易管理服务。证券公司能否胜任上述4方面责任,将接受市场的检验。市场将是最公平的判官,是否履职尽责在聚光灯下一目了然,只要出现重大失责,公司信誉和业务持续性都会遭到致命打击。注册制环境下,投资银行的工作重心将从只关注审核转向更加关注市场,从政府与企业的中间人回归市场中介本源，价值发现能力、价格发现能力、尽职调查能力、发行承销能力成为投资银行的核心竞争力，投资银行在金融运行中的枢纽作用将得到进一步提升。

（三）全面开放新趋势促进全面提升核心竞争力

推动形成更高水平开放新格局，是中国经济迈向高质量发展的重要一环，金融开放是建设更高水平开放型经济新体制的重要组成部分。通过改革开放的确定性来应对外部环境的不确定性，将成为中国经济金融工作的主旋律。国务院金融稳定发展委员会第八次会议提出，要进一步扩大金融业高水平双向开放，鼓励境外金融机构和资金进入境内金融市场，提升中国金融体系的活力和竞争力，进一步指明了加快证券业全面开放的方向和目标。

1. 更高水平开放有助于打造有活力、有韧性资本市场

资本市场天然具有开放属性，体现在两个方面：一是完善市场流动性机制的需要。资本市场的流动性是促进形成长期资本的重要机制，具备流动性的资产资本才具有金融属性和金融价值。流动性是资本市场保持活力和韧性的重要基础，规范、透明、开放是打造有活力、有韧性的资本市场的前提条件。中国资本市场对外开放，以 20 世纪 90 年代，建立 B 股市场并向境外投资者开放为起点，2002 年实施 QFII 制度，2014 年沪港通、深港通相继启动，2018 年明晟指数公司将中国 A 股纳入其发展中国家指数，国际资本参与中国资本市场的比重逐步提高，但总体规模仍然较低。截至 2019 年 6 月底，外资持有中国境内股票的市值为 1.7 万亿元人民币，仅占 A 股总市值的 3.2%、流通市值的 3.8%。这与印度（20%）、巴西（40%）等金砖国家股票市场开放度相比，尚有较大的空间。实践表明，引入国际资本可以增加市场流动性、增强市场活力，有利于改善投资者结构，引进先进的投资理念，国际资本长期有效地服务中国资本市场和实体经济，对中国资本市场长期健康发展具有积极的推动作用。二是健全全球定价机制的需要。中国经济对外开放始于20世纪 70 年代末，中国资本市场是在开放中建立起来的，也是在开放中发展起

来的。资本市场开放是整体经济开放的一个组成部分，与整体经济开放的逻辑推理和内在联系具有一致性。同时，资本市场的开放也具有特殊性，资本市场的开放是参与全球定价机制和国际金融治理的重要环节。在开放型的市场经济中，资本市场的开放程度与参与全球定价的能力和水平密切相关。美国资本市场是全球定价能力最强、开放程度最高的市场，其境外投资者持股市值高达8万亿美元，占总市值的22%，仅次于占比最高的共同基金（24%）。一国资本市场开放程度高、定价能力强，就能够有效引导本国产业向全球价值链高端发展。2015年全球IP（知识产权）的市场份额，美国、欧洲各占40%，同期全球技术产品和高科技产品的销售市场份额，美国占50%，欧洲只占10%。美国与欧洲在高科技领域产品市场份额的巨大差异，源于美国与欧洲不同的金融体系。在促进科技产业化转换效率方面，美国发达的直接金融体系，比欧洲成熟的间接金融体系具有明显的竞争优势。

2. 更高水平开放有助于提升证券行业核心竞争力

自2020年12月1日起，取消证券公司外资股比例限制，是中国证券行业双向开放新的起点。既是资本市场不断深化高水平开放、推动改善资本市场生态的重要举措，又有利于促进证券经营机构良性竞争，提高证券经营机构的服务水平。中国资本市场经过30年的持续发展，形成了比较齐全的市场体系，聚集了各个领域的优秀企业，股票、债券、期货市场规模已跻身世界前列，与国际市场的关联度日益密切。然而，中国证券行业尚处于低水平发展阶段，体现在行业规模占比低，总资产在金融体系中占比2.33%，低于银行、保险行业。与同期美国五大投行的62.73万亿元总资产、6万亿元净资产、0.7万亿元净利润相比存在显著差距。对比国际成熟市场，中国证券行业杠杆率平均为3.4，低于美国的9.7、欧洲的18.3。行业净资产收益率整体偏低，2019年为6.29%，远低于中国商业银行和美国投行百分之十几的水平。因此，从行业发展水平来看，打造一流投资银行还有很长的路要走。

证券业是提供专业服务的竞争性行业，通过竞争引入竞争，参与国际市场竞争，对于改进服务水平、增强服务实体经济能力，更好地服务经济高质量发展具有重要意义，也是证券经营机构自身锻炼成长的重要机会。因此，证券业高水平开放既是行业自身发展的需要，又是深化金融供给侧结构性改革、实现经济高质量发展的内在要求。当前中国金融体系存在"短板"，主要表现在：从机构种类看，证券、基金等资管行业主体功能发挥不充分；从服务对象看，金融体系对高端客户、小微民营客户、跨境客户的服务能力还有待提升；从业务品种看，金融机构在提供复杂金融衍生品、绿色金融服务、跨境金融、线上金融产品的能力有待提升。金融是现代经济的核心，是国家重要的核心竞争力，资本市场在金融运行中具有牵一发而动全身的作用，证券经营机构在资本市场运行中发挥着重要的枢纽功能。开放是改革的核心要义，证券业更高水平的开放，是资本市场全面深化改革的关键一环。一方面，外资证券公司的进入，将引发"鲶鱼效应"，中国证券业必将焕发出蓬勃生机，整体实力和水平必将大幅提升；另一方面，中国证券公司加快"走出去"，打开国际视野，学习借鉴国际最佳经验，具有十分重要的实践意义，有助于建设更高水平开放型经济新体制。

（四）科技运用新发展改善资本市场投融资生态

大数据、云计算、人工智能和区块链等新技术运用，引发证券服务的质量、效率、动力新变革，必将极大改善资本市场投融资生态，引发证券公司业务形态和发展格局新的变革。

1. 新技术运用改变交易模式

大数据与人工智能等新技术正在深刻改变全球资本市场交易模式。新技术支持的交易系统可以完全自主识别和执行交易，分析包含市场价格、交易量、宏观数据、企业财务报表等大量数据并自主做出市场预测，选择最佳交易策略。以交易分析与决策为例，面对巨大的市场信息量，曾经需要投入大量人力进行投资分析工作，而今随着新技术的发展，人工智能已经完全可以取代人力，快速高效完成分析与决策。例如，可以使用基于数据的大型机器学习算法，即时分析传统经济数据、非传统信息源数据以及数百万社交媒体消息，并通过机器学习对历史数据和统计概率进行分析处理，在市场异动之前识别出"黑天鹅事件"。程序化交易在美国已经达到全部证券交易量的40%，在日本达到60%。随着新技术的运用，投资经理和对冲基金经理转型为数据科学家或者工程师角色，主要工作变为监视模型、防控风险、维护系统或者对机器无法应对的新情况施加干预。

2. 新技术运用改变交易成本

金融新技术将极大降低交易的时间成本、机会成本、人力成本以及市场冲击成本等隐形交易成本，提高交易效率。其中，人力成本的下降，直接反映为对行业职业生态的颠覆。从岗位削减的角度来看，重复性、标准化、程序化的岗位数量大幅减少。根据波士顿咨询的估计，未来7年将有230万金融业岗位因人工智能的应用而被削减。在华尔街，机器正在取代大量高薪人士的工作：高盛股票交易员从2000年的600名减少至2名，2019年前9个月员工平均收入24.6万美元，不到2009年同期52.7万美元的一半。行业人才需求结构亦从金融人才转向技术人才和复合人才，如高盛机构客户证券部门的量化团队在10年前招聘的仅仅是擅长风险建模与定价的分析师，现在则更为关注擅长机器学习等人工智能技术人才。

3. 新技术运用改变信息成本

信息成本的改变，将催生财富管理新业态，助力金融机构加强中后台支撑体系的建设，有效提升运营服务效率，真正做到为客户提供风险与回报更加匹配的适当产品，推动盈利模式转为以财富管理和利息收入为主，降低经营风险，机构与客户双赢的共同可持续发展生态得以形成。例如，近期掀起美国新一波零佣金风潮的嘉信理财，2018年营业收入为101亿美元，其中佣金收入占比仅为6.8%，而财富管理的资管及利息净收入占比为89.3%。中国约有1.4亿股民，投资顾问仅4万余人，投资顾问与客户比例约1:3000，线下绝大多数股民无法享受投资顾问服务。人工智能等新技术的运用得以创新投资顾问服务模式，批量低成本为每位客户量身定制投资方案，降低传统财富管理高门槛限制，让更多的中小散户能够享受到服务。目前，有53家券商在投顾业务中引入了机器人辅助技术,其中有 2 家服务的客户规模超过 100 万人。

4. 新技术运用改变投资者生态

随着新技术的发展与运用,加快投资者专业化趋势,引起投资者结构的改变。从美国情况来看,机构投资者占比由 20 世纪末的不到 50% 上升至 63.3%,投资者专业化导致专业性投资顾问需求大幅增加,推动注册投资顾问快速发展。自 2001 年以来,美国注册投资顾问资产管理规模增长了 279%。截至 2018 年年底,在美国证监会注册的注册投资顾问公司共 12993 家,管理资产 83.7 万亿美元,客户数量 4300 万,90% 以上资产为全权委托管理模式。在新技术驱动下,中国公募、私募及保险等专业机构投资者占比不断攀升,机构投资者正在成为市场主力军,中国资本市场进入机构投资者时代已是大势所趋。

(五)行业文化建设新动能提升证券公司"软实力"

党的十八大以来,以习近平同志为核心的党中央高度重视文化建设。党的十九届四中全会将"坚持和完善繁荣发展社会主义先进文化的制度,巩固全体人民团结奋斗的共同思想基础",作为坚持和完善中国特色社会主义制度、推进国家治理体系和治理能力现代化的重点任务之一。国务院领导同志多次就加强证券基金行业文化建设、推动行业发展作出重要批示,指出文化建设是资本市场健康发展的支柱,要常抓不懈,从小事抓起。随着"合规、诚信、专业、稳健"的行业文化建设步伐加快,证券公司的软实力必将大幅提升。

1. 助力发挥融资服务功能,更高质量服务实体经济

健康良好的行业文化是服务实体经济的内在要求。证券行业文化能指导证券市场行为,创造证券市场价值,维护证券市场关系,形成证券市场合力。证券行业认真贯彻落实十八届五中全会提出的"五大理念",深化证券业改革发展理念,凝聚从业人员力量,树立从业人员价值信仰,建立起以"合规、

诚信、专业、稳健"为核心价值观的证券行业文化，将形成正向发展模式、价值取向、业务理念。金融活，经济活；金融稳，经济稳。证券公司作为直接融资的"服务商"、社会财富的"管理者"、金融创新的"领头羊"，在服务实体经济中具有不可替代的专业优势，通过加强文化建设，牢固树立与实体经济共生共荣的意识，得以真正回归业务本源；在当前中国正通过大力加强供给侧结构性改革来提高经济体系运行的质量和效率之时，必将承担起时代赋予的重任，充分发挥融资服务功能，为实体经济的有效运行提供资金保障和制度安排，高质量服务实体经济，为中国经济发展做出贡献。

2. 助力增强专业服务能力，提高综合竞争力

一方面，中国证券行业长期以来存在创新不足以及产品与服务高度同质化现象，无法满足客户多样化需求，不正当竞争与欺诈时有发生，本质原因之一在于过度倚重业绩的评价体系导向。通过厚植发展力量和文化基因，形成具有中国特色的"合规、诚信、专业、稳健"证券行业文化，证券公司将得以突出主业、突出基础、突出合规、突出创新、突出稳健，实现差异化发展和专业化经营。另一方面，在经济全球化背景下，竞争不但体现在专业能力、技术产品的竞争，更体现在公司文化的竞争，先进的公司文化已经成为构建公司核心竞争力极其重要的组成部分。纵观世界上成功的跨国公司，能够在全球范围内多种文化深层次发展，一个重要因素便是其强大的文化沟通及融合能力，公司文化整合已经成为资源整合的重要手段。随着金融市场的全面开放、外资公司的不断涌入，中国证券公司所面临的市场竞争越来越激烈，优秀的行业文化将成为中国证券行业面对全球资本市场的重要竞争力之一。

3. 助力风险防范，增强行业健康发展韧性

文化是一个企业、一个行业战略定位、发展理念、专业能力、价值取向、精神品质等各方面因素的综合表征，是支撑长期稳定健康发展的底气所在、力量之源。实践表明，证券从业人员如果没有良好的道德操守，能力越强，风险越高，破坏力越大。2008年金融危机之后，欧美资本市场日益重视行业

文化建设。避免金融危机的方法，亦从之前的聚焦于去杠杆化慢慢转移到提升行业文化和价值上。行业文化建设步伐加快，将有效引导从业人员树立正确的价值观、利益观，谨守底线、远离乱象；将有效增强证券公司风险防范意识，改变重发展、轻质量，重业务、轻风险的问题；将有效形成经营管理行为自我约束的内部控制机制，以良好的文化积淀护航企业规范经营，固本强基、基业长青；将有效增强行业健康发展的韧性和动力，实现行业健康、稳健和持续发展。

4. 助力提高投资者服务与社会责任担当意识，实现行业生态链可持续发展

证券行业属于金融服务行业，增强投资者服务意识、保护好包括中小投资者在内的所有客户的切身利益才能保证证券市场稳定发展，才能实现证券行业生态链的可持续发展。中国证券行业的特点之一是中小投资者众多，其中大多数人投资研究分析能力不足，对新的金融产品尤其是金融衍生产品缺乏正确、清晰的认识，易盲目跟风炒作。行业文化建设的加强必将有利于提高投资者服务意识，引导形成科学、健康的投资理念和投资文化，营造共生共赢的市场环境，维护金融市场稳定。同时，行业的社会责任意识亦将得以深化，履行社会责任将不仅仅体现在向灾区捐款、希望工程、爱心基金等具体事务上，还将进一步融入行业和公司的日常经营管理活动中，形成内心自发的意识和行动。企业利益将统一到国家利益之下，利润最大化不是证券公司的唯一目标，为资本市场健康发展、国家金融稳定和社会经济持续发展贡献力量将成为行业理念。

5. 助力行业与从业人员共同成长，打造专业化人才队伍

证券行业是知识密集型、人才密集型行业，专业化、职业化的人才队伍是证券公司最宝贵的财富，也是行业最重要的核心竞争力。长期以来，由于证券行业的专业性导致其具有较高门槛，也使证券从业人员的平均收入明显高于其他行业，行业内部充斥"浮躁"文化，一夜暴富、赚快钱的思想蔓延，不利于行业持续发展。加强行业文化建设，大力倡导行业发展与员工个人成长协调共赢的证券行业核心价值观，建立长周期的考核评价体系和收入分配机制，必能吸引、留住和激励更多人才，实现公司、行业与从业人员共同成长。

（六）经济高质量发展新要求构建良好市场生态

当前，国际政治经济格局正在发生复杂、深刻的变化，世界经济不确定、不稳定因素增多，下行压力加大。同时，全球新一轮科技革命和产业变革孕育兴起，为经济发展注入了新的动力。面对新的形势、新的挑战、新的变化，中国坚持以新发展理念为引领，深入推进供给侧结构性改革，推动经济发展质量变革、效率变革、动力变革。资本市场作为现代金融体系的重要组成部分，对于降低宏观杠杆率、支持科技创新、加速产业结构调整具有独特的作用。顺应经济高质量发展新要求，全面深化资本市场改革，完善投融资功能，提升金融体系与供给需求体系的适配性成为关键。

以美国相对成熟的资本市场为鉴，新经济产业发展需要相匹配的资本市场制度，需要更强劲的直接融资功能。首先，新经济产业需要更灵活、包容的市场化运行的资本市场机制。20世纪八九十年代，美国传统工业面临升级压力，此时硅谷崛起；而大部分硅谷创业公司不满足上市门槛，资本掣肘，亟待破局，更灵活包容的纳斯达克应运而生。其后数十年，纳斯达克孵化孕育了诸多龙头科技企业，造就了美国新经济发展浪潮。纳斯达克成熟、高效的市场化机制也吸引了搜狐、网易、新浪、百度、携程等大型互联网企业，打破国界成长为世界科技企业聚集的资本市场。当前中国面临与美国当年类似的新经济发展诉求，打造直接融资，特别是股权融资渠道刻不容缓。科创板定位于新经济产业需求，正积极平稳推进，有望以增量倒逼存量改革，最终引导资本市场循序渐进实现历史跨越。其次，直接融资的功能需要进一步激活提升。从金融体系融资结构来看，美国融资体系以直接融资为主导，融资存量中直接融资达到70%。中国融资体系以间接融资为主导，2019年度直接融资占全国社会融资规模的比重为14.10%，直接融资在实体经济中的功能未有效发挥。从资本市场纵深来看，2018年中国证券化率为48%，相当于美国 1984 年的水平，发展阶段类似美国成长初期特征。

2019 年 2 月 22 日，中共中央政治局第十三次集体学习首次提出深化金融供给侧结构性改革，要求以金融体系结构调整优化为重点，优化融资结构，指明了未来直接融资，特别是股权融资和资本市场大发展的方向路径。资本市场是对接培育新经济、新产业的土壤。资本市场的核心职能是通过市场"看不见的手"，将资金高效率地配置给优秀企业，促进企业成长，并回报股东。要实现"看不见的手"高效配置功能，必须建立高效的市场化制度。按照深化金融供给侧结构性改革的总体部署，坚持市场化、法制化的方向，借鉴国际最佳实践，全面深化资本市场改革，着力优化资本市场供给，畅通金融与实体经济的良性循环。新一轮资本市场改革以构建良好市场生态为重要目标，体现出把改革的着力点放到加强系统集成、协同高效上来，更加注重改革的系统性、整体性、协同性，推动资本市场基础制度更加成熟、更加定型。无论从深化金融供给侧结构性改革，还是从推动经济发展向创新驱动转型，还是从满足人民日益增长的美好生活向往来看，都需要建设一个强大的资本市场。当前是全面深化资本市场改革攻关期，也是打造高质量投资银行和财富管理机构的关键期。在金融供给侧结构性改革背景下，加快完善资本市场投融资制度，健全资本市场投融资功能，着力提升金融供给的质量和效率，也为证券行业高质量发展带来了历史性机遇。但同时要注意应对好 4 个方面的风险挑战：一是经济下行的宏观环境和持续去杠杆的压力，导致"融资饥渴症"泛滥的风险。二是全方位配套改革，防止"叠加共振"的风险。三是市场化改革"单兵突进"，在制度成熟定型磨合期，缺乏市场共识的风险。四是放松管制的改革取向，在监管适应性不足的情况下，形成"一放就乱"的风险。

（七）新环境下行业发展面临的历史性机遇

资本市场新使命、注册制试点新环境、全面开放新趋势、科技运用新发展、行业文化建设新动能、宏观经济新形势，既是行业发展环境的新变化，

又是行业发展变革的新动力,为行业发展带来了新的历史机遇,主要包括以下5个方面:

一是投资银行业务将回归本源。围绕定价、保荐、承销三大能力的形成和提升,投资银行业务能力将从通道化、被动管理向专业化、主动管理转型,价值发现能力、价格发现能力、尽职调查能力、客户服务能力、研究分析能力等将成为投资银行的核心竞争力。

二是财富管理业务将成熟定型。随着居民财富的增长和新技术的广泛运用,证券公司的买方中介能力将由传统的通道业务、渠道服务,向全生命周期、全价值链的综合金融服务转型;企业年金、职业年金、各类健康和养老保险业务的发展壮大,为促进居民储蓄有效转化为资本市场长期资金提供多样化渠道,资本市场财富管理业务的适应性、竞争力、普惠性进一步增强。

三是投资者结构将持续优化。各类基金机构股权投资规模不断壮大,银行理财、保险、信托等机构投资者作用有效发挥,推动零售业务向专业化转型,培养价值投资和长期投资理念,改善资本市场投资者结构,促进形成成熟的买方市场,进一步发挥市场价格信号引导作用,促进提高资源配置效率,增加市场资金供给的专业性和稳定性,构建资本市场发展良好生态。

四是资本市场创新将突出导向。资本市场创新将紧紧围绕服务实体经济中心目标,彻底摒弃照搬照抄、玩弄技术的金融创新,突出服务经济高质量发展导向和人民日益增长的财富管理导向,积极开发个性化、差异化、定制化的金融产品,不断丰富居民投资产品,满足居民日益增长的投资需求。

五是资本市场体系将配套健全。现代金融体系的特征进一步展现,即直接金融与间接金融均衡发展,场内场外市场协同发展,投资功能和融资功能协调发展,中介机构能力与责任对等匹配,激励创新与防范风险适度相容,成为具有高度适应性、竞争力、普惠性现代金融体系的核心组成部分。

四、证券业高质量发展的目标和措施建议

中国证券行业从生长发展、规范发展到创新发展,经历了风险处置、综

合治理到 2015 年股市异常波动后的发展修复期，走过了万水千山，仍在跋山涉水。站在新时代改革开放的新起点上，处于中国经济转向高质量发展的新的历史方位，推动证券业高质量发展已成为广泛共识。

(一) 建设具有高度适应性、竞争力和普惠性的投资银行

党的十九届四中全会提出"加强资本市场基础制度建设，健全具有高度适应性、竞争力、普惠性的现代金融体系，有效防范化解金融风险"。证券行业作为投融资中介，是现代金融体系的重要组成部分，在经济运行和金融体系中发挥中枢作用，是稳经济、稳金融、稳预期的关键环节，在促进提高直接融资比重中发挥枢纽功能，是打造规范、透明、开放、有活力、有韧性的资本市场的重要引擎，建设具有高度适应性、竞争力、普惠性的现代投资银行，是证券业高质量发展的核心要义。

1. 证券业高质量发展要适应实体经济发展、现代化经济体系建设的需要

证券行业的高度适应性主要体现为要适应实体经济发展需要。党的十九大报告指出，中国经济已由高速增长阶段转向高质量发展阶段，正处在转变发展方式、优化经济结构、转换增长动力的攻关期，建设现代化经济体系是中国发展的战略目标。金融是实体经济的血脉，为实体经济服务是金融的宗旨和天职，经济的高质量发展需要高质量的金融服务；实体经济、科技创新、现代金融和人力资源协同发展，是现代化经济体系的重要特征，资本市场在现代金融运行和促进协同发展中发挥中枢作用。证券行业是资本市场发挥中枢作用的核心中介机构，当前中国证券业发展受制于 5 个方面结构性问题，即大市场小行业、大金融小证券、大场内小场外、大公募小私募、大管制小自律问题，造成证券行业整体规模偏小（直接融资比重低、创新资本形成能力弱）、金融中介功能发挥不足（业务通道化、同质化严重，业务附加值低）、服务实体经济能力不强等现状，难以适应经济高质量发展和建设现代化经济体系的客观需要。推动证券业高质量发展，首要任务是增强证券业服务实体经济发展和现代化经济体系建设的适用性，紧扣供给侧结构性改革为主线，

顺应按照注册制改革新要求，全面加强卖方中介、买方中介能力建设，促进创新资本形成和价值发现，提升投资活跃度，推动行业优化服务结构、能力和质量，畅通资本市场和实体经济的循环，着力为实体经济和居民财富增长，提供更高质量、更加精准的金融服务。

2. 证券业高质量发展要在科技运用新发展、全面开放新趋势下提升核心竞争力

科学技术是第一生产力。新技术运用极大地丰富了金融服务场景，提升了金融交易效率，降低了金融交易成本，特别是以数字化转型驱动的创新发展，将改变证券业经营模式和发展生态，行业分化整合、客户机构化、业务资本化、全面数字化、运营智能化趋势将继续推进，资本、客户、人才、科技、国际化和生态圈等核心要素，将重新塑造证券公司的核心竞争力。同时，在更高水平开放新趋势下，证券公司提升核心竞争力面临机遇与挑战。一是抓住开放机遇，用好外力。证券行业既要利用好"引进来"，学好外资证券公司先进的技术手段、成熟的企业文化和丰富的管理经验；又要把握住"走出去"，学习国外先进经验，推动业务多元化、经营全球化、服务国际化、提高全球定价能力、维护国家金融主权、参与国际金融治理。二是应对开放挑战，修好内功。外资证券公司的进入将重塑行业竞争生态，中国证券行业维持国际竞争力的基础是内部有竞争力的体制机制。要围绕全面深化资本市场改革任务，坚持市场化、法治化、国际化方向，加强证券行业顶层设计，通过支持证券公司开展跨境业务、提高审批备案效率、放松外汇业务资格管制等措施，促进证券行业更高质量的开放。

3. 证券业高质量发展要满足经济社会发展和人民群众日益增长的财富管理需求

发展普惠金融，目的就是要提升金融服务的覆盖率、可得性、满意度，满足人民群众日益增长的金融需求。证券行业的高度普惠性，体现在其能够满足经济社会发展和人民群众日益增长的财富管理需求。具体包括：

一是优化融资结构，便利企业（特别是民营企业）融资。通过完善民营

企业直接融资支持制度、提高中国金融体系中直接融资占比与质量、提供一体化综合金融服务等方式，助推企业成长、促进经济转型。二是积极适应人口老龄化趋势。一方面，做好投资者（特别是老年投资者）的适当性管理工作，加强投资者保护；另一方面，丰富产品和服务供给，结合老龄人口风险意识相对保守、风险承受能力下降的特点，提供能够带来长期稳定现金流、风险适中的金融产品和金融服务。三是满足人民群众日益增长的财富管理需求。中国目前拥有全球规模最大、交易最活跃的投资者群体，人均GDP已经突破1万美元大关。随着中国经济和居民可支配收入的快速增长以及全民财富管理意识的增强，传统的银行存款、房产等资产配置方式，已经不能满足人民群众日益增长的差异化、个性化的综合财富管理需求。面对财富管理市场需求端的新变化，证券行业应围绕金融供给侧结构性改革主线，着力推动财富管理服务结构和质量的转变。

（二）推动证券业高质量创新发展的主要措施和政策建议

为推动证券业实现具备高度适应性、竞争力和普惠性的高质量发展，进一步发挥公司自治、行业自律、行政监管三方合力，持续涵养行业健康发展的良好市场生态和文化生态，积极适应证券业全面开放新趋势，合理优化中介机构责任体系，大力促进投资银行核心能力建设，加快财富管理业务转型升级，推动证券服务数字化创新发展，加强行业文化与市场生态建设。

1. 积极推动证券业更高水平开放

（1）证券公司应加强内部能力建设。一是加强集团内部协同。中国证券公司应跟随实体经济客户"走出去"，加强在集团层面海外资源的重点配置，围绕客户需求优化境外布局。一方面，积极围绕客户需求特点，对于"一带一路"等所倡导的、客户海外拓展的重点目的地予以重点跟踪及布点。中国证券公司应对所在国的国别风险、监管政策等进行深入研究，通过境外机构的本地化经营，有针对性地进行特定业务的海外布局。另一方面，对于已经拓展的、监管政策不友好的部分海外国家，或是长期以来整合难度较大、经营相对困难的部分证券公司海外运营实体，在集团层面成立专门的工作组给予及时持续的跟踪评估，对海外布局适时做出动态的优化及调整，以便根据自身实力及业务特点调整海外发展战略，实现由"织网"向"深耕"的转型，从外延式扩张逐步向内涵式增长转变，提升中国证券公司对于客户的全球化服务水平和国际竞争力。

二是加强国际化人才队伍建设。第一是加强优秀人员的外派交流。发挥境外平台的作用，打造公司处于国际前沿的业务阵地和国际化人才队伍，加强母子公司人才的交流联动，选拔公司优秀人才到公司境外机构进行学习、锻炼和岗位挂职，委派相关核心管理人才或业务骨干至子公司工作、交流或担任涉外投资业务的牵头负责人。第二是立足当地，培养当地优秀人才。建立匹配当地市场发展的人才培养体系，并对人才建设进行属地化管理。第三是加强其他人才队伍建设规划。组织开展丰富多样的培训活动，加强与其他金融机构之间的互利合作，提高知识创造和分享的能力，从而增强员工对业务知识的渴求度，给实现业务"走出去"提供助力。同时，欢迎合作国家或地区来访问，接待沿线地区合作伙伴，或者政府相关单位引进的外国人才学习交流，培养熟悉国际金融规则的综合性金融人才助力。

三是完善风险合规管理。在开展跨境业务的过程中，证券公司要切实做好风险防范，完善合规管理。风险合规管理是证券公司持续稳健经营的关键环节，证券公司应当正确评估自身规模与实力，全面评估论证，合理审慎决策，不畏手畏脚，也不盲目跟从，做到业务与风险防范并重。一方面，要量力而行，找到适合自己业务的方式和业务规模的突破口，不能冒进；另一方面，在业务的拓展中，不断加大人才储备和经验累积的力度，充分考量各种风险因素，做好充足的准备和风险防范措施。

四是加强金融科技和信息系统建设。在证券公司开展跨境业务过程中，信息系统建设至关重要。没有信息系统建设的支持，证券公司总部无法实时了解境外子公司的经营情况和业务信息，总部的管理将陷入被动，公司境内外业务信息也无法有效共享，严重阻碍了业务的协同发展。因此，证券公司应将信息技术建设作为重要的战略支撑之一。一方面，加强总部对于国际化IT技术建设的统一规划和建设，深入对全球领先的信息技术规划流程和管理模式的研究，密切跟踪国际市场上主流信息技术应用趋势，与国际上主要信息技术供应商建立合作关系；另一方面，增强海外地区本地化信息系统的运维能力，逐步发挥海外平台的信息统筹协调功能。

（2）政策建议。第一，支持中国证券公司提升国际化能力。与国际投行相比，中国证券公司的国际化程度仍然较低，综合金融服务能力不足，需要在自身能力提升上加大力度，同时也需要政策扶持。具体建议包括：一是支持证券公司开展海外并购，加快国际市场布局。在中国证券公司"走出去"过程中给予因地制宜的政策支持，如在服务"一带一路"建设过程中，考虑到"一带一路"沿线大多是新兴资本市场国家，建议在监管政策上设置"绿色通道"，允许通过增发、配股、发债等灵活多样手段支付交易对价。二是鼓励证券公司业务创新，丰富产品和服务类型，提供更加符合当地国家和地区国情及客户需求的产品和服务。三是进一步放宽证券公司融资渠道，提升负债管理能力。增加证券公司在银行间市场进行交易的品种，丰富一些现有中长期限融资工具的品种；允许证券公司母公司直接在自贸区内或境外发行债务融资工具，试点利用资产负债表创设产品，提升负债经营功能；允许符合条件的证券公司设立财务公司，实现对集团资金、负债的统筹运作。

第二，加强监管支持与对外合作。一是适度放宽外汇监管，为跨境业务开展提供便利。目前，证券公司跨境融资主要通过境外 SPV 作为发行主体、母公司跨境担保的方式开展，公司信用和资本均有一定损耗，而证券公司直接在境外发债，则要求必须将募集资金结汇汇回境内。建议适当放宽证券公司境外发债在额度、结汇等方面的要求；建议允许境内证券公司利用更多手段管理跨境资金，给予更灵活的跨境结算和境内外资金管理政策；探索设置仅用于境外融资资金引入以及"一带一路"等跨境项目开展的年度专项外汇额度，提升证券公司为客户提供全球综合金融服务的能力。二是放宽大型证券公司外汇业务限制，丰富证券公司跨境业务手段。在境内外客户的跨境资产配置中，外汇交易的便利性及风险防范尤为重要。证券公司在为境内外客户提供投融资、并购、交易等服务过程中，如能一并提供外汇风险管理和外汇结构化产品设计服务，就能更好地满足客户的风险管理和交易需求。目前，中国外汇业务仍由银行主导，具有外汇业务资格的证券公司还不多，建议支持和鼓励符合条件的证券公司开展外汇相关业务。同时，逐步放宽具备相应能力的证券公司直接参与国内外金融衍生品市场交易的限制，不断加大外汇、利率、信用等跨境衍生产品的创新力度，丰富交易工具和手段。三是加强金融监管当局的高层交流与合作，为证券行业双向开放创造良好的外部环境。建议中国金融监管部门进一步加强与境外监管当局高层的交流与合作，建立多边监管合作协调机制，给证券行业发展提供相对稳定的政策环境。

2. 合理优化中介机构责任体系

"看门人"制度是资本市场的一项重要治理方式，其通过要求各类证券中介机构承担核查验证、专业把关的职责，来保障发行人的信息披露质量。包括证券行业在内的资本市场的高质量发展离不开良好的"看门人"执业生态。而目前中国资本市场"看门人"制度仍存在职责配置失衡、行政追责威慑不到位、司法惩戒威慑基本缺位、市场声誉约束未形成等问题。为了促进证券行业的高质量发展，应当顺应注册制改革，合理优化中介机构责任体系，逐步理顺"看门人"执业生态。具体政策建议包括：

（1）提升追责体系效能。一是着力提升行政处罚威慑的有效性。加大"资金罚"力度，用足罚则空间，提高罚金倍数；制定细化的"资格罚"运用标准，降低自由裁量空间，减少个案阻力，切实加大资格罚力度；协商财政部共同出台资本市场审计违法违规行为处罚标准，用足"暂停或撤销证券服务业务许可""证券市场禁入"等"法定资格罚"和"暂不受理与行政许可的相关文件"等"准资格罚"手段，切实收紧审计"紧箍咒"；加大个人追责力度，对问题中介机构和个人实行"双罚制"。

二是激活民事诉讼，强化赔偿威慑。推动最高法实质取消证券虚假陈述类案件的处罚前置要求。以科创板试点改革为契机，建立证券集体诉讼制度。

推动最高法进一步明确证券虚假陈述诉讼案件的集中管辖和级别管辖，在中心城市推广设立金融法院。

三是增强资本市场审计监管的资源统筹配置。补充审计监管力量，支持未专设会计监管处室的派出机构设立专门处室。推动沪深交易所、全国股转公司设立会计监管部，提升证券交易场所的一线监管能力。研究借鉴美国PCAOB模式，成立专门的公众公司审计监管机构。

（2）优化健全规则体系。一是优化"看门人"履职规则，实现"看门人"职责和分工合理化。研究系统修订《保荐办法》《保荐人尽职调查工作准则》等规则，确立保荐机构的"合理尽职调查"标准，调整过于严苛的尽调要求；确立保荐机构对专家意见的合理信赖机制，明确保荐机构可以"合理信赖"其他中介机构的专家意见，并强调异常情况下的一般注意义务；研究取消保荐机构先行赔付的强制承诺制度，引导保荐机构自愿承担先行赔付责任；研究优化相关挂钩机制，避免对"看门人""事先定罪"。

二是加强外部司法协调，保证民事赔偿责任可控。推动修改《最高人民法院关于审理证券市场因虚假陈述引发的民事赔偿案件的若干规定》，明确保荐机构等在"合理尽职调查"后未能发现造假的可以免责；明确根据各中介机构的过错程度来合理确定各自的赔偿比例，各中介机构在承担连带赔偿责任后，可以就超出其责任部分向其他中介机构追偿。

三是补齐会计师、律师执业规则短板。在符合国家统一的会计准则、审计准则前提下，结合资本市场实践，就风险集中、问题突出的领域制定明确具体的审计业务规则和机构管理规则，规范审计机构执业；加快出台《律师事务所从事首次公开发行股票并上市法律业务执业细则（试行）》，为律师从事 IPO 业务提供细化执业规则。

（3）建立声誉约束体系。一是建立健全声誉评价体系，提高履职过失的声誉成本。由证券业协会等自律组织集中公示中介机构及人员监管处罚信息，并开展中介机构执业能力和声誉评价，引导形成有效的声誉约束机制。

二是建立执业全过程的电子留痕体系。出台相关中介机构工作底稿电子化标准和指引，依托大数据平台开展执业工作底稿质量自律检查，形成有监督、能监测、可鉴定的中介机构履职尽责监控体系。

3. 全面提升投资银行核心能力

投资银行业务在证券公司业务体系中扮演龙头牵引角色，是证券公司业态全面升级的关键突破口，有望成为驱动新时代下证券公司崛起的核心竞争力。注册制重新构建了市场责任体系、定价体系和信息披露体系，给投资银行生态带来了新的机遇和挑战。

（1）证券公司应当重塑投资银行业务模式。一是实现定价能力、保荐能力和承销能力3个方面核心能力的变革。定价能力是彰显投行实力的基石。注册制引导定价机制向市场化过渡，定价合理性将依赖投行对企业价值的判断。定价能力提升还将带动再融资、并购重组等业务定价回归价值本身，激发客户需求并促进项目顺利开展。投行优质项目的挖掘和合理定价依赖于扎实的研判分析能力，证券公司应实现宏观、业务链、行业研究等全方位能力提升，打造高水平的研究定价权和影响力。保荐能力是投行的基本能力。投行业务逐渐走出监管背书，面对日益复杂的市场变化和业务种类带来的各种风险，保障业务稳健发展，打造对监管、发行人和客户三方的信誉，均须依赖坚实的保荐能力。承销能力是投行业务发展的中枢。承销商作为股票承销的核心，客户资源成为其展业的基础，打通各业务线的客户资源，加强销售网络建设，培育专业的合格机构投资者，成为提高承销能力的重要路径。证券公司应当围绕定价、保荐、承销三大能力的形成和提升，从通道化、被动管理向专业化、主动管理转型，加强价值发现、价格发现、尽职调查、客户服务、研究分析等核心竞争力。

二是打造差异化发展模式。具备条件的大型证券公司可通过打造"大投行生态圈"模式，发挥好行业领头羊、排头兵作用。大型证券公司综合实力较强，可把握先机，加速探索"以业务为导向"向"以客户为导向"转型，协同各部门资源，打造以融资业务、财富管理及资产管理、产业资源整合为核心的"大投行生态圈"，实现全业务链协同和价值延伸。"大投行生态圈"

模式将伴随企业生命周期：在初创时，协同股权投资，赋予早期企业资金和战略资源支持。虽然目前证券公司"保荐+直投"模式被限制，但是业务仍然具有连通性。在发展中，协同资本中介，企业发展壮大持续需要资金，若开展并购重组将激发产生额外资金需求，证券公司可以通过资本中介助力企业做大做强。在上市时，提供保荐与承销业务等服务。在上市后，提供做市、财富管理和资产管理、投融资管理等长期服务，将研究能力、投资交易能力、风控能力等专业实力持续转换为聚焦客户需求的服务能力。中小型证券公司可探索特色化、专业化的精品券商之路。中小型证券公司资本和业务实力较大型证券公司而言相对弱势，在行业竞争格局中可根据自身股东资源、特色业务等优势，制定精准品牌定位，争夺细分市场。可以探索打造倚重投行特色、聚焦经纪财富管理、专注债券业务或是着力资产管理的证券公司，在产品、客户、区域和渠道方面构筑独树一帜的特色，开辟与大型证券公司差异化发展路径。

（2）政策建议。第一，进一步明确注册制下的发行审核标准和机制，完善信息披露制度，增强市场预期。以科创板和注册制试点改革工作为契机，探索完善以投资者价值判断为中心的信息披露制度。具体建议包括：一是配合A股发行注册制改革进程，进一步明确主板、科创板、创业板以及新三板发行、上市或挂牌的审核标准和思路，提高审核效率，真正落实以信息披露为核心的注册制审核理念。审核部门根据审核工作中遇到的新情况，及时更新审核问答，以公布监管问答或者定期培训等方式指导发行人以及各中介机构应重点关注的问题，以便发行上市各方及时、准确把握审核要求和相关标准。二是明确注册环节的关注重点、注册流程等，实现注册环节公开透明。推进交易所审核程序与证监会注册程序的衔接，尽量实现交易所审核标准与证监会注册标准的一致和统一，提升注册结果的可预期性。三是进一步丰富发行人、保荐机构与发行审核部门的沟通渠道和方式，提升线上系统沟通效率。四是完善以充分性、一致性、可理解性"新三性"为重点的信息披露内容体系，推动投资银行更加关注市场、更加关注投资价值判断，提高服务能力。

第二,坚持市场化方向,进一步发挥资本中介作用。具体建议包括:一是在新股发行配售机制的设计中,赋予发行人及主承销商一定的自主配售权,根据投资者报价情况调节配售比例以期达到较优的配售结构。二是加快推行上市公司再融资审核注册制改革,减少审核环节,提高审核效率,允许一次审核、分次发行。积极引导培育市场化定价理念,加强询价自律管理,充分发挥市场资源配置作用。三是科创板保荐机构相关子公司跟投机制作为维护科创板开立初期平稳运行的短期机制,未来逐步放松直至取消强制跟投要求。资本市场的长期发展应主要依赖于信息披露、社会监督、媒体监督、处罚、退市等一系列基础性制度的建立和完善,并最终形成市场化的定价机制,培育成熟理性的买方市场,增强市场韧性,激发市场主体活力。

第三,完善证券发行承销保荐责任体系,进一步厘清责任边界。具体建议包括:一是在股票承销保荐业务中,落实中介机构"归位尽责、各司其职"的要求。借鉴海外经验,明确保荐机构、律师事务所和会计师事务所的工作范围和责任边界。对尽职调查事项作出统一、明确要求,规定相关事项需要执行的尽职调查或分析程序以及相应尺度规范,合理确定保荐机构尽职调查义务,全面取消过渡时期的先行赔付制度。二是在债券承销业务方面,承销机构的连带责任应当与其角色、职责和过错相适应,责任认定以承销机构是否存在过错为依据,明确承销机构无代偿义务。引导行业充分重视受托管理业务,完善债券受托管理制度,以合理的收费为基础,加大投入,强化受托管理履职尽责。三是在新三板业务方面,明确非上市公众公司在精选层挂牌后,主办券商和保荐机构持续督导责任的衔接问题。明确自办发行相关的信息披露要求,明晰发行人和主办券商关于自办发行的责任边界。

4. 加快财富管理业务转型升级

国内证券公司财富管理业务起步较晚,发展大致经历了3个阶段:第一阶段是2003~2009年的萌芽阶段,证券公司开始加快研发、销售理财产品;第二阶段是2010~2012年的初步转型阶段,部分证券公司成立了财富管理中心,根据客户的需要提供投资顾问服务;第三阶段是从2012年至今的发展阶段,受佣金率持续下滑的影响,各证券公司加快从通道服务向财富管理转型步伐,积极探索和实践针对高净值客户的服务模式。

目前,证券行业财富管理业务主要是基于各类资本市场工具,向高净值客户提供资产配置、资本中介、信息资讯等综合金融服务。受限于客户基础和业务基础,在服务模式的专业化、差异化、多元化、定制化等方面与欧美财富管理机构及国内商业银行相差较大,仍处于业务驱动、销售驱动为主的发展阶段,面临着客户培育、体系重塑和能力构建的巨大挑战,资本市场为居民提供财富管理的能力亟待提高。

(1)证券公司可结合自身发展情况加快向财富管理业务转型。一是提升投研能力。证券行业财富管理业务的长足发展,关键在于能通过核心产品配置能力为客户创造价值。为此,证券公司应当发挥自身在权益类、固定收益类等领域的投研核心能力,同时加强金融产品全流程管理所涉及部门间的高效联动。对于财富管理业务人员的考核,逐步脱离单纯基于产品规模和收入,转向更多基于客户获取收益率情况,真正做到从客户利益角度出发开展财富管理业务。

二是进一步提升公司的人才培养和考核机制。目前证券公司仍主要依赖于传统分支机构与投资者建立联系,大部分证券公司尚未建立前瞻性的人才规划与高度市场化的人力资源管理机制,录用、管理、考核、晋升及退出各方面都需要进一步提升。

三是加强中后台支撑体系的建设,提升财富管理运营服务效率。服务的执行效率与质量是证券公司实现财富管理业务差异化发展的重要因素。证券公司需要尽快提升内部运营效率才能实现专业人才服务与专业客户需求的有效匹配。在财富管理领域,其重要的突破口就是要加强中后台支撑体系的建设。为此,证券公司可以结合自身发展情况,尽快打造集客户分析、账户管理、投资分析、资产配置、数据分析、考核管理等多项功能的财富管理综合服务平台,有效提升财富管理运营服务效率。

（2）政策建议。为鼓励证券公司更好发展财富管理业务，以满足人民群众日益增长的财富管理需求，建议提供政策支持，加强买方中介能力建设，促进市场投融资功能平衡。

第一，支持证券公司参与基金投顾服务试点，增强市场资金供给的专业性、稳定性。具体建议包括：一是加快证券公司参与基金投顾服务试点的审批，并逐步扩大试点范围，落地证券公司管理型基金投资顾问。二是在基金投顾业务试点基础上，探索符合证券公司业务特点的、以客户利益一致性为基础的客户账户管理模式。

第二，支持证券公司提升综合资产配置能力，满足人民群众日益增长的财富管理需求。具体建议包括：一是在现行三方存管体系的基础上，支持证券公司建立综合理财账户，鼓励开展财富管理业务。在做好投资者适当性基础上，打通证券公司内部各项业务和产品，实现全产品、全业务、全服务、全周期的一站式财富管理服务。二是探索优化三方存管运行模式，提高银证合作运行效率，降低行业运行成本，提高资金清算效率，实现理财账户的投资、交易、支付等基础功能，逐步建立一站式综合金融服务账户体系。

第三，提升服务机构客户能力。具体建议包括：一是完善证券公司交易功能，允许根据机构投资者的投资需求和风险管理需求，设计安全、高效、多样的交易机制，进一步放松对融资融券、股指期货、场外期权等金融产品的准入门槛和交易限制，明确外部接入系统、程序化交易等监管制度，减少或避免对市场主体交易行为的行政干预。二是发挥证券公司投资功能，适度放开证券公司申请公募基金牌照"一参一控"的限制，进一步放松对资产管理业务的管制，提升资产管理产品创设能力和主动管理水平。三是支持证券公司大力发展私募股权投资业务，满足客户多元化金融需求。四是完善证券公司托管功能，进一步协调相关部门推动修订相关法律法规，允许证券公司托管信托、保险、银行理财、社保基金、企业年金、QDII 和 QFII 等产品。

第四，推动提升证券研究水平。一是将外资证券研究机构在国内开展发布证券研究报告业务纳入统一监管，资格准入、合规管理等方面要求与国内证券研究机构保持一致。二是推动国内证券研究机构在境外市场依法合规展业，拓展行业研究分析的全球视野，增强研究分析的国际化水平。三是引导行业围绕宏观经济形势、资本市场走势、行业发展前景、公司投资价值开展深度研究。

第五，支持管理型投资咨询业务发展。具体建议包括：一是支持有条件的证券公司、证券投资咨询公司开展管理型投资咨询业务。二是加快《证券基金投资咨询业务管理办法》的制定和1997年《证券期货投资咨询管理暂行办法》的修订，鼓励证券投资咨询机构增资扩股充实资本实力，鼓励金融机构、上市公司等有实力、有资源的机构成为咨询机构主要股东。三是加强对咨询机构公司治理、高管资质的要求，对于长期合规展业的咨询机构给予适当的政策支持，允许开展基金投顾、基金销售等业务。

第六，理顺薪酬和评价体系，激发从业人员专业能力。具体建议包括：一是强化财富管理从业人员与客户的利益绑定。确立按客户资产规模的一定比例收取管理费，或按一定服务期限固定收费的基本收费模式。对于一定门槛以上的高净值客户，允许在基本收费基础上，从客户资产组合配置的收益中适当提成。对于可能存在利益冲突的代销产品佣金等收入，必须事前向客户充分披露并经其同意后才能收取。二是健全从业评价和培训体系。完善证券基金机构及从业人员的财富管理业务能力评价体系，着重根据代管资产规模、中长周期的管理绩效开展评价，将评价结果适当公开化，便于同行比较和投资者择优委托。支持从业人员接受更系统的投资顾问等金融服务技能培训，推动实现从业资格和持续培训的通用认证，便利人才合理流动。引导理顺从业人员薪酬待遇和晋升机制，吸引更多优秀人才专注财富管理。

5. 推进证券服务数字化创新发展

大数据、云计算、人工智能和区块链等科技在证券行业的应用日益广泛，对行业的交易模式、交易成本、信息成本和投资者生态等带来深远影响。证券行业应当找准技术进步方向，推动科技与业务深度融合，全面提升行业科技化水平，促进证券服务全方位数字化转型。

（1）证券公司应当加强科技应用研究，多方位优化公司商业模式。一是重新定义客户体验，发现能够实质提升客户满意度的关键因素与方式方法，真正实现"以客户为中心"。一方面，加强大数据、人工智能技术的研究，改善客户服务质量和效率。国内证券公司的大数据主要应用于提供"差异化服务"，人工智能主要应用于智能投顾领域。证券公司可以探索借助大数据技术发现客户需求，实现定向营销或推广，借助人工智能技术，在保证服务质量的情况下，通过算法提高服务效率、便捷性（如已经实现的自动化交易）。另一方面，在技术受限的情况下，以有限的技术能力为切入点，为客户提供全新的、优质的客户服务（如可以通过利用大数据分析软件为中小企业提供低成本的增值服务，提高客户黏性等）。

二是重新思考运营模式，将科技全方位应用于证券公司全流程，而不仅仅是直接面向客户的线上渠道的搭建，积极利用科技优化或改变证券公司运营、风控、产品设计、内部协同等多个领域，重构公司的客户链、价值链。科技手段在证券公司内部流程应用方面，可以考虑加强大数据的系统采集、综合分析与深度挖掘等能力，研究供应链金融，利用人工智能、大数据提升中后台运营效率，利用人工智能实现自动化运营等内容，以提高效率，降低内部成本。此外，还可以利用新技术搭建内部协同平台，在风险可控范围内，实现多个平台的客户共享、交叉销售。

三是重新规划战略路径，利用科技力量推动业务创新。一方面，证券公司应充分利用科技手段发挥和升级传统的核心竞争力——风险管理、资产定价等能力，加快发展如投行、资管、自营等综合类业务，将传统以通道佣金为主的收入，转变为以核心能力为基础的承担风险的收入（如发挥区块链技术在资金清算、金融资产交易、证券发行、智能合约等领域的巨大应用潜力）；另一方面，利用科技手段规划和重构公司的客户综合管理和服务体系，加强对重点客户的研究、服务，挖掘客户的综合金融服务需求，同时提高公司协同能力，拓展对客户服务的业务链和价值链，提高重点客户对公司的贡献度。此外，证券公司还可以思考科技支撑系统与业务系统的双重属性，利用金融科技实现全新的商业模式创新，或是借助金融科技推动公司其他战略（如国际化战略）的发展。

（2）政策建议。第一，鼓励支持行业发展金融科技。具体建议包括：一是推动出台证券行业数字化、智能化发展规划和规范，鼓励、支持行业实施信息技术、金融科技驱动的业务及管理模式数字化升级，提高合规、风控等管理能力，降低运营成本，提升客户服务体验和质量。二是借鉴成熟境外市场"沙盒监管"经验，审慎发展互联网证券业务，依托自律平台组织行业研究论证创新业务模式，同步建立创新业务规范和风险监控体系。三是鼓励行业在金融科技领域投资，允许证券公司设立、收购科技子公司，提高系统自主可控能力，加强在信息技术领域布局，优化激励机制，吸引金融科技人才。四是鼓励证券交易所、中证报价等系统基础设施单位，加大行业云的建设与应用推广，避免行业不必要的重复建设，也规避部分由技术开发商服务质量或系统质量不佳导致的风险。

第二，明确相关业务准入标准和业务规范，打击非法经营活动。具体建议包括：一是尽快明确智能投顾、使用人工智能开展资产管理业务等准入标准，打击非法智能投顾等经营活动。二是明确在证券业务中使用云计算、大数据、生物识别、人工智能、区块链等技术相关业务规范。三是加强数据安全管理，明确行业对客户隐私信息的使用规范。四是明确证券公司与技术供应商、数据供应商等第三方机构的合作边界，在风险可测、可控、可承受的前提下，适当放宽对新技术运用及与第三方合作的限制，允许行业使用私有云、单向视频等技术。

6. 促进行业文化和市场生态建设

中国证券行业经过30多年的持续发展，在砥砺前行中不断厚植发展力量和文化基因，初步形成具有中国特色的证券行业文化。整体来看，与证券行业规模、资本实力、利润水平等"硬指标"的快速增长相比，行业文化的"软实力"发展相对滞后，与业务经营发展不平衡、不协调的问题十分突出。主要表现在健康的投资者文化和内部人文化缺失、合规诚信意识不强、违法违规行为屡禁不止等方面,严重制约行业经营效率质量的全面提升,更无法适应新时代建设规范、透明、开放、有活力、有韧性的资本市场的要求。

2019年10月证监会发布《推动证券基金机构文化建设行动纲要》,11月21日证监会易会满主席出席证券基金行业文化建设动员大会,并发表题为《加快行业文化建设优,化行业发展生态,着力提升证券基金机构软实力和核心竞争力》的讲话,证券行业文化和生态建设进入新的推进阶段。文化建设是资本市场健康发展的支柱,也是证券公司行稳致远的立身之本。建设行业文化必须坚持正确的方向和务实的精神,从大局着眼,从小事抓起,常抓不懈,驰而不息,久久为功。

(1)文化建设方向必须紧扣新时代金融核心任务,聚焦高质量发展目标。一是牢固树立服务实体经济的价值观,克服脱实向虚、自我服务倾向。随着金融创新和金融自由化在全球范围内的扩张,经济"金融化"和"类金融化"趋势日益显现,经济运行显著受金融"繁荣—萧条"周期的影响,巨量的货币和信用不断注入并滞留于金融体系,不仅加大了金融体系对实体经济的偏离程度,而且使金融方面的扭曲往往先于实体经济的扭曲发生。因此,证券行业创新发展必须回归本源、优化结构,一切经营活动以服务实体经济为出发点,坚持市场导向引导储蓄转化为有效投资,促进实体经济、科技创新、现代金融、人力资源协同发展,促进形成金融与实体经济的良性循环、金融体系内部的良性循环,不断增强服务实体经济的能力。二是牢固树立以贯彻新发展理念为中心任务的发展观,克服急功近利、投机取巧文化。当前中国经济已由高速增长阶段转入高质量发展阶段,健全具有高度适应性、竞争力和普惠性的现代金融体系,是国家治理体系和能力现代化的重要内容。证券行业必须因时而变,因势利导,转变发展观念,全面贯彻新发展理念,切实把创新成为第一动力、协调成为内生特点、绿色成为普遍形态、开放成为必由之路、共享成为根本目的,作为推动证券行业高质量发展的靶向目标,增强行业发展的适应性,以创新发展解决发展动力问题,以协调发展解决发展不平衡问题,以绿色发展解决可持续发展问题,以开放发展提升竞争力,以共享发展增强普惠性。三是牢固树立以防范金融风险为首要任务的风险观，切实防止道德风险酿成系统性风险。道德风险形成于从业人员的心理活动，触发从业人员背离道德标准而满足个人利益需求的行为，具有隐蔽性、破坏性、复杂性和长期性等特征，其影响机制贯穿于金融活动的各个领域，具有较强的外部性和高度的传染性，一旦发生轻则导致公司受到监管处罚、声誉受损或资产流失，重则扰乱市场秩序或社会秩序，威胁国家金融安全和经济稳定。因此，文化建设必须从加强从业人员行为规范、职业道德和法制观念教育入手，提高从业人员风控合规意识，从源头上筑牢防范道德风险的思想防线。

（2）弘扬合规、诚信、专业、稳健行业文化，守正笃实推进证券公司文化建设。证监会易会满主席在行业文化建设动员大会上提出，逐步打造"合规、诚信、专业、稳健"的行业文化的。这8个字的目标既有传承也有创新，既是贯彻落实社会主义核心价值观的必然要求，也是证券行业高质量发展的内在要求，对全行业文化建设具有重要的引导作用。坚守合规底线，证券公司作为资本市场的"看门人"，一切经营活动必须以符合法律法规、监管规则作为第一准绳，坚持合规创造价值、合规人人有责，以合规赢得市场信任、客户信任、投资者信任。坚守诚信义务，证券公司是促进资本形成的信用中介，诚实守信是基本的职业道德和重要的声誉资本，必须慎独慎微，从一点一滴中维护良好诚信记录，从一言一行中积淀忠实诚信文化，以诚信提升自身的市场信用。坚持专业特色，专业是行业机构安身立命之本，培养专业精神和专业主义，提升专业附加值是证券公司核心竞争力之所在。坚持稳健经营，金融是经营风险的行业，必须把稳健作为行业的经营底色和鲜明特质，始终保持资本稳健，流动性充足，业务发展与管理能力相匹配，以稳中求进才能铸造"永胜"辉煌。行业文化建设需要遵循文化形成的一般规律和内在逻辑，有序推进。首先是制度先行，行业机构应当将合规、诚实、专业、稳健的文化要素，作为基本要求嵌入到证券机构业务流程、内部控制、合规管理之中，并将其制度化、规范化，以制度承载道德理念、固化良好品行、强化文化认同；其次是培养生态，通过制度执行，增进认知认同，使文化建设与公司经营、个人执业行为相融相通，为文化建设创造良好的内外部环境和市场生态；最后才能形成文化，使行业的价值追求、经营理念、行为规范变为一种习惯，成为从业人员的内心觉醒和自觉行动，成为行业的鲜明标识和共同气质，最终形成普遍的、自发的价值认同和文化积淀。

（3）发挥好自律组织的传导作用，以文化建设提升监管前瞻性。金融危机带给监管部门的重要启示之一，就是要提高监管的前瞻性。2008年金融危机之后，欧美各国金融监管当局反思认为，潜在的问题往往来源于金融机构的业务模式与战略，以及金融机构的行为及其内部文化，但是相比界定一家金融机构的合规程度而言，对金融机构公司治理的有效性、发展战略的脆弱性及其企业行为、文化进行客观描述更加困难。以往行之有效的审计式监管聚焦于形式合规和细节化的财务和风险报告，对这些潜在的问题却无能为力。要阻止发生严重的金融危机，必须增强监管前瞻性，即加强对金融机构治理结构、发展战略、业务模式、行为与文化的分析判断。加强行业文化建设是增强监管前瞻性的基础，在这方面发挥自律组织的传导作用尤为重要。在监管部门指导下，行业自律组织探索建立一套以公司治理、发展战略、业务模式、行为与文化为目标的综合评估机制，考察相关目标与公司价值观、风险观、发展观的关联度、契合度与偏离度，并借鉴荷兰央行提出《稳健文化七要素》作为参照，全面考量目标主体是否权衡利益平衡行事、行为是否具有一致性、内部管理的开放性、决策过程的透明度、榜样示范性、制度实用性、问责执行力。同时，健全诚信体系、声誉管理体系、社会责任评价体系，完善市场声誉激励与约束机制，激发行业加强文化建设的动力和活力，促进提升监管前瞻性，增强防范金融风险的监管能力。

（4）证券公司要承担起行业文化建设的主体责任。一是以"合规、诚信、专业、稳健"的行业文化核心理念为指引，结合自身特点和实际，提出代表各自企业文化的价值观、发展观、风险观，并在制定完善公司治理结构、构建公司文化建设相关配套制度等方面改进目标、实施计划、任务分工和时间进度，切实担负起行业文化建设、防范道德风险、履行社会责任的主体责任，把文化建设融入公司治理，推动公司文化与经营战略融合发展，强化公司文化宣传与培养教育，形成有效声誉激励与约束机制，不断提升行业公信力和社会形象，持续沉淀和涵养行业生态，进一步推动行业高质量发展。二是自觉践行社会责任。证券公司要在发展普惠金融、绿色金融、金融扶贫、投资者教育保护等方面加大资源投入和工作力度，做有担当、有格局、令人尊敬的企业，塑造良好行业形象。针对广大中小微企业融资难、融资贵的痛点问题，充分发挥贴近实体、贴近投资者的优势，深耕细作，发展一批专业的普惠金融服务机构，成立专门的普惠金融部门，提供高质量的专业服务。三是结合行业特点，抓好关键环节。与其他行业相比，证券行业周期性强，人员流动性大、归属感弱、价值取向更加多元。证券公司要充分考虑行业特点，抓好考核激励、选人用人和职业操守3个关键环节。考核激励方面，证券公司要切实转变简单以业绩为导向的经营理念，构建激励与约束相容、长期与短期兼顾的制度机制，注重有效激励与问责监督相统一，采用适度拉长考核周期、薪酬递延发放、员工持股计划等办法，建立长周期的考核评价体系和收入分配机制，更鲜明传导行业文化和价值追求，避免激励扭曲、行为失范。选人用人方面，证券公司要充分理解文化建设是做人的工作，抓好文化建设，根本在人。要树立科学的选人用人标准，坚持德才兼备、以德为先，重点把好公司董监高人员的任职资格关，真正培养和锻炼一批道德操守过硬、作风优良、业务精通的高素质金融人才。职业操守方面，注重精神引领和文化引导，加大职业道德教育在员工培训、从业资格考试和高管任职评定中的权重，把合规、诚信、专业、稳健的理念和要求融入从业人员管理的全过程，筑牢珍惜职业声誉、恪守职业道德的思想防线。

（5）政策建议。第一，以社会主义核心价值观为指针，借鉴国际最佳实践，研究制定证券从业人员行为规范、诚信准则和道德遵循指引、操作手册，建立公司治理与文化建设评估评价体系，健全证券公司声誉风险管理制度和声誉约束机制。

第二，研究将行业文化建设与监管分类挂钩。实施差异化的资格准入，为积极服务国家战略、履行社会责任、满足大众金融需求的行业机构留足空间，给予政策扶持。完善证券公司分类评价政策体系，研究设立职业道德与行业文化建设专项指标，对行业文化建设取得突出成效的公司予以加分，对不良行为予以扣分，发挥好差异化监管的导向作用。

第三，强化监管硬约束，具体建议包括：一是加大对文化建设薄弱、内部控制失效公司的日常监督检查，对部分道德风险多发、行业反映强烈、社会影响恶劣的机构和人员开展专项检查。严惩严重背离行业文化精神的违法违规行为，落实"双罚"和"终生追责"。二是对频繁发生投诉、举报事件的公司和从业人员，加大诚实守信执业约束，自律组织加强执业注册与诚信管理，形成失信记录终生担责机制。

第四，研究制定行业文化建设最佳实践指引，倡导文化建设与公司治理、发展战略、发展方式、行为规范有机融合；组织证券公司开展文化建设最佳实践评价工作，推广最佳实践案例，树立行业标杆；建立证券从业人员道德标准，树立道德模范、行业楷模。

第五，加强职业道德教育和后续职业培训，具体建议包括：一是将职业道德教育、廉洁从业教育、诚信合规教育纳入证券从业人员资格考试、专业人员及高级管理人员资格考试以及后续职业培训，并设置相应的权重或比例。二是优化行业师资库的共建共享机制，支持设立行业培训基地。三是探索建立从业人员专业水平评价体系。

第六，突出社会责任导向，提升行业社会形象，具体建议包括：一是督促证券公司落实《证券期货经营机构及其工作人员廉洁从业规定》和《证券经营机构及其工作人员廉洁从业实施细则》，督促从业人员廉洁执业，推动行业廉洁文化建设，持续净化市场生态环境。二是督促证券公司落实《证券期货投资者适当性管理办法》，强化证券公司投资者适当性管理责任，加大投资者教育和保护力度。三是引导证券公司履行社会责任，积极投身扶贫攻坚和社会减贫工作，主动服务国家发展战略。

分研究报告 I：
关于推动证券行业高质量发展的建议

证券行业是支持打造规范、透明、开放、有活力、有韧性的资本市场的重要主体。当前，中国证券行业尚处于低水平发展阶段，体现在行业规模占比低，总资产、净利润在金融体系中占比分别为2%、5.1%，低于银行、保险、信托；对比国际成熟市场，中国证券行业杠杆率平均为3.4，低于美国的9.7、欧洲的18.3；头牌券商中信证券与高盛、野村等国际一流投行的各项指标相比差距近20年。近年来中国证券行业发展面临重要关口，整体业绩连续3年下滑，2018年实现净利润较上年同期下降41%，已有两成公司出现亏损；行业分化加剧，前十大公司实现利润其行业占比超七成；传统业务特别是通道业务收入持续下滑，同质化竞争难以为继，防范化解股票质押风险和债券兑付风险处于攻关期。

推动证券行业高质量发展是跨越关口的迫切要求和促进资本市场健康发展的关键环节。课题组在深入市场调研、广泛凝聚行业共识的基础上，形成如下改善制度环境、激发市场活力、推动证券行业高质量发展的建议：

一、加强投资银行功能建设，全面提升核心业务能力

投资银行是证券公司的核心业务，是金融服务实体经济中的重要枢纽。近年来投资银行业务整体收入连续3年下滑，2018年实现净收入369.96亿元，同比下降27.4%。建设一流投资银行需要进一步改善制度、市场环境，全面提升其资本中介、风险经营、交易组织、产品设计等核心业务能力。

一是坚持市场化方向，进一步发挥资本中介作用。以科创板和注册制试点改革工作为契机，探索更加市场化的发行制度安排，更好地发挥投资银行资本中介作用。建议进一步完善"卖者有责、买者自负"的信息披露体系，加大涉及商业价值判断的发行人质量信息披露，细化明确发行人责任和保荐人责任，完善分析师、管理层路演安排，健全投资者对发行人质量、发行价格等商业价值判断的分散决策、自主决策机制。建议构建以机构投资者为主体的买方市场，增加机构投资者的配售比例，适当增加承销商的自主配售权利，改进网上投资者信用申购方式，增加对投资者申购的约束力，加强询价行为自律规范，引入发行失败机制，促进形成科学、合理的市场化定价机制。

二是鼓励产品创新，进一步丰富投融资产品体系。建议借鉴成熟市场发展经验，允许非公开发行可转债等，丰富上市公司股权融资产品及并购支付手段；鼓励和稳妥推动证券公司开展过桥融资、设立并购基金参与上市公司并购重组，加强实体企业资源整合；鼓励灵活使用市场工具为上市公司股份回购提供融资等服务；鼓励在债券关键领域创新，推动运用信用保护工具等市场化手段，修复民营企业债券、股权融资渠道，更好发挥金融服务实体经济的功能。充分发挥市场资源配置作用，减少对参与非公开发行股东的减持交易行为的干预；简化上市公司再融资审批流程，提高审批效率，缩短债务融资的审批周期；允许一次审核、分次发行。

三是健全证券发行责任体系，进一步厘清责任边界。在IPO业务方面，目前执行的先行赔付安排带来证券发行相关主体权责利不对等问题，建议通过强化尽责调查责任、工作底稿质量要求等方式，督促投资银行提高执业质量；综合运用资本约束、分类管理、责任穿透、负面清单、胜任能力评价等制度安排，督促中介机构履行保荐责任。在债券承销业务方面，承销机构的连带责任应当与其角色、职责和过错相匹配，建议责任认定以承销机构是否存在过错为依据，明确承销机构无代偿义务；引导行业充分重视受托管理业务，完善债券受托管理制度，以合理的收费为基础，强化受托管理责任。在新三板业务方面，合理界定持续督导终身责任，建议区分发行人责任和保荐人责任，明确保荐人的责任边界和免责权利。

二、推动经纪业务转型升级，打造财富管理专业平台

经纪业务是证券公司的基础业务。目前全行业实现代理买卖证券业务净收入已连续3年下滑，2018年为623.42亿元，同比减少24.06%，平均净佣金率为万分之3.76，费率触底、业务收缩、同质化竞争问题突出。随着投资者对资产配置和财富管理服务要求的提高，证券公司"以客户为中心"打造财富管理"一站式"专业平台，成为推动经纪业务转型升级的必由之路。

一是支持丰富理财账户体系和产品结构。建议在现行三方存管体系的基础上，支持证券公司建立综合理财账户体系，实现理财账户的投资、交易、支付等基础功能；建议适当放宽证券公司客户交易结算资金按照三方存管对应关系足额存放在客户指定存管银行的要求；在做好投资者适当性和客户分级分类的基础上，打通证券公司内部各项业务和产品，实现全产品、全业务、全服务的一站式理财服务。建议在现行法律框架内支持证券公司探索账户管理服务，鼓励证券公司增加交易品种，发挥资产配置功能。建议推动互联网理财账户试点，为有牌照的第三方支付机构参与理财账户留出空间。建议在风险可控、保障合规的基础上，鼓励证券公司丰富产品结构，放宽投资限制，健全产品体系。

二是支持分支机构精细化运营。建议在大力发展线上平台、加强对分支机构合规管控的基础上，适度放松管制政策，支持分支机构根据区位属性转型为财富管理中心、机构服务中心等特殊功能网点，成为一站式门店或专一功能服务区，最大化每次和客户接触的机会，收集数据和集成服务，提高区域管理效率和服务本地客户的水平。对没有区位优势、长期盈利差的分支机构关停并转。

三是持续推进交易模式转换试点。建议推进新设公募基金通过证券公司

交易系统连接交易所的模式试点，尽快将试点转为常规；研究将存量公募基金、保险资金等亦纳入证券公司交易系统，充分发挥证券公司的交易职能，实现对公募基金等投资者交易行为的有效管控，加强市场交易风险的集中监测监控。

三、积极发展场外市场业务，丰富实体经济投融资工具

场外市场业务是证券公司在集中交易场所以外为客户提供服务或组织特定交易对手方进行交易的业务。在境外发达资本市场约90%的衍生品、80%的债券交易在场外市场进行，在欧美投资银行上市公司中有20%～45%的收入来自场外市场业务。发展场外市场业务有利于满足各类企业和投资者投融资和金融服务需求，提高全社会风险管理水平。目前中国证券公司场外市场业务尚处于起步阶段。

一是出台相关法规，发挥柜台市场功能。建议出台《证券公司柜台市场管理办法》，为其规范发展提供法规支持。尽快发布《证券公司收益凭证业务规范》，建立分类管理机制，夯实证券公司融资渠道，发挥证券公司交易、风控与产品创设能力。允许在柜台市场开展资产支持证券、非公开发行公司债券、私募股权等产品销售、转让与做市业务试点。修订《证券公司代销金融产品管理规定》，明确柜台市场可以为代销金融产品提供登记结算、转让、做市等服务。建议将证券公司柜台市场列入证监会认可的做市业务场所，修订对柜台市场做市业务的风控指标要求，支持证券公司为柜台市场产品提供流动性。

二是扩大应用场景，激发场外市场活力。完善场外期权业务投资者适当性要求，更好地满足有避险需求的实体企业利用场外期权进行风险管理。进一步明确上市公司大股东等特殊主体参与衍生品交易的信息披露规范，支持上市公司大股东等主体在满足合法合规的交易目的、充分履行公告义务的前提下参与场外期权业务。借鉴成熟的市场经验，鼓励利用场外期权产品为上

市公司股份回购提供交易、风险管理等服务。尽快完善收益互换业务监管规则，明确交易对手方、交易标的、禁止性行为等要求，支持实体企业灵活运用商品收益互换规避生产经营风险。允许跨境试点证券公司利用柜台市场，在跨境业务外汇管理框架下，在境外向合格投资者提供固定收益类或收益挂钩境内指数、股票、商品期货等资产的金融产品，并利用境外资本金与投资者结算收益。

三是鼓励机构投资者参与场外市场，优化场外市场参与主体结构。鼓励QFII、RQFII等机构参与国内场外衍生品市场交易。协调相关部门，鼓励保险公司、信托公司、商业银行理财子公司等专业机构投资者利用证券公司场外衍生品进行资产配置和风险管理。支持证券公司分支机构经证券公司批准并在授权范围内开展区域性股权市场业务，为中小微企业提供优质高效投融资服务。

四是加强统一规范和自律管理，促进场外业务健康发展。借鉴成熟市场做法，发挥自律组织作用，建立统一的场外市场业务规范，明确负面清单管理规则体系。发挥中证报价的场外市场监测监控职能，建立健全柜台市场交易数据实时报告库；建立统一的柜台市场产品编码及交易对手管理机制，推进场外衍生品的交易确认；推进部分复杂程度较低的柜台产品集中登记结算和跨柜交易，推动建立柜台市场互联互通、数据共享机制。理顺中证报价管理体制和职能定位，规范发展机构间场外市场业务，支持、服务雄安新区建设等国家发展战略需要。

四、完善跨境业务制度安排，提升证券公司国际竞争力

目前中国证券业跨境业务尚处于起步阶段，跨境业务前三强中金公司、海通证券和中信证券，2017年度跨境业务收入占比分别为17.5%、17%、11.8%，同期高盛集团39%的收入和77%的利润来自跨境业务，与国际一流投行相比尚有不小差距。证券行业应当抓住"一带一路"、粤港澳大湾区、自

由贸易区、自由港建设的重大历史机遇,大力发展跨境业务,不断提升在国际市场的话语权、定价权和竞争力。

一是简化证券公司在境外设立、收购、参股其他机构的审批和备案流程,提高审批和备案效率。支持证券公司直接或通过其海外公司在境外设立、收购、参股其他机构以及对海外分支机构的增资,简化审批和备案流程,提高审批和备案效率。建议在审批、备案过程中,遵循国际惯例和当地监管要求,在净资本扣减、境外子公司层级设置等方面,调整目前"一刀切"的要求,因地制宜给予政策支持。建议支持通过跨境并购等手段扩展经营区域和业务领域,形成具备一定竞争力的境外市场业务。

二是支持证券公司开展跨境业务,为"一带一路"建设和实体企业"走出去"提供全方位金融服务。建议鼓励证券公司在内部控制制度健全有效的前提下参与境外市场业务;推动发布证券行业服务"一带一路"蓝皮书,为实体企业实施"走出去"战略提供金融咨询服务。建议允许符合条件的证券公司,为境内投资者提供更多挂钩境外标的产品、为境外投资者提供更多挂钩A股标的的产品,满足投资者合理配置需求。鼓励设立基础设施投资、并购基金等多种形式的跨境基金。

三是支持证券公司申请外汇业务资格和专用外汇额度开展跨境业务。建议推动证券公司取得结售汇业务资格,明确证券公司开展外汇代客业务的范围和具体规则。建议给予证券公司常态化、可随市况调节的额度分配机制,打通跨境渠道。建议落实证券公司开展跨境业务试点的配套机制,开通证券公司跨境自营及交易的结算、支付、换汇通道,并匹配相应外汇额度。建议研究设置用于境外融资资金引入、"一带一路"跨境项目开展以及跨境金融交易的年度专项外汇额度。

五、积极开发运用金融科技,形成创新驱动发展新格局

全面数字化转型和金融科技应用是行业发展的新常态。近年来国际一流

投行在数字化转型和金融科技创新方面的投入，已占到利润总额的近20%，技术人才占比高达30%，线上平台已成为标配。数字化将从客户交互、决策、流程、创新等方面重塑业务场景，数据治理和数据生态建设成为行业发展的重要基础设施，运营智能化、管理精细化成为证券公司持续降本增效的有效途径。

一是鼓励支持行业发展金融科技。建议推动出台证券行业数字化、智能化发展规划和规范，鼓励、支持行业实施信息技术、金融科技驱动的业务及管理模式数字化升级，提高合规、风控等管理能力，降低运营成本，提升客户服务体验和质量；借鉴成熟境外市场"沙盒监管"经验，审慎发展互联网证券业务，依托自律平台组织行业研究论证创新业务模式，同步建立创新业务规范和风险监控体系；鼓励行业在金融科技领域投资，允许证券公司设立、收购科技子公司，提高系统自主性，加强在信息技术领域布局，优化激励机制，吸引金融科技人才；鼓励证券公司参与行业相关标准制定。

二是明确相关业务准入标准和业务规范，打击非法经营活动。建议尽快明确智能投顾、使用人工智能开展资产管理业务等准入标准，打击非法智能投顾等经营活动；明确在证券业务中使用云计算、大数据、生物识别、人工智能、区块链等技术相关业务规范；加强数据安全管理，明确行业对客户隐私信息的使用规范；明确证券公司与技术供应商、数据供应商等第三方机构的合作边界，在风险可测、可控、可承受的前提下，适当放宽对新技术运用及其与第三方合作的限制，允许行业使用私有云、单向视频等技术。

三是提升数据治理水平与建立数据共享机制。建议制定出台证券行业数据治理规范，建立数据标准规范体系，提升数据价值，促进实现数据驱动发展。建议逐步建立行业数据共享机制和良好的数据生态，形成标准化、透明化、集成化的行业大数据；建立金融行业与其他行业数据共享或数据交换机制，增加证券公司数据样本的广度和深度，形成安全、合规的数据价值挖掘机制，提高客户服务体验和获得感，增强金融服务实体经济的能力。

六、大力发展综合机构业务，增强证券公司核心竞争力

随着外资入市提速、养老金入市加快、基金规模壮大，投资者机构化成为发展趋势，机构交易服务和风险中介需求增加，机构业务成为一流投行的核心竞争力。高盛集团的机构业务收入占比约40%，是其利润的最大构成。中国证券公司机构业务能力尚不成熟、亟待加强。

一是完善证券公司交易功能，提升服务机构客户能力。建议积极推动符合条件的公募基金、保险公司等机构投资者参与证券出借业务，扩大融券业务券源；进一步扩大融资融券的标的范围，更好地满足机构投资者交易需求。建议根据机构投资者的投资需求和风险管理需求，设计安全、高效、多样的交易机制，如支持有条件的证券公司研究建立证券借贷平台，优化交易机制。建议对机构投资者适度放松股指期货、期权及场外衍生品等金融产品的准入门槛和交易限制。建议明确程序化交易监管制度，允许合法、合规的量化和高频交易。制定和完善异常交易行为认定标准，减少或避免对市场主体交易行为的行政干预。建议明确监管底线，建立分类监管机制，推动证券公司外部信息系统接入评估进程，尽快出台外部接入系统的行业规范。

二是发挥证券公司投资功能，增强综合业务实力。建议研究推出公募REITs、MOM等新产品，建立证券公司产品创新配套支持政策，引导证券公司提升产品创设能力和主动管理水平。适度放开证券公司申请公募基金牌照"一参一控"的限制，持续推动各类金融机构资产管理业务在公募产品资格、组合投资、关联交易、风险准备等方面监管标准的统一，进一步消除监管套利空间。建议支持有意愿且符合条件的证券公司试点通过子公司合并等方式整合私募基金业务及其资产管理业务，打造产品多元化、运营一体化的资产配置平台。鼓励证券公司私募子公司通过多种方式与地方政府、各行业领先企业、专业外资机构等符合条件的机构合作设立资产管理产品。建议放开另类子公司对外负债限制，同时在充分防范利益输送的前提下，适度放宽私募

子公司和另类子公司对母公司提供保荐、承销或咨询服务企业的投资限制，提升证券公司业务协同效率，满足客户多元化金融需求。

三是完善证券公司托管功能，扩展资产托管业务范围。建议允许证券公司为私募产品提供投资顾问、份额登记、估值核算、信息技术系统等服务业务。建议进一步协调相关部门，推动修订相关法律法规，允许证券公司托管信托、保险、银行理财、社保基金、企业年金、QDII 和 QFII 等产品，扩大证券公司资产托管业务的范围，实现证券公司与商业银行在托管业务市场上相对平等的竞争地位。

四是增强证券公司定价能力，推动提升证券研究水平。建议修订《证券、期货投资咨询管理暂行办法》，进一步完善证券分析师执业规范，持续规范证券分析师发布研究报告和发表公开言论的行为，加强证券分析师社会评选活动自律管理，全面提升行业研究分析能力，增强在经济金融运行机制中的专业引导作用。建议将外资证券研究机构在国内开展发布证券研究报告业务纳入统一监管，在资格准入、合规管理等方面与国内证券研究机构保持一致要求；推动国内证券研究机构在境外市场依法合规展业。

七、不断完善风险管理体系，提升全面风险管理的水平

风险管理能力是证券公司核心竞争力之一。随着业务多元化、国际化的拓展，全面风险管理的重要性日益凸显。近年来，行业风险管理水平有显著提升，对于各类风险的计量、识别、预警等核心能力持续增强，但与国际先进投行相比，国内证券公司的风险管理水平还需要进一步提升。

一是完善风险管理体系。建议进一步完善证券公司风险管理体系，在风控监管指标设计时，进一步强化证券公司自身作为风险管理主体的责任，重点监控行业核心指标，提升行业全面风险管理水平；允许具备条件的证券公司，在并表的基础上尝试采用高级模型法计量风险资本，提高风险计量的自主性，向国际领先实践靠拢。

二是建立风控指标动态调整机制，提升行业逆周期管理水平。针对行业重要风险特征具有一定的周期性变化的特点，建议探索建立风险控制指标动态调整机制，提升行业对风险的逆周期管理水平。可考虑由证券业协会风险管理委员会或外部专家根据行业风险和市场状况，对风控指标执行情况进行定期评估，为监管部门提供指标调整依据，进一步激活行业自身的发展潜力。

三是调整风险控制指标的监管要求。建议对资管业务不再计算特定风险资本准备，对融资类业务以"缓释后的风险敞口"，即考虑了质押标的和维持担保比例之后的风险敞口替代业务规模作为计量基础；建议在设定境外子公司的监管要求和计量标准时，主要满足所在国的监管规则，为证券公司"走出去"创造更为有利的监管与竞争环境。

四是提高行业抵御流动性风险的能力。建议探索建立行业出现流动性危机（困难）时的公司自救、行业互助机制；积极推进与人民银行沟通，对证券公司开放人民银行流动性支持窗口，避免流动性危机的发生或蔓延，增强抵御系统性风险的能力。

八、积极拓宽资本补充渠道，增强可持续发展资本实力

业务资本化是国际一流投行发展的必由之路，要求证券公司具备更强的资产获取、风险定价和主动管理能力。近年来，证券公司的融资渠道有所拓宽，资本实力有所增强，但与银行、保险、信托业相比，证券公司资产规模、杠杆水平和盈利能力均处于低端发展水平。

一是拓宽证券公司融资渠道，推动负债类型和渠道的多样化。建议支持证券公司发行中长期金融债、开展与央行公开市场业务对手交易等，提升证券公司资金和流动性管理能力；建议支持证券公司境外发债，对于证券公司通过境外全资子公司发行境外债券，并由母公司提供跨境担保的情形，豁免净资本扣减；建议提高证券公司次级债券补充附属净资本的比例；建议推动修订《证券法》相关条款，适度提高公开发行公司债券占净资产的比例，或

对可转债和可计入权益的可续期公司债券的发行额度单独管理，推动证券公司在补充资本的同时，拉长债务久期，降低流动性风险。

二是提高股权融资审批效率。建议简化IPO过程中的监管审批流程，提高符合条件的证券公司股权融资核准效率。建议对于处于IPO进程中的证券公司，在控股关系未发生实质性变化时，可以通过增资扩股补充资本。建议对于在证监会分类评级中获得A类AA级的证券公司，推动其再融资事项从审批制向备案制转变，提升再融资效率，更好地支持其补充资本。

三是支持证券公司通过市场化并购重组做优做强做大。建议支持证券公司引入具备持续的资本补充能力优质股东；支持有条件的公司进行混改，优化股东结构，引进包括央企、民企、外资等在内的优质战略投资者，增强资本实力。建议在证券公司开展市场化并购时，可以根据子公司风险覆盖率调整净资本扣减比例，对于风险覆盖率200%以上的子公司，考虑证券公司长期股权投资的扣减比例适当降低，减轻证券公司补充资本的压力。

九、促进改善外部发展环境，推动证券行业高质量发展

打造一流投资银行是建设规范、透明、开放、有活力、有韧性的资本市场的基础，推动行业实现高质量发展是建设一流投资银行的必由之路。遵循回归本源、优化结构、强化监管、市场导向的重要原则，通过深化改革，坚持守正创新，完善基础制度，改善营商环境，加强行业文化建设，是推动行业高质量发展的有效途径。

一是加强行业高质量发展的顶层设计。建议围绕增强服务实体经济能力中心，以贯彻落实创新、协调、绿色、开放、共享发展理念为目标，制定发布证券行业高质量发展规划，引导行业实施差异化战略定位和专业化战略聚焦，形成全能投行、精品投行、财富管理机构、线上经纪商各尽其能的专业化发展格局，更好地服务中国经济高质量发展。建议在《证券法》《证券公司监督管理条例》等有关法律法规修订工作中，研究改革证券交易结算资金三

方存管制度；适时放开证券公司"一参一控"政策限制；允许证券公司探索采用持股计划、股权激励等市场化激励机制吸引人才。

二是改善营商环境，增强发展动力。建议持续推进证券行业"放管服"改革，加快向放松管制、强化监管转型，加强监管协调，减少重复监管，行政监管逐步转向负面清单管理，更加注重发挥自律组织作用，构建自律、行政、司法相互协调、相互补充的现代行业治理格局，激发市场主体守正创新活力。借鉴成熟市场经验，构建以自律管理为主在场外市场的监管体系，规范发展柜台市场、区域性股权市场和机构间场外市场。建议协调相关部门，允许证券公司进入银行间市场开展相关业务；推动证券公司获得结售汇经营资格，开展外汇即期及衍生品交易；给予证券公司一般借款人地位；推动证券公司获得人民银行流动性支持窗口。

三是加强企业文化建设，提升行业社会形象。建议推动适应高质量发展的企业文化建设，在坚守诚信、稳健经营的基础上，增加忠诚、创新、专业、协同、活力等文化元素；推动证券公司落实《证券期货经营机构及其工作人员廉洁从业规定》，强化从业人员廉洁执业，净化市场生态环境；督促证券公司落实《证券期货投资者适当性管理办法》，强化证券公司投资者适当性管理责任，加大投资者教育和保护力度；引导证券公司履行社会责任，积极服务国家发展战略。

分研究报告 Ⅱ：
创新财富管理中介业务研究

财富管理是支持资本市场实现投资功能的重要业务。由于制度机制等约束，中国证券基金机构的财富管理能力明显落后于欧美同行。建议加快完善有关机制安排，支持证券基金机构增强财富管理能力、发挥好"买方中介"作用，提升资本市场资金供给的专业性、稳定性、多样性，促进形成投融资平衡发展的市场生态。

一、中国证券基金行业财富管理业务存在的主要问题

财富管理通常是指金融机构接受客户委托，设计全生命周期的资产配置策略，提供证券及相关产品组合投资和交易等金融服务，帮助客户实现财富保值增值及家族传承等目的。财富管理属于"买方中介"业务，为投资者提供专业化的投资顾问服务是财富管理价值链的核心环节。这一业务的兴起与金融产品日益复杂、信息分析和资产配置日趋专业的背景紧密相关。在欧美市场，财富管理机构的持续介入，使全市场的投资交易行为更趋理性化，有效缓解了散户投资者"快进快出""追涨杀跌"等现象，促进买方与卖方力量平衡博弈。

随着中国国民财富的快速增长，居民优化资产配置、增加财产性收入的需求日益迫切。2018 年年末，中国居民部门金融资产达 144.5 万亿元，境内证券市场的个人投资者达 1.5 亿人，但居民所持证券类资产仅占其金融资产的 13.06%，远低于美国、日本等成熟市场水平。在中国经济承受下行压力、

金融体系面临结构性调整、刚性兑付逐步打破的背景下，居民主要依赖现金管理、固定收益理财、股票市场直接交易的财富增值模式很难持续。资本市场是获得中长期投资收益的主要来源，证券基金公司作为深耕这一市场的专业机构，有能力也有责任为居民财富管理发挥更大作用。

十多年来，境内证券基金公司从产品销售端起步，在财富管理领域不断探索。在佣金率持续下滑的背景下，不少证券公司成立财富管理中心，为中高净值客户提供定制化的投资顾问服务。一些基金销售机构也在管理模式上做了有益尝试。例如，2012年年底，嘉实财富（嘉实基金销售子公司）试点管理型基金投资顾问业务，接受投资者全权委托，为其建立基金产品的组合投资策略并代为进行申赎交易操作，仅按受托资产规模收取一定比例的顾问费。从试点效果来看，投资者持有基金的期限普遍更长、持有权益类基金的比重和整体回报也更高，较好解决了"基金赚钱、基民赔钱"的问题。但总的来看，证券基金机构仍习惯充当"卖方中介"，向财富管理转型受现行法规政策束缚较多，面临着多方面困难和挑战。

（一）证券基金机构能为投资者提供的产品类别有限，服务同质化，附加值低

财富管理需要为客户定制不同功能的金融产品，实现专业化的资产组合配置。高净值客户为实现财富长期保值和代际传承，对家族信托、人身和财产保险等有较大需求。目前，证券公司在产品供给上，主要限于自身及其子公司的资管产品和公募、私募基金，各类产品功能差异不大，风险管理工具短缺，不足以支撑客户全方位的资产配置需求。在服务模式上，证券公司大多局限于满足投资者的股票交易和融资融券需求上，投前咨询和投后管理服务欠缺，而且容易与销售金融产品等卖方业务相混淆。由于产品有限、服务单一、盈利模式面临利益冲突，证券公司较难满足投资者尤其是高净值客户的个性化需求，也很难培育以客户利益为中心的服务能力。基金经营和服务机构也存在产品类型有限、服务附加值低、利益冲突等问题。

（二）证券基金机构现有牌照内容严格受限，缺乏账户管理能力，制约了为投资者组合配置资产的专业能力

境内证券期货账户体系较为分散，投资者开立的股票、基金、期货、期权等账户尚未联通，支付、转账等功能只能通过银行账户关联来实现，操作不便，客户体验较差。更为突出的是，证券经纪、投资咨询、代销金融产品和资产管理等牌照内容严格受限，证券公司不同牌照下的业务运营往往相互割裂，客户无法将账户交由证券公司代为统筹管理。这导致证券公司难以动态评估单个客户的各类资产变化，进而提供更全面、灵活的资产配置服务。基金行业长期以代销模式为主，销售机构主要受基金管理人支付的销售佣金驱动，缺少向投资者提供优质基金投资建议的意愿，投资者大多自行操作账户、执行交易。2012年修改后的《基金法》允许公募基金开展投资顾问业务，为账户全权委托预留了空间。从嘉实财富试点来看，虽然效果良好，但是参与机构和产品范围有限，业务准入和持续监管等政策有待进一步明确细化。

（三）投资咨询业务的经营模式受法律严格限制，投资顾问服务供给滞后

《证券法》第171条、《证券、期货投资咨询管理暂行办法》（以下简称《暂行办法》）严禁投资咨询机构及其从业人员代理投资者从事证券、期货投资，或与客户约定分享投资收益。这导致独立持牌的投资咨询机构对其客户只有投资建议权，难以将投资顾问的专业价值转化为按客户的资产规模或收益进行收费，使这些机构长期面临生存困境。同样，由于盈利模式不清，证券公司的投资咨询业务通常与经纪业务绑定收取差别佣金，投资顾问人员的工作重心主要放在招揽客户、推销产品、拓展两融业务等"卖方业务"上，职业定位明显扭曲。这些问题制约了机构发展和人才培养，使投资顾问服务供给明显滞后于市场发展。据统计，截至2019年3月，境内注册证券投资顾

问约 4.65 万人，较十年前增加超过 10 倍，但相对于境内 1.5 亿人投资者而言，这意味着平均每 3000 人还没有一位投顾人员为其服务。

（四）对不同类型金融机构的展业约束宽严不一，制约了证券基金行业发挥专业优势

在"分业经营、分业监管"的背景下，境内财富管理市场已形成商业银行、信托、保险、券商、基金及第三方理财机构等多方竞争的格局。从传统持牌机构来看，相比券商牌照，银行、信托、保险牌照在功能性、灵活性和产品门槛上各有优势。例如，2009 年银监会发文明确，商业银行可以为高净值客户提供私人银行服务，包括代为投资股票、基金及各类非标资产。2018 年资管新规发布后，银行理财子公司的牌照优势进一步凸显，例如，允许其公募理财投资非标资产。对第三方理财机构的产品销售、网点开设、从业人员资格的监管更为宽松，这类机构仅需取得公募基金的第三方销售资格，就能销售各类私募产品，实践中甚至包括各种境外产品。在差异化的监管约束下，证券基金行业的财富管理专业优势难以有效发挥。2018 年年底数据显示，银行非保本理财产品存续余额达 22 万亿元，同期公募基金规模只有 13 万亿元（其中股票投资占比仅 11.5%）。在各类机构合计 122.4 万亿元的资管产品中，对股票的配置占比不足 4%。

二、境外市场发展财富管理业务的实践经验

经过长期发展，欧美市场形成了机构多元、服务广泛、差异竞争的财富管理业务体系。主要有以下特点：

（一）投资顾问制度是推动财富管理业务发展的重要载体

美国以《1940 年投资顾问法》为基础，建立权责明确的投资顾问制度。投资顾问业务包含 3 个要素：（1）为他人提供个性化的证券投资建议或发布

有关证券的分析或报告；（2）作为日常营业；（3）收取专门报酬。任何个人或机构只要符合这 3 个要素，就会被认定为投资顾问，除非符合豁免注册条件，均须依法向 SEC 或州证券监管机构申请成为注册投资顾问（Registered Investment Adviser, RIA）。实践中，RIA 既包括专营投顾业务的独立机构，又包括基金管理人等其他机构。RIA 通过为客户选择金融产品、提供综合服务，将各类金融产品供应商和拥有账户系统及交易通道的经纪商紧密串联，成为行业发展的主导力量。其他成熟市场也对投顾业务实行严格的牌照准入管理。例如，中国香港，金融机构及从业人员必须持有就证券提供意见的牌照或资产管理牌照，才能为客户提供不同层次的投顾服务；接受客户全权委托，代为管理证券或期货投资组合的，必须持有资产管理牌照。日本实行"双轨制"准入，对仅提供投资建议的投顾业务采取较为宽松的登记制，对全权委托业务采取严格的许可制。

（二）财富管理提升市场资金供给的专业性和稳定性

从成熟市场来看，财富管理发挥连接投资者资金与专业资管、投资机构的枢纽作用。美国目前有近 1.3 万家 RIA 机构、41.6 万投顾专业人员，服务的客户总数超过 3400 万户，其中，个人客户占比近 95%。财富管理既针对高净值人群提供更加个性化的定制服务，又面向投资大众提供更加科技化的智能投顾服务。不论高净值人群还是普通大众，通过委托 RIA，都使自己的投资交易更为专业，特别体现为持有更高比重的权益类产品和持有更长的期限。2018 年数据显示，美国各类 RIA 管理的资产规模高达 82 万亿美元。其中，约 50 万亿美元是以投资公司等集合投资形式进行管理，其管理人大多已注册为 RIA；约 18 万亿美元来自银行、养老金、保险等机构的委托；另有近 10 万亿美元是接受个人投资者委托。同期，个人投资者持有的美股市值约 13 万亿美元，约占美股总市值的 30%，其贡献的交易量约占美股市场的 23%，其中多数是委托 RIA 或接受其建议进行交易。从美国实践来看，依托财富管理机制，多数的个人投资者将资金或账户管理权让渡给专业投资机构，客观上实现了将散户资金转化为中长期配置性资金的效果。

（三）账户管理能力是提供财富管理服务的关键环节

成熟市场的财富管理机构依托其账户管理能力，为客户综合提供各类金融服务，形成了包括全权委托和非全权委托等多种账户管理模式。在全权委托模式下，客户将账户操作权限全部交给投资顾问，由后者代为决策并直接下单完成交易，实现在一个账户中为客户提供理财规划、投资组合管理、交易执行、清算交收等一揽子服务，使投资者能以更低的资金规模获得更专业的管理服务。据统计，2016年美国RIA管理的资产中，有91.7%采取了账户全权委托模式或信托式的资管模式。在非全权委托模式下，主要为客户提供持续的账户监控服务、设置个性化的资产配置限额等。美国市场中财富管理资产规模领先的机构，不论是先锋、富达等独立机构，还是高盛、摩根士丹利等投行，都具备出色的账户管理能力。

（四）财富管理的"买方中介"定位促进形成以客户为中心的业务模式

财富管理业务强调客户利益至上，防控投资顾问与客户之间的利益冲突，是财富管理业务监管的重点。主要表现为：一是法律对投资顾问行为准则有明确要求。美国《1940年投资顾问法》禁止任何欺诈客户的行为，对任何涉及利益冲突的交易或服务，投资顾问均须事前向客户披露并经其同意。欧盟的立法态度更为鲜明。2018年修改后的《金融工具市场指令》明确禁止投资顾问和组合投资经理在为客户选择产品时从第三方获取佣金。二是在收费模式上促使财富管理机构与客户利益趋于一致。美国投资顾问通常按账户管理资产规模的一定比例收取管理费，而资产规模又是投顾业务绩效公开评价的重要指标，因此，从业人员有动力持续推动客户资产增值，以留住老客户、吸引新客户。欧盟投资顾问的主流收费方式与美国相近。三是持续保障客户资产安全。美国的制度除了要求由合格的保管人保管客户全权委托的资金和证券、为客户提供账户对账单之外，还引入了独立公共会计师核证机制，由会计师对客户资产每年至少进行一次突击核查,以验证资产安全。

三、发展财富管理业务的政策建议

企业融资与居民财富管理是资本形成的一体两面,二者相辅相成。大力发展境内证券基金行业的财富管理能力,培育壮大本土"买方中介"机构,是资本市场落实金融供给侧结构性改革的应有之义,也是加强投资者保护、改善资本市场资金供给、贯彻以人民为中心发展思想的必然要求。

(一)分步构建财富管理牌照体系,深入推进相关试点

一是明确投资咨询业务可以接受客户全权委托。推动修改《证券法》和暂行办法,确立分设初级与高级两类投资顾问牌照的模式。初级牌照基本沿用现行的投资咨询监管机制,仅允许提供投资建议。高级牌照允许接受客户全权委托,代为管理账户、执行交易,同时从机构实力、人员资质等方面设置较高准入条件。符合条件的证券基金公司和其他金融机构均可申请相应牌照,引导存量投资咨询机构平稳转型。

二是为证券公司开展财富管理业务提供有着全面支撑作用的过渡性牌照。《证券法》修改完成前,用足《证券法》第125条关于"其他证券业务"的兜底规定,探索设置过渡性业务牌照,允许符合条件的证券公司针对不同类型客户需求,接受客户全权委托,代为管理账户、组合配置资产。

三是扩大公募基金管理型投资顾问业务试点。允许更多类型和数量的证券基金机构参与试点。及时总结经验,研究制定基金投顾业务实施细则,加快推进相关业务的常态化。探索允许符合条件的其他机构开展基金投顾业务。

(二)加强财富管理账户体系建设,同步强化持续监管

一是加强证券账户的功能性建设。允许具备条件的证券公司拓展综合账户管理功能,进一步整合证券公司的股票、基金、融资融券、衍生品等账户,

拓展账户的交易、理财、支付、转账等基础功能，提升账户开立、使用的便捷度。稳步探索证券公司的理财账户试点，以账户分层管理、看穿监管为基础，允许理财账户适当沉淀客户资金，实现不同层级账户功能互补，逐步推动向财富管理账户转型。

二是进一步强化对客户资产安全的保护。健全反欺诈和投资顾问信义义务两套监管规则，通过科技手段强化投顾活动过程留痕，重点防范欺诈客户、侵占客户资产等背信行为。在账户全权委托模式下，可借鉴现有第三方存管、看穿式账户监控等做法，落实客户资产的独立存管和实时检查。

（三）丰富财富管理产品体系，对接客户个性化需求

一是支持证券基金公司加强产品创新。鼓励主动对接客户的资产配置需求，有效组合权益类与固收类、证券类与衍生类、公募与私募、现货与期货等投资产品。丰富风险管理工具。抓紧发布 MoM 产品指引。支持推出"固定收益+"、市场中性策略等稳健型收益产品，有效承接并转换投资者对原有刚兑类产品的需求。

二是加强跨行业协调，试点拓宽产品和客户来源。试点允许具备条件的证券基金机构依法代销境外产品，协调允许代销银行理财、保险等产品。协调允许证券公司设立子公司申请信托牌照并展业，对接客户财富传承等需求。支持公募基金与商业银行深化合作，发挥其在标准化资产投研、交易、净值化管理等方面的优势，更好地服务于银行已识别的各类客户。

（四）理顺薪酬和评价体系，激发从业人员专业能力

一是强化财富管理从业人员与客户的利益绑定。确立按客户资产规模的一定比例收取管理费，或按一定服务期限固定收费的基本收费模式。对于一定门槛以上的高净值客户，允许在基本收费基础上，从客户资产组合配置的收益中适当提成。对于可能存在利益冲突的代销产品佣金等收入，必须事前向客户充分披露并经其同意后才能收取。

二是健全从业评价和培训体系。完善证券基金机构及其从业人员的财富管理业务能力评价体系，着重根据代管资产规模、中长周期的管理绩效开展评价，将评价结果适当公开化，便于同行比较和投资者择优委托。支持从业人员接受更系统的投资顾问等金融服务技能培训，推动实现从业资格和持续培训的通用认证，便利人才合理流动。引导理顺从业人员薪酬待遇和晋升机制，吸引更多优秀人才专注财富管理。

分研究报告Ⅲ：
优化"看门人"执业生态研究

"看门人"制度是资本市场的一项重要治理方式，其通过要求各类证券中介机构承担核查验证、专业把关的职责，来保障发行人的信息披露质量。"看门人"制度主要在2个环节发挥作用：一是在证券发行阶段，通过保荐机构、会计师、律师等的尽职调查，把好市场入口关。二是在持续上市阶段，由会计师对年度报告进行审计，起到持续监督作用。

一、中国资本市场"看门人"机制存在的问题

一个良性的"看门人"执业生态，取决于3个方面：一是"看门人"的履职标准较为合理，各中介机构职责分工明晰。二是通过行政、民事、刑事追责，能对"看门人"形成有效威慑，督促加强质量控制，提高看门把关能力。三是市场对执业质量低下的"看门人"形成有效声誉约束，促进行业优胜劣汰。长期以来，境内市场一直未能形成良性的"看门人"执业生态，各个环节均存在不同程度的生态扭曲：

（一）"看门人"职责配置失衡

2003年，证监会借鉴香港做法，引入了保荐人制度，希望保荐人牵头组织会计师、律师等中介共同把好证券发行入口关。然而，由于上市财富的效应和违法成本相对低，以及中介机构监管执法不统一、不均衡等原因，造成中国特有的"严格保荐人牵头责任模式"，致使"看门人"职责配置出现

失衡。

一方面，保荐机构的履职标准过严、责任过重。根据《证券发行上市保荐业务管理办法》（以下简称《保荐办法》），保荐机构需要对发行人进行"全面调查"，而未采取境外普遍使用的"合理调查"标准。在实践中造成保荐机构尽职调查"无穷尽"，勤勉尽责"无边界"，导致潜在的民事赔偿风险敞口巨大。这方面的赔偿风险已经在打破刚性兑付后的债券领域开始积聚，目前已有8家券商被提起连带赔偿诉讼。随着注册制的逐步推开，上市公司壳价值大幅下降、难以补偿投资者损失后，股票领域保荐机构也将面临比以往更大的投资者追偿压力。

另一方面，中介机构之间职责边界不清、责任失衡。出于严把入口关的考虑，监管上要求保荐机构对会计师、律师职责范围内的事项进行重复核查把关，这种要求间接造成"看门人"之间职责边界不清，导致中介机构之间责任失衡和角色异化，保荐机构"会计师化""律师化"，会计师事务所、律师事务所等中介的独立性弱化，难以形成各司其职、相互制约的"看门人"机制。

（二）行政追责威慑不到位

当前，行政处罚作为境内对"看门人"追责的主渠道，存在较为突出的追责威慑不到位的问题。在证券发行阶段，执法上对"看门人"打得少。一是中介机构稽查处罚案件少。长期以来，境内市场重事前审核、轻事后追责，监管对发行把关介入较深，发行审核注重行政免责式全面把关，承担了很多本应由发行人和中介机构承担的市场责任，导致后端执法中追责边界不清晰。据统计，中国证券市场历史上仅查处过19起欺诈发行案件。2014~2018年，证监会因发行环节"看门人"失职问题共对27家次的券商、会计师事务所、律师事务所及评估机构做出处罚，总计罚没2.66亿元。二是运用资格罚少。在2014~2018年处罚的27家次机构中，无一例采取了资格罚措施。

持续上市阶段，存在对会计师"打不疼"的问题。一是罚款威慑力度小。根据《证券法》的规定，证监会可以对会计师事务所处以其业务收入1~5倍的罚款，但由于审计业务收入通常为几十万元，按照证监会惯例罚3倍也一般不超过200万元，会计师个人罚款也普遍为5万~10万元，对会计师事务所和会计师震慑作用非常有限。2014~2018年，证监会因年报审计问题共对13家次会计师事务所、32人次会计师做出行政处罚，累计罚没款仅4496万元。二是多头管理体制"掣肘"会计监管。长期以来，财政部和证监会共同监管从事证券业务的会计师事务所，所有针对会计师事务所和会计师的处罚，证监会均须商财政部做出。实践中，证监会只能对具体项目中的会计师事务所和会计师执业失职行为进行处罚，无法对会计师事务所实施"主体监管"。以瑞华会计师事务所为例，证监会会计部前期已关注到其重规模、轻质控的问题，但受监管职权所限，一直无法对其质控问题采取监管措施，导致风险做大爆发。三是会计师事务所合伙制模式使问题会计师容易"金蝉脱壳"。2013年深圳鹏城会计师事务所因绿大地案被施以撤销证券业务资格的"极刑"后，大部分合伙人和执业会计师带项目转投国富浩华，之后又并入瑞华，其中，"康得新"项目即来自鹏城。除鹏城所外，2013年因万福生科案被撤销证券服务业务许可的中磊会计师事务所，2016年因天丰节能、华锐风电和赛迪传媒被暂停承接新证券业务的利安达会计师事务所，在机构涉事被罚后，其下属执业会计师纷纷携带项目资源转移至瑞华。

（三）司法惩戒威慑基本缺位

由于境内证券违法案件的民事和刑事追责以行政处罚为前置程序，民事和刑事追责相应弱化。民事方面，法院系统未实质放开对证券民事赔偿诉讼的行政处罚前置要求，也未引入集体诉讼制度，因此，虽然立法对中介机构连带赔偿责任和过错推定原则作出严格规定，但实际上相关民事追偿实践较少。刑事方面，由于公安机关立案基本依赖证监会的证券犯罪线索移送，行政立案少导致鲜有相关刑事追责案例。据不完全统计，国内目前仅有4起涉及发行环节"看门人"失职的民事赔偿判决，赔偿金额普遍不高；2起会计师事务所因年报审计失职承担民事赔偿责任的案例；3起中介机构（均为会计师事务所）因失职行为被判刑的判例。

（四）市场声誉约束未形成

在良性市场生态中，声誉成本可以对"看门人"履职尽责形成有效约束，促使中介机构优胜劣汰。但在境内市场上，由于一些深层次市场化生态条件的缺失，中介机构声誉对其行为约束作用极为有限。在证券发行阶段，由于境内股票发行长期供不应求，"只要拿到批文，股票就不愁卖"，市场对中介机构的执业能力和声誉不敏感，发行人更关心的是保荐机构"过会拿批文"的能力，投资者也通常不会因中介失职受罚而对其承做的项目进行抵制，因此，难以形成对受罚机构的声誉约束。

在持续上市阶段，由于境内股票估值整体虚高，上市公司退市不畅，加上市场炒作风气重，投资者对股票基本面关注度不高，市场对上市公司所选聘会计师事务所的执业质量和声誉并不敏感，同样难以形成对会计师事务所的声誉约束。实践中甚至出现会计师事务所被罚后，业务量不降反增的怪象。

二、境外成熟市场"看门人"机制的最佳实践

与境内市场情况不同，境外成熟市场中介机构的尽职调查标准和职责分工相对合理，同时对中介机构的追责较为严格，巨额罚单及赔偿频出，声誉约束形成优胜劣汰机制，呈现出"标准合理、追责严格、声誉约束有效"的良性市场生态。

（一）"看门人"的履职标准相对合理

境外市场上，普遍注重合理设定"看门人"的职责边界，避免对于中介机构施加不切实际且过重的职责要求。如美国立法明确规定只要中介机构经过"合理"的尽职调查，有"合理"的依据相信相关披露内容是真实的，即可免责，并进一步规定合理的标准为"谨慎之人在管理自己的财产时需要采

取的标准"；中国香港同样在规则中明确保荐人尽职调查的标准为"合理"尽职审查，并一般性地要求履职时应当"抱着专业的怀疑态度"开展工作。

同时，境外立法和行政监管上普遍未对中介机构的尽职调查标准作出特别细化的规定，只是一般性地规定了尽职调查的范围和指导性标准，是否勤勉尽责往往需要个案判断。如中国香港证监会相关规则明确规定，"尽职调查的性质及范围因不同的个案而异，视个案的事实及情况而定，并没有详尽无遗的清单能列出适用于所有情况的精致调查步骤"。尽职调查标准只作原则性规定，一方面，是因为实践情况千差万别，难以穷尽；另一方面，原则规定的合规导向，促使中介机构为避免处罚而自行提高尽职调查标准以维持履职"安全垫"，从而有利于更好地发挥"看门人"作用。

（二）注重合理区分不同中介机构职责，并普遍确立对专家意见的合理信赖机制

从境外情况来看，对于承销商、会计师、律师等的职责分工，主要有两种模式：

一种是以美国为代表的"区分责任"模式，强调承销商、会计师、律师等中介应在各自专业领域各司其职，对于自身专业职责领域的事项履行相对较高的尽职调查义务，尤其是会计师承担了较为关键的"看门人"责任；同时，对于其他中介机构出具专家意见所涉的事项，则履行相对较低的尽职调查义务，除非出现较为异常的事项，一般可以"合理信赖"其他专家意见。

另一种是以英国、中国香港为代表的"保荐人牵头责任"模式，要求保荐人承担相对较大的职责。但从最近的发展趋势来看，"保荐人牵头"模式有向"区分责任"模式靠拢的趋势。以中国香港为例，由于业界一直认为让保荐人承担过重牵头责任的做法，不利于中介机构各司其职，因此，中国香港监管机构近年来修订规则，引入了区分责任和合理信赖专家意见机制，明确保荐人对于会计师、律师等提供的专家意见，只要"没有合理理由相信"相关披露文件存在虚假陈述即可，并在规则中合理界定了对专家报告的尽职调

查范围和深度。

（三）追责方式有别，但均对中介机构形成有效责任威慑

境外市场因制度环境的差别，对"看门人"失职行为的追责方式有所不同：

一种以美国为代表，民事诉讼和行政执法并重。由于美国有集体诉讼制度，因此，针对上市公司及"看门人"的民事赔偿诉讼非常发达，同时美国证监会对中介机构也一直采取较为积极的执法政策，形成了以民事追偿和行政执法并重的立体式追责体系，对"看门人"形成了有效威慑。如在"安然"案件中，担任承销商的花旗集团、摩根大通、美洲银行3家投行分别承担了25.75亿元、22亿元、6900万美元的巨额赔偿，而负责审计的安达信会计师事务所则因处罚而直接破产。

另一种则以中国香港为代表，其对中介机构的追责主要依赖监管机关的行政执法，民事诉讼相对较弱。出于维护其国际金融中心营商环境的考虑，中国香港一直未引入证券集体诉讼制度，实践中基本靠监管机关的行政执法来保持对"看门人"的追责威慑，通过高额的罚款来有效阻吓"看门人"失职行为。如2019年1~5月，中国香港证监会即对5家保荐人施以重罚，共处罚金8.2亿港币，其中，处罚最重的瑞银集团被处罚金3.75亿港币并被吊销牌照1年。

（四）市场声誉约束较为有效

境外市场证券供给均衡，估值相对合理，投资者在认购投资证券时，看重相关中介机构的执业能力和良好声誉，"看门人"一旦因失职被处罚，容易被投资者和发行人抛弃，中介机构声誉指挥棒效应明显。如安达信会计师事务所于2002年6月被美国法院认定犯有阻碍政府调查安然破产案的罪行，此后两个月内，其上市公司客户陆续主动解除审计聘用合同，员工总数也由2.8万人降为3000人，被迫放弃美国全部审计业务，而后其在全球的分支机构也

相继被撤销和收购。

三、优化市场"看门人"执业生态的政策建议

针对境内市场"看门人"执业生态存在的问题，借鉴境外成熟市场做法，我们建议，应顺应注册制改革，合理优化中介机构责任体系，逐步理顺"看门人"执业生态。具体而言，应先提高处罚威慑有效性、推动激活民事诉讼、强化声誉约束，系统加强对"看门人"的追责约束力度；在相关威慑约束到位的前提下，合理调整保荐人等机构的履职标准，优化厘清各类中介机构的职责分工，推动形成良性平衡的"看门人"执业生态。

（一）提升追责体系效能

一是着力提升行政处罚威慑的有效性。加大"资金罚"力度，用足罚则空间，提高罚金倍数；制订细化的"资格罚"运用标准，降低自由裁量空间，减少个案阻力，切实加大资格罚力度；协商财政部共同出台资本市场审计违法违规行为处罚标准，用足"暂停或撤销证券服务业务许可""证券市场禁入"等"法定资格罚"和"暂不受理与行政许可的相关文件"等"准资格罚"手段，切实收紧会计师"紧箍咒"；加大个人追责力度，对问题中介机构和个人实行"双罚制"。

二是激活民事诉讼，强化赔偿威慑。推动最高法实质取消证券虚假陈述类案件的处罚前置要求；以科创板试点改革为契机，建立证券集体诉讼制度；推动最高法进一步明确证券虚假陈述诉讼案件的集中管辖和级别管辖，在中心城市推广设立金融法院。

三是增强资本市场审计监管的资源统筹配置。补充审计监管力量，支持未专设会计监管处室的派出机构设立专门处室，推动沪深交易所、全国股转公司设立会计监管部，提升证券交易场所的一线监管能力；研究借鉴美国PCAOB模式，成立专门的公众公司审计监管机构。

（二）优化健全规则体系

一是优化"看门人"履职规则，实现"看门人"职责和分工合理化。研究系统修订《保荐办法》《保荐人尽职调查工作准则》等规则，确立保荐机构的"合理尽职调查"标准，调整过于严苛的尽调要求；确立保荐机构对专家意见的合理信赖机制，明确保荐机构可以"合理信赖"其他中介机构的专家意见，并强调异常情况下的一般注意义务；研究取消保荐机构先行赔付的强制承诺制度，引导保荐机构自愿承担先行赔付责任；研究优化相关挂钩机制，避免对"看门人"事先定罪。

二是加强外部司法协调，保证民事赔偿责任可控。推动修改《最高人民法院关于审理证券市场因虚假陈述引发的民事赔偿案件的若干规定》，明确保荐机构等在"合理尽职调查"后未能发现造假的可以免责；明确根据各中介机构的过错程度来合理确定各自的赔偿比例，各中介机构在承担连带赔偿责任后，可以就超出其责任部分向其他中介机构追偿。

三是补齐会计师、律师执业规则短板。在符合国家统一的会计准则、审计准则前提下，结合资本市场实践，就风险集中、问题突出的领域制定明确具体的审计业务规则和机构管理规则，规范审计机构执业；加快出台《律师事务所从事首次公开发行股票并上市法律业务执业细则（试行）》，为律师从事IPO业务提供细化执业规则。

（三）建立声誉约束体系

一是建立健全声誉评价体系，提高履职过失的声誉成本。由证券业协会等自律组织集中公示中介机构及其人员监管处罚信息，并开展中介机构执业能力和声誉评价，引导形成有效的声誉约束机制。

二是建立执业全过程的电子留痕体系。出台相关中介机构工作底稿电子化标准和指引，依托大数据平台开展执业工作底稿质量自律检查，形成有监督、能监测、可鉴定的中介机构履职尽责监控体系。

下篇 究理篇

"智者究理而长虑，身得免焉"

（《管子·大匡》）

本篇内容收录了2016~2020年笔者在经济类核心期刊、重要会议发表的23篇专业论文或演讲稿，涵盖资本市场功能定位、发展逻辑的思考与前瞻，资本市场基础制度建设经验的回顾与启示，上市公司、证券公司高质量发展的探讨与认识，金融科技和财富管理创新最佳实践的洞察与借鉴，推动区域资本市场发展与证券业高质量创新发展的探索与实践。

新时代中国资本市场发展的新方位

党的十九大宣告中国特色社会主义进入新时代。党的十九大报告指出，建设现代化经济体系是跨越关口的迫切要求和中国发展的战略目标。资本市场是现代化经济体系的重要组成部分，是促进完善现代化经济体系的核心动力引擎。新时代中国资本市场的发展，应当围绕建设现代化经济体系的战略目标锚定新的历史方位。

一、资本市场发展面临转折性变化的重要关口

从1990年沪深证券交易所开业始，中国资本市场走过了27年不平凡的发展历程，随着经济步入转变发展方式、优化经济结构、转换增长动力的重要关口，国际经济金融形势发生深刻变化，中国资本市场发展面临转折性变化的重要节点，近年来国际国内市场各种发展动向交织出现，呈现以下5个方面的突出特征：

（一）全球金融业由"服务产业"异化为"服务交易"趋势明显

中美股市曾先后出现极端交易案例，2010年5月6日14时42分纽交所发生"闪电崩盘"（Flash Crash），道指暴跌9%，1万亿美元资产价值瞬间蒸发。美国证券交易委员会（SEC）调查6个月的结论是：代表各自所有者买卖股票的计算机程序在相互竞争的过程中失控了。2013年8月16日11时05分上交所发生"乌龙指交易"，上证指数1分钟内暴涨5%，59只权重股瞬间封涨停，原因是光大证券自营盘策略交易系统程序错误，导致在申赎ETF套利交易中，以234亿元巨额申购180ETF成分股，实际成交72.7亿元。美国

财经作家迈克尔·刘易斯在《高频交易：华尔街的速度游戏》中说："这是一个隐蔽且被操纵的市场，高频交易员利用纳秒级（十亿分之一秒）的时间差，捕捉'猎物'，快速买入卖出，牟取暴利。在美国各大券商都有属于自己的秘密交易平台，俗称'暗池'。"金融业正逐步由产业服务的代理人异化为交易服务的委托人。

（二）金融业脱实向虚特征显现，推高实体部门经营成本

在上市公司利润结构中少数金融业上市公司占据半壁江山。2017年半年度报告显示，25只银行股共计盈利7746.36亿元，占上市公司利润总额的46%。2008~2017年10年间银行股中报业绩增长从未低于40%。金融业上市公司共计盈利8927.26亿元，占上市公司利润总额的53.23%。金融部门扩张长期高于经济增长，2006~2016年中国银行业总资产从44万亿元增长至232万亿元，增长5.3倍，同期经济产出增长3.4倍。截至2016年年底，实体部门债务余额（剔除地方融资平台重复计算部分）为168.8万亿元，一年利息支出为8.24万亿元，占GDP的比例为11.08%，超过GDP增长速度。经济增速下滑，杠杆率上升，新增GDP和每年付出的利息间缺口将增大。金融业的繁荣与"创新"增加了金融产品运作环节、拉长了金融服务的链条，提高了实体企业经营的资金成本。

（三）金融体系中直接融资"短板"突出，影响到中国经济去杠杆的进程

2016年中国宏观债务杠杆率达到247%，同2008年相比上升104个百分点，企业部门债务和GDP的比例高达165%，在世界主要经济体中是最高的，其中国有企业中的"僵尸企业"负面影响最大。银行业资产规模232万亿元，占全部金融资产的78%，而全球范围平均为39%。2016年年末中国广义货币M2达155万亿元，是2007年的3.8倍，接近GDP的2倍。而金融体系中直接融资比例仅为23.8%。资本市场成为金融体系的短板，直接制约着去杠杆

进程。

(四) 银行储蓄资金的异常转移引发股市异常波动

学术界普遍认为 2015 年中国股市异常波动是巨量场外配资入市引发的流动性、杠杆性、投机性危机。银行理财资金是场外配资主要来源之一，主要通过以下渠道入市：一是通过结构化信托产品入市，规模约 1.18 万亿~1.33 万亿元；二是通过基金子公司或券商资管产品入市，规模约 5500 亿~6000 亿元；三是通过两融收益权转让、股票质押回购、收益凭证等业务间接入市，规模约 1.3 万亿元。带金融创新性质的 6 道杠杆，即结构化信托及配资运作模式、民间配资公司及互联网金融配资产品、基金子公司结构化资管产品、证券公司结构化资管产品、分级基金产品和证券公司其他创新型融资业务，加剧了银行理财资金入市的杠杆性、投机性，造成储蓄转化为投资进程中的行为异化。

(五) 金融部门冲击实体企业的案例发生

2016 年在宝能系收购万科事件中，宝能系的收购资金主要来源于前海人寿万能险产品和 9 个资产管理计划。截至 2016 年 7 月，仅宝能一系就持有深万科 25.4%，持有深南玻 26.36%、中炬高新 24.92%、中国金洋 19.58%、韶能股份 15%、南宁百货 14.65%、华侨城 9.98%、合肥百货 6.72%、明星电力 5.02% 的股份。万宝之争本质是围绕控制权的收购和反收购之争，涉及企业家、职业经理人与大股东关系，一股独大与中小投资者利益平衡，金融工具目标定位等诸多深层次问题。若各方矛盾持续激化，风险失控，不仅万科这一资本市场龙头企业可能将毁于一旦，对完善中国上市公司治理结构，深化国有企业改革，发展混合所有制经济，乃至金融服务实体经济大局等都将产生负面影响，造成参与各方、中小投资者、资本市场乃至社会经济共输局面。

二、资本市场发展新方位是促进完善现代化经济体系

党的十九大报告首次确立中国发展的战略目标是建设现代化经济体系，为新时代资本市场发展举旗定向。习近平总书记明确指出："中国经济是靠实体经济起家的，也要靠实体经济走向未来。我们学不了美国大搞虚拟经济那一套，而且美国搞虚拟经济本身就有很大的隐患"。第5次全国金融工作会议明确要求把服务实体经济作为金融工作首要任务，确立了回归本源、优化结构、强化监管、市场导向4项金融工作原则。在中国资本市场发展的重要节点，面对纷繁复杂的发展动向，指明了新时代中国资本市场发展新的历史方位，就是服务实体经济，促进完善现代化经济体系。站在新的发展起点上，资本市场发展应当从中国实际出发，遵循市场发展的基本逻辑，总结历史的经验教训，扬弃国际的兴衰利弊，围绕解决发展不平衡、不充分主要矛盾，坚守资本市场的产业服务定位，从以下3个方面校准中国资本市场发展的新方位：

（一）应谨遵客观规律和发展逻辑，找准服务实体经济正确方向

中国资本市场是应服务实体经济发展的需求而生，在供给侧的制度安排和政策导向方面有积极的经验，也有值得总结的教训。资本市场发端于企业改革探索由承包制向股份制转轨的需要，为股份制企业筹集资本金提供的制度安排。最初是采取行政配置资源的模式，先是统一向各地分配上市额度，产生了上市公司缺失独立市场主体的问题；随后是统一向各地分配上市家数，产生了捆绑上市缺失独立法人实体的问题。1997年确立资本市场为国有企业3年脱困服务的政策目标后，在制度安排上采取盈利企业必须兼并两家亏损企业才能上市的前置条件，导致上市公司出现"一年盈、二年平、三年亏"的群体现象。2001年推行减持上市公司国有股充实社保基金的政策，出发点是为国家发展战略和国有企业改革服务，但是由于采取行政部门定价方式，引

起市场抵制而长期萎靡不振，直到2007年完成股权分置改革才最终消除国有股减持的制度障碍。殷鉴不远，实践证明政策目标正确，但如果策略和方法偏离市场客观规律和发展逻辑，同样难以达到预期目的，甚至造成社会资源的损耗。新时代中国资本市场确立服务实体经济的新方位，必须结合实际国情，遵循客观规律和发展逻辑，坚持既不割裂历史又不迷失方向，既不落后时代又不超越阶段的求真务实态度，找准服务实体经济的正确路径和方向。

（二）应紧抓金融供给侧结构性改革主线，着力解决发展不平衡不充分问题

党的十九大报告指出中国社会主要矛盾已经转化为人民日益增长的美好生活需要和不平衡不充分的发展之间的矛盾。资本市场作为现代化经济体系的重要组成部分，其功能和作用必然围绕解决发展不平衡不充分问题而定位，必须正本清源，校正金融业自我服务，资金体内循环，金融业过度膨胀，冲击实体经济的发展趋势，把发展重心落实到解决发展不平衡不充分问题的4个"痛点"上：一是充分发挥资本市场促进跨时间、跨空间、跨群体价值交换和分散风险的特性，为分散不确定性创造金融产品，推动跨期限、跨产业、跨群体分散风险，引导储蓄转化为投资，增加有效投资。二是充分发挥多层次资本市场配置资源、风险管理、价格发现功能，为新兴产业发展提供金融支持，合理进行资产定价和权益保护。三是适应绿色投资回报期长的特点，大力发展各类股权投资基金和私募股权市场，为中长期资金供给提供制度安排。四是积极发挥资本市场并购重组主渠道作用，在产能过剩行业促进僵尸企业退出，推动存量资产重组。

（三）要紧扣质量效率动力变革主题，健全具有高度适应性、竞争力和普惠性的现代金融体系

资本市场是现代化经济体系的核心动力引擎，应充分利用资本市场配置资源、发现价格、风险管理、公司治理的基础功能，从5个方面推动建设现代化经济体系：一是促进形成实体经济、科技创新、现代金融、人力资源协同发展的产业体系，构建现代农业产业、生产、经营体系。二是促进发展先进制造业，推动中国产业迈向全球产业链中高端，培育若干世界级先进制造业集群。三是促进互联网、大数据、人工智能和实体经济深度融合，培育新的增长点、形成新的动能。四是促进深化国有企业改革，发展混合所有制经济，培育具有全球竞争力的世界一流企业。五是促进形成产权有效激励、要素自由流动、价格反应灵活、竞争公平有序、企业优胜劣汰的市场化资源配置机制。

三、发挥资本市场在现代化经济体系中的战略引擎作用

党的十九大报告明确提出增强金融服务实体经济能力，提高直接融资比重，促进多层次资本市场健康发展的战略目标。大力发展资本市场是补齐金融体系短板、防止经济脱实向虚、防范金融风险、引导储蓄转化为有效投资，并深化供给侧结构性改革的重要举措。贯彻落实党的十九大明确的资本市场发展任务，着力点是发挥好资本市场在现代化经济体系中的战略引擎作用，做好以下5个方面工作：

（一）健全完善多层次资本市场体系

一是统筹股票市场主板、中小板、创业板的市场定位和功能分工，深化创业板改革，大力发展私募股权市场，统筹推进差异化发行、交易等基础性制度建设，完善新三板分层制度，发挥好区域性私募股权市场服务中小微企业的作用，研究建立多层次资本市场转板和合作对接机制，并推进多层次股权交易场所后台一体化进程。二是积极有序发展股权融资，发展优先股，拓展多层次、多元化、互补型股权融资渠道，稳步提高股权融资比重，健全完善发行上市财务指标和监管规则，改革股票发行制度，推进新股发行常态化，支持发展潜力好但尚未盈利的创新型企业上市或者在新三板挂牌，探索建立

科技企业特殊管理股制度，并创造条件推进股票发行注册制改革，减少市场价格（指数）干预，增强资本市场融资能力。三是完善债券市场发行注册制，实现债券市场互联互通。扩大债券融资规模，丰富债券市场品种，发展可转换债券、项目收益债券等，鼓励服务中小企业的债券品种创新，扩大信贷资产证券化规模，探索保险资产证券化。

（二）发挥好上市公司的经济带动、发展引领、制度引导作用

上市公司是现代企业制度的最高形态，是混合所有制经济的最优形式，是中国社会主义市场经济的重要微观基础。要着力从以下方面发挥好上市公司的积极作用：一是要注重发挥好上市公司推动质量效率动力变革、高质量增长的经济带动作用，目前沪深两市上市公司超逾3300家，覆盖全部18个行业，2016年境内上市公司实现营业收入32.66万亿元，占GDP的44%，同比增长8.68%；净利润2.76万亿元，同比增长7.45%；现金分红8301亿元。二是要注重发挥好上市公司践行新发展理念、推动高质量发展的发展引领作用，1125家战略新兴行业上市公司占上市公司总数的33%，实现营业收入和净利润分别增长18%和29%，研发费用占营业收入的3.6%，高于全市1.4%的平均水平。三是要注重发挥好上市公司在信息披露、公司治理、混合所有制经济等方面的制度引导作用。上市公司法定信息披露义务有效促进提升现代化经济体系的公共信用；上市公司股权结构多元化、国有股持有形式多样化，形成共同治理结构，有利于激发混合所有制经济的体制机制活力。

（三）积极发挥资本市场并购重组主渠道作用

资本市场并购重组是市场化配置资源重要形式之一，具有股份对价、估值规范、价格公允、交易透明的独特优势，是推动"三去一降一补"，深化供给侧结构性改革的重要工具。发挥好资本市场并购重组主渠道作用，必须紧紧围绕服务实体经济，促进完善现代化经济体系主线，规范上市公司并购重组行为，明确支持产业并购的政策导向，加大对投机性、类金融并购的监管

力度：一是进一步健全完善股东权益变动披露制度。上市公司是具有金融属性的实体经济，有重要影响的股东持股增减变动需要严密的制度规范，实施穿透性监管，保障实际行为人的权利和义务对等。二是健全完善上市公司合并、分立（分拆）制度，为产业并购提供制度安排，支持上市公司通过并购重组去产能、去库存、去杠杆，实现质量效率动力变革。三是进一步创新支持产业并购的股权、债权工具和产品，发展并购重组债券，完善换股收购境外资产（业务）政策，引导企业主动加强资产负债管理，推动中国产业迈向全球产业链中高端。

（四）大力发展各类股权投资基金

各类股权投资基金通过投资于实体经济中最具创新和成长潜力的中小微企业，打通了直接融资渠道，使股权资本更加主动地触及并服务于中小微企业，丰富了资本市场直接融资体系与功能，推动储蓄转化为有效投资，在促进创新创业和降低企业杠杆率、"僵尸企业"出清方面发挥积极作用。截至2017年10月底，在中国基金业协会备案的私募股权基金和创业投资基金规模达到6.17万亿元。其中，近80%的私募股权投资基金投资于企业起步期和扩张期，70%的创业投资基金投资于企业种子期和起步期，投资行业主要集中于新一代信息技术、新能源、新材料、芯片制造、人工智能、生物医药等，体现了股权类私募基金对全球前沿科技创新和新兴产业领域的战略性布局和前瞻性推动。

（五）积极发挥期货市场价格发现和风险管理功能

截至目前，中国期货市场已上市期货期权品种55个，包括商品期货47个、金融期货5个、金融期权1个、商品期权2个，基本覆盖了国民经济的主要领域。商品期货成交量已经连续8年位居世界第一，大宗商品成交量占全球商品交易的60%。在推动形成全面开放新格局、推进"一带一路"、贸易强国和农业现代化建设中，要注重发挥好期货市场4个方面积极作用：一是期现货价格走势保持较高的拟合度，期货价格成为相关商品国内外贸易的定价基准，推动贸易方式变革，是宏观调控决策和实体企业经营的重要价格信号。二是90%以上化工PTA、有色金属企业，80%的聚酯企业利用期货市场管理市场风险，期货市场是实体企业管理价格波动风险的重要工具。三是22个期货、2个期权覆盖主要农产品领域，形成较为完整的产业链风险管理工具。涉农主体开展"期货＋保险"试点，分散了农业保险承接的市场风险，期货市场服务农业现代化发展，也是服务国家战略和经济安全的重要手段。四是通过期货价格引导商品、资本等资源在全球范围内流通、配置，期货市场对拓展对外贸易发挥了积极作用，是服务"一带一路"建设、提高对外开放水平的重要抓手。

（本文刊于《清华金融评论》2018年第1期。笔者时任中国证监会天津监管局党委书记、局长兼天津稽查局局长。）

新时代金融工作的重要原则与
资本市场的发展逻辑

新时代中国经济由高速增长转向高质量发展,服务经济高质量发展是金融业发展与监管的历史使命。当前,金融服务经济高质量发展的关键是要解决"好不好"的问题,习近平总书记在第五次全国金融工作会上提出的做好金融工作要把握的四项重要原则,即回归本源、优化结构、强化监管、市场导向,是新时代做好中国金融发展与监管工作的总遵循,具有丰富的内涵和严密的逻辑,是引导中国金融跨越关口的重要指针,充分体现了服务高质量发展的内在要求。

一、四项重要原则是新时代做好金融工作的总遵循

新时代中国金融落实服务高质量发展的历史使命,必须从国家发展战略的高度去定位金融发展与监管的基本逻辑。建设现代化经济体系是中国发展的战略目标,第五次全国金融工作会议全面、系统、科学地阐述了金融在建设现代化经济体系中的地位和作用,即金融是现代经济的核心,金融是国民经济的血脉,金融是国家重要的核心竞争力,金融制度是经济社会发展中重要的基础设施,并明确为实体经济服务是金融的天职、宗旨和防范金融风险的根本举措。做好金融工作的四项重要原则,为金融服务高质量发展指明了工作方向和提出了工作要求:一是回归本源,服从服务于经济社会发展,全面贯彻落实新的发展理念,促进创新成为第一动力、协调成为内生特点、绿色成为普遍形态、开放成为必由之路、共享成为根本目的的高质量发展,防

止金融脱实向虚和自我循环而滋生、放大、扩散风险。二是优化结构，完善金融市场、金融机构、金融产品体系，支持形成实体经济、科技创新、现代金融、人力资源协同发展的产业体系，促进互联网、大数据、人工智能和实体经济深度融合，推动中国产业迈向全球价值链高端，培育世界级先进制造业和具有全球竞争力的一流企业，打牢防控系统性金融风险的微观基础。三是强化监管，紧扣供给侧结构性改革主线，提高金融供给体系质量，推动质量、效率、动力变革，促进形成金融和实体经济、金融和房地产、金融体系内部的良性循环，增强监管的系统性、穿透性和专业性，提高防范化解金融风险能力，着力将系统性金融风险外溢对经济社会带来的冲击和损耗减至最小。四是市场导向，发挥市场在金融资源配置中的决定作用，降低各种干预对市场机制的扭曲，健全完善产权激励有效、要素自由流动、价格反应灵活、竞争公平有序、企业优胜劣汰的市场机制。

二、四项重要原则体现服务高质量发展的内在逻辑

四项重要原则是落实金融服务高质量发展目标的基本方针，是贯穿服务实体经济、防控金融风险、深化金融改革三大任务的内在联系，具有严密的逻辑性和实践的可操作性。

首先，回归本源涉及4个层面的内容：一是金融回归内生于实体经济的本源。二是金融产品回归银行、证券、保险本来属性。"凯撒的归凯撒，上帝的归上帝"，让银行产品回归商业银行属性，让证券产品回归证券基金属性，让保险产品回归保险保障属性，不能随意变性借道，防止规避监管、自我服务、自我发展、脱实向虚。三是金融机构要回归中介服务的角色定位。金融中介的职责是媒介交易和专业服务，根据资金供求双方的风险喜好和状况，以及对流动性的不同预期合理匹配资金，促进以信息和信用为基础的跨时间、跨空间、跨群体价值交换。四是金融市场回归公募与私募、直接融资与间接融资不同体系。避免发展方向错位、监管逻辑混乱、风险交叉传染，实现用

公募的逻辑监管公募市场和产品，用私募的逻辑监管私募市场和产品。

其次，优化结构需坚持问题导向，着力解决高质量发展的迫切需求：一是怎样为分散不确定性创造金融产品，推动跨期限、跨产业、跨群体分散风险，增加有效投资。二是怎样为新兴产业发展提供金融支持，合理进行资产定价和权益保护。三是怎样适应绿色投资回报期长的特点，为中长期资金供给提供制度安排。四是怎样在产能过剩行业促进僵尸企业退出，推动存量资产重组。发挥金融机制价格发现、风险管理、流动性管理和促进资本形成的功能，为4个"怎样"提供金融解决方案，提高金融供给体系质量。

再次，强化监管须健全完善以监管目标为导向的宏观审慎和微观审慎监管，强化行为监管。宏观审慎监管的目标是防范和化解系统性金融风险，微观审慎和行为监管的目标是针对微观金融的3个风险源和两种不同的市场体系做出差异化监管安排。当前宏观金融的4个风险源是：影子银行规避监管风险、资管交叉混业经营风险、互联网金融无序发展风险和新兴金融企业过度杠杆风险；微观金融的3个风险源：一是来自融资者的欺诈风险。二是来自金融中介的道德风险和经营风险。三是来自投资者的无知、贪婪和短视风险。针对上述风险源，区分不同金融体系特点和做出差异化的监管机制设计：间接融资体系是让银行等机构帮助不懂金融的人管理钱财，监管的核心是金融机构担责，通过资本金、杠杆率、流动性、限制期限错配等方式控制金融机构的风险敞口。直接融资体系是让适当的投资者自己承担风险和收益，监管的核心是设计合适的机制，让投资者获得充分的信息，可以甄别风险，让适当的投资者承担适当的风险。

最后，市场导向是指发挥金融市场在资源配置中的决定作用。金融市场是以信息和信用为基础驱动跨时间、跨空间、跨群体的价值交换市场，具有特殊的运行规律和市场风险，发挥金融市场在资源配置中决定作用，就要注重发挥金融市场的三大核心功能：一是市场决定资源配置。二是市场决定价格发现。三是市场决定风险管理。同时，高度重视金融市场特有的三大属性：脆弱性（信用）、放大性（杠杆）和危机传染性（错配），增强监管的系统性、穿透性、专业性，坚决守住不发生系统性金融风险的底线。

三、四项重要原则是引导中国金融跨越关口的重要指针

习近平总书记指出："中国经济是靠实体经济起家的，也要靠实体经济走向未来，我们学不了美国大搞虚拟经济那一套，而且美国搞虚拟经济本身就有很大隐患。"这一针见血地指明了自 20 世纪 80 年代以来，以美国为代表的国际金融体系的内在缺陷和潜在危机，即金融业正逐步由产业服务的代理人异化为交易服务的委托人，金融不再是为产业经济提供资金融通、优化资源配置的服务者，已演化为追求交易牟利的自我服务者。西方传统的经济学理论正是使金融业迷失本源的向导。2008 年金融危机发生后，著名的"女王之问"（英国伊丽莎白女王）——"既然这场危机的规模如此空前，那怎么居然没有人预见到呢？"充分反映出西方经济学家面临的窘境。格林斯潘在国会作证时承认，金融监管所依赖建立的理论本身有缺陷。事实却与"有效市场假定"相反，金融市场具有系统性的价格失真缺陷和风险，往往容易造成灾难性后果。可见作为西方经济学理论基石的"完全竞争假定"和"有效市场假定"，无法诠释金融危机的根源，也无法遏制金融危机的发生和蔓延。

随着经济全球化进程的推进，中国金融在支持经济保持中高速增长，实现国内生产总值（GDP）稳居世界第二，对世界经济增长贡献率超过 30% 的同时，正处在转变发展方式、优化经济结构、转换增长动力实现高质量发展的攻关期，贯彻落实四项重要原则是跨越关口的迫切要求和重要指针。2002～2017 年，中国金融在分业经营和监管框架下运行了 16 年，经济金融发展状况发生了很大变化，GDP 总量从 12.17 万亿元增加到 82.71 万亿元（名义增长 5.8 倍），规模以上工业企业资产规模从 14.62 万亿元增加到 112.3 万亿元（增长 6.68 倍），城乡居民储蓄存款余额从 8.69 万亿元增加到 64.38 万亿元（增长 6.44 倍），广义货币（M2）总量从 18.5 万亿元增加到 167.68 万亿元（增长 8.06 倍），银行业管理资产规模从 18.4 万亿元增加到 252 万亿元

（增长13.7倍），保险业管理资产规模从63.2亿元增加到167489.37亿元（增长2650倍），证券业管理资产规模从5581亿元增加到6.14万亿元（增长9倍）。2017年国民经济中主要行业的产值占比为：工业33.9%，批发零售业9.4%，金融业7.9%，金融业排名第三，高于建筑、房地产、交通运输、信息传输、软件和技术等行业。2017年半年度报告显示，25只银行股共计盈利7746.36亿元，占上市公司利润总额的46%。金融业上市公司共计盈利8927.26亿元，占上市公司利润总额的53.23%。金融部门扩张高于经济增长，一方面带来经济体系的脱实向虚，另一方面带来金融体系的结构失衡。

经济体系脱实向虚主要表现在：一是实体部门的经营成本高企。统计表明近年来中国企业平均融资成本高达7.6%。截至2016年年底，实体部门债务余额（剔除地方融资平台重复计算部分）为168.8万亿元，一年利息支出为8.24万亿元，占GDP的比例为11.08%，超过GDP的增长速度。经济增速下滑，杠杆率上升，新增GDP与每年付出的利息之间缺口将增大。二是系统性金融风险隐患显现。金融业受西方经济学理论放任发展思想影响，奉行"趋利避害赚大钱"的市场原则，形成了影子银行规避监管、资管业务交叉混业经营、互联网金融无序发展、新兴金融企业过度杠杆等系统性金融风险隐患。根据金融稳定理事会（FSB）发布的2017年全球影子银行监测报告显示，全球金融资产规模总计340万亿美元，其中，高风险资产影子银行45万亿美元，占总量的13%，中国共计7万亿美元，占全球影子银行规模的15%。而中国影子银行实际规模高达64.5万亿元人民币。截至2017年年底，资产管理业务交叉混业经营总量高达126万亿元。互联网金融企业在其金融属性上未被清晰定义，却实质上提供金融服务，金融行为没有纳入监管，形成法律风险；借助互联网平台非法集资、违规宣传销售金融产品、第三方支付出现挤兑等问题形成金融风险。阿里、京东、腾讯、小米等新兴金融企业通过资产证券化（ABS）回笼资金，然后将资金用于放贷，再打包成ABS产品出售。不受存款准备金、资本充足率等指标的约束，循环放大杠杆。以阿里旗下蚂蚁借呗为例，其仅有38亿元注册资金，截至2017年年底已累计放贷3000多亿元。

而金融体系结构失衡则主要表现在直接融资的"短板"突出。2015~2017年代表间接融资的新增人民币贷款在社会融资总额中的比例均在70%左右，企业债券融资分别占比19.1%、16.9%、2.3%，非金融企业境内股票市场融资分别占比4.9%、7%、4.5%。

四、资本市场贯彻落实四项重要原则应当遵循的基本逻辑

习近平总书记指出，发展资本市场是中国的改革方向。党的十九大报告明确提出，深化金融体制改革，增强金融服务实体经济的能力，提高直接融资比重，促进多层次资本市场健康发展的工作要求。资本市场贯彻落实四项重要原则，应当遵循以下4个方面的基本逻辑：

一是尊重法律制度，坚持依法治市，把发展与监管工作全面纳入法治轨道。中国资本市场投资者开户数高达3.8亿户，实际投资人1.2亿人，其中，中小投资人8000万人。正如习近平总书记指出的："散户多是中国股市的基本特点，炒作心理强是大户的重要特征，制度不完善是我们的现实情况，改变这种现象需要一个过程。在这个背景下，中国股市发展不可能也没有条件照搬西方模式。"因此，中国资本市场的法治建设，必须坚持以人民为中心的发展思想，这是由资本市场建设的特殊国情、国家属性、政治属性、文化属性所决定的。资本市场涉及千家万户切身利益，只有坚持公开、公平、公正原则，才能增强资本市场的公信力，只有坚持依法治市，才能打牢资本市场长期稳定发展的基石。

二是尊重市场规律，按市场规则办事，更好发挥政府作用。没有掌握足够的历史真相，是毫无可能理解和认识现实经济现象和市场规律的（熊彼特）。在2008年金融危机中，时任美联储主席本·伯南克及其团队采取一切可用的工具，甚至采取违背经典西方经济学理论的救助方案，遏制金融危机蔓延，促使美国乃至世界经济得以持续运转和快速复苏。本·伯南克及其团

队产生"行动的勇气"的源头，是几十年来美国学术界一直把研究 1929~1930 年经济危机作为专门学科和经济学研究的"圣杯"，从中孜孜不倦地吸取养分，吃一堑长一智，极大地提升了他们客观认识市场规律、更好发挥政府作用、按市场规则办事的新境界。马克思主义者的理论逻辑是让历史为理论服务，我们更需要以求真务实的态度，从 28 年中国资本市场发展、100 多年国际资本市场发展的历史真相中，去认识和把握资本市场的运行规律，熟悉按市场规则办事，更好地发挥政府作用。

三是尊重金融属性，坚守风险底线，特别关注金融内生的信用脆弱性、杠杆放大性、价格失真性和危机传染性风险。坚持宏观审慎与微观审慎并重的监管原则，强化行为监管，严密监测、防范、化解不可分散、不可消除的系统性风险，既要防范不可预测的"黑天鹅"，又要防范熟视无睹的"灰犀牛"，特别在市场繁荣时期警惕明斯基时刻。有效管控可分散、可消除的非系统风险，防止风险错配和流动性错配，注意保持市场流动性机制和分散决策机制的有效性。尤其在化解高达 64.5 万亿元游离于监管之外的影子银行风险和 126 万亿元交叉混业资管业务风险时，要更加注意"拆弹"的方法和技巧，应当特别关注时间维度和空间维度，防止预期的一致性造成买方的集体消失，重点应对内外风险因素共振带来的系统性风险。

四是尊重专业精神，按专业主义行事，增强市场公信力和稳定市场预期。建设富有国际竞争力的资本市场，首先要建设专业化的资本市场，专业化体现在平衡监管目标、稳定市场预期和保护投资人的技巧上，专业化是增强市场适应性、规则稳定性和制度先进性的基础。境内"独角兽"企业能够到境外上市，得益于美国通用会计准则（GAPP）专门创设的"VIE 会计准则"，即可变利益实体准则。"独角兽"在森林中生长，遵循优胜劣汰的森林法则，政府的作用只是在其走出森林时提供专业化通道的机制设计。当前中国资本市场推进发行上市制度战略性转型，支持新技术新产业新业态新模式利用多层次资本市场快速发展，是服务建设创新型国家、实施创新驱动发展战略的有力举措，在方法和路径上需要更加注重走专业化路子，坚持法规制度先行，坚持公开、公平、公正原则，了解国际金融监管制度最新变化，结合中国实际制定专业、精细、可预期的审慎监管政策，处理好防范风险和支持创新的关系。

（本文刊于《清华金融评论》2018年第5期，2018年6月21日人民日报海外版以"让金融更好服务高质量发展"为题转载。笔者时任中国证监会天津监管局党委书记、局长兼天津稽查局局长。）

加快完善资本市场基础制度

当前金融工作的主线是深化金融供给侧结构性改革,提高金融供给体系的质量和效率是主攻方向。资本市场在金融运行中具有牵一发而动全身的作用,在建设现代化经济体系中发挥着重要的枢纽功能。加快完善资本市场基础制度,是提高金融供给体系质量和效率的关键环节。

一、促进资本形成是资本市场制度创设的原生动力

中国资本市场是改革开放的重要成果,是中国特色社会主义市场经济的重要组成部分。资本市场在中国特色社会主义市场经济中的作用,在党的十四大以来的中央文件中,最初的表述和长期的定位是"提高直接融资比重",这是从完善现代金融体系的角度提出的。在经济实践中,20世纪80年代的国有企业改革是直接催生资本市场的原生动力。当时中国经济的微观主体在经历"拨改贷"制度改革后,形成负债率畸高不下、资本金增加机制缺失的困境,严重阻碍生产力的发展,经济体制中迫切需要建立新的资本金形成机制,资本市场就在这样的背景下应运而生、萌芽发展。1990年沪深证券交易所开业有其必然性,也有偶然性。时任上海市委书记朱镕基表示,上交所开业"标志着中国将坚定不移地继续奉行改革开放的政策"。这有打破当时西方封锁制裁、打开改革开放局面需要的偶然性。在党的十四大确立建设社会主义市场经济之前,创立之初的资本市场面临"经济实践有需要,生存发展有禁区"的困境,是踩着"姓资姓社"的红线踽踽独行。因此,第一代证券人把自己的使命定立为"开荒、修路、铺轨道"。直到十六届三中全会明确股份制是公有制的主要实现形式,资本市场促进资本形成的功能才有了明确的政治

定位。2007年完成的上市公司股权分置改革，促使"股份制改革真正完成""股票市场特征真正形成"，资本市场促进资本形成的功能，在经济实践中才得以充分有效发挥。

29年来中国资本市场走过千山万水，已是今非昔比，中国股票、债券和期货市场规模体量已位居世界前列。在提高直接融资比重方面有所改善，但成效并不显著。数据显示，全口径直接融资规模占社会融资总额的比重，在2007年股权分置改革完成后由2002年的4.95%上升到11.09%，最近十年基本保持在15%左右，而股权融资规模基本在5%左右徘徊。而在社会主义市场经济体系中，资本市场成为促进资本形成的最重要的制度机制。截至2018年年底，3458家企业通过资本市场IPO以及各种方式股权融资累计增加资本金约13.2万亿元。PE/VC基金机构（包括早期投资）本外币募资总额累计7.2万亿元，累计投资4.93万亿元，形成创新创业资本的源头活水。新三板6280家挂牌公司累计股权融资4800亿元，全国34家区域股权市场26846家企业股权和债券融资总额累计9826亿元，成为中小微企业补充资本金的重要渠道。

二、提高资源配置效率是资本市场制度创新的方向

党的十八大明确"发挥市场在资源配置中的决定性作用"。党的十九大确立中国发展的战略目标是建设现代化经济体系。建设现代化经济体系，必须坚持质量第一、效益优先，以供给侧结构性改革为主线，加快形成实体经济、科技创新、现代金融、人力资源协同发展的产业体系，着力构建市场机制有效、微观主体有活力、宏观调控有度的经济体制。其中最关键的环节有2个：一是构建与现代化经济体系相匹配的科技创新体系，不断增强中国经济创新力和竞争力，打造现代化经济体系的战略引擎。二是构建与高质量发展相适应的现代金融体系，推动经济发展质量变革、效率变革、动力变革，促进产业结构转型升级，形成高质量发展的重要支撑。这对提高金融供给体系的质

量和效率提出了更高的要求，以间接融资为主的金融体系结构，难以适应发展更多依靠创新、创造、创意的大趋势，深化金融供给侧结构性改革，需要更好地发挥资本市场的枢纽功能。

金融供给侧结构性改革的目标是，为实体经济发展提供更高质量、更有效率的金融服务。国际经验表明，在现代化经济体系中，资本市场是提高资源配置质量最有效率的途径。2015年全球知识产权（IP）市场份额，美国、欧洲各占40%，同期全球技术产品和高科技产品的销售市场份额，美国占50%，欧洲占10%。同样是40%的全球IP市场份额，美国与欧洲在高科技领域其产品市场份额形成的巨大差异，产生于美国与欧洲不同的金融体系，在促进科技产业化转换效率方面，美国发达的直接金融体系比欧洲成熟的间接金融体系具有明显的竞争优势。最近十多年，美国依托资本市场高能的资源配置效率，成功推动产业结构由制造业、金融业为主，向科技创新型产业的转变。美股市值排名前十的企业，已由十年前的金融、能源和制造业公司主导，转变为苹果、谷歌等互联网科技公司领衔。相应地，美国标准普尔500指数的所有成分股中，抗周期性较强的信息技术、消费服务、医疗健康等公司数量及市值，已分别占到50.30%和63.81%，使指数运行与经济走势更加吻合。相比之下，中国A股上市公司产业结构中，金融、房地产、机械制造等传统周期性行业公司接近2500家，合计流通市值占全部A股的70%以上，尚未全面反映中国产业结构转型升级的成效，影响了中国资本市场"晴雨表"功能的发挥。当前，中国资本市场深化改革和制度创新的方向，应以落实金融供给侧结构性改革为主线，围绕提高资源配置效率的核心使命，优化融资结构、机构结构、市场结构、产品结构，为现代化经济的产业体系、市场体系、区域发展体系、绿色发展体系等提供高质量的金融服务。

三、加快完善资本市场基础制度，促进提高金融供给体系的质量和效率

落实金融供给侧结构性改革，关键是发挥好资本市场提高资源配置效率

的枢纽功能，重点是围绕提高金融供给体系的质量和效率，加快完善资本市场基础制度。应着力从以下 4 个方面加强制度建设与创新，提高资源配置效率：

（一）提高市场效率

针对中国多层次资本市场发展不充分、不平衡问题，应当统筹平衡好 5 个方面的关系，即直接金融与间接金融的均衡发展关系、场内市场与场外市场的协同发展关系、投资功能与融资功能的协调发展关系、中介机构能力与责任的对等匹配关系、激励创新与防范风险的适度相容关系。着力解决交易所市场中长期资金不足、中小投资者股权意识淡薄、机构投资者投资行为短期化等结构性问题，在大力发展公众化、标准化交易所市场的同时，推动规范发展场外市场，补齐服务中小微先进制造、科技创新企业的短板，全面提升多层次资本市场服务实体经济的能力和效率。

（二）提高制度效率

金融制度是经济社会发展中重要的基础设施。资本市场的市场属性极强，规范要求极高，必须以规则为基础，减少行政干预、充分发挥市场在资源配置中的决定作用。提高资本市场制度效率，应当坚持四项原则：一是坚持公开、公平、公正原则，必须一以贯之，始终作为资本市场制度创设与创新的基石。二是坚持市场化原则，把分散决策理念作为制度机制设计的基本遵循，减少行政管制与干预。三是坚持一贯性原则，稳定市场预期，不能把应急措施制度化，如把减持新规写入《证券法》。四是坚持有效性原则，提高制度供给的有效性，增加 IPO 标准的包容性、交易机制的流动性、再融资制度的便利性、股权激励制度的适当性、并购重组制度的灵活性等，提高资本市场制度供给体系的质量和效率。

（三）提高创新效率

中国资本市场在不到 30 年时间就跻身世界前列，这一成就是靠创新取得的。在建立之初，中国资本市场采用电子撮合竞价、全面无纸化、全额保证金、直接持有账户、T+1交收清算等先进技术和制度安排，对中国资本市场的发展壮大起到了关键性支持作用。当前中国投资银行的创新能力不足，是形成直接融资短板的重要原因之一。有两组数据可以说明问题：一是在中国金融体系中，证券业总资产、净利润占比仅为2.04%和5.14%；净资产收益率仅为3.5%，远低于境内商业银行13%和同期美国投行11.7%的水平；杠杆倍数为3.3，与同期美国投行10倍、日本投行15倍存在显著差异。二是在上市公司结构中，98家金融业上市公司的市值、营业收入和净利润，分别占总数的27%、16.15%和51.14%，其中，银行业净利润占金融业上市公司净利润的86%。2018年，证券业协会向行业征集高质量发展建议，收集到70条意见，初步梳理发现，20%是有现行法律障碍，30%正在改善放宽限制，50%是法无禁止却缺乏创新环境。打造一个规范、透明、开放、有活力、有韧性的资本市场，需要坚持守正创新，适应发展更多依靠创新、创造、创意的大趋势，推动证券行业发展与科技运用深度融合，着力解决大市场小行业、大金融小证券、大场内小场外、大公募小私募、大管制小自律5个方面的结构性问题，进一步研究释放投资银行创新活力，激发市场主体活力。

（四）提高监管效率

资本市场是一个内涵丰富、机理复杂的生态系统。行政监管效能高是中国资本市场的体制优势，但是行政监管的"刚性"，在一定程度上影响市场活力和韧性的形成。从国际经验来看，监管部门要减少干预，做到管得少、管得好，关键是要形成有效的市场约束机制。美国证券交易委员会（SEC）通常是充当最后"裁判人"角色，而交易所、美国金融业监管局（FINRA）、美国公众公司会计监督委员会（PCAOB）等自律组织负责一线监管，保荐人、会计师、律师被赋予"看门人"职责负责专业、合规把关，加上司法诉讼机制的有力震慑，形成既能保持市场活力、又能保护市场韧性的良好生态，这是铸就美国资本市场全球竞争力的重要一环。因此，构建行政监管、自律规范、公司治理、中介监督、司法惩戒五位一体，各司其职、各负其责的综合监管体系，形成行政监管精准、自律管理到位、中介把关有效、司法惩戒有力、企业文化健康的系统合力，促进投资者合法权益得到有效保护。充分发挥市场主体自我约束、自律规范、声誉维护、治理制约的作用，形成建设规范、透明、开放、有活力、有韧性的资本市场的良好生态，促进提升金融供给体系的质量和效率。

（本文刊于《中国金融》2019年第14期。笔者时任中国证券业协会党委书记、执行副会长。）

上市公司质量与资本市场发展

当前中国经济由高速增长转向高质量发展,建立现代化经济体系是中国发展的战略目标,资本市场在现代化经济体系中发挥至关重要的枢纽作用。近期,中央经济工作会议明确指出,资本市场在金融运行中具有牵一发而动全身的作用,要通过深化改革,打造一个规范、透明、开放、有活力、有韧性的资本市场。中央政治局会议明确提出,要围绕资本市场改革,加强制度建设,激发市场活力,促进资本市场长期健康发展。国务院金融稳定发展委员会会议明确要求发挥好资本市场枢纽功能。贯彻落实党中央、国务院关于资本市场发展的目标和任务,提高上市公司质量是关键一招,推动上市公司高质量发展是根本。从促进资本市场长期健康发展来看,提高上市公司质量需要坚持高质量发展标准、强化创新驱动发展导向、坚定回归本源优化结构,着力理顺国家发展战略的市场传导机制、资本与产业的良性互动机制、服务实体经济的政策传导机制。

一、坚持高质量发展标准,理顺国家发展战略的市场传导机制

资本市场历来是国家发展战略的重要实施机制,特别是对大国崛起发挥着重要的战略支撑作用。纵观西方300多年历史,资本市场在荷兰、英国、美国的崛起过程中发挥了至关重要的作用。16世纪和17世纪荷兰能够成为当时世界强国,其银行、证券交易所构成的初具现代特征的金融体系扮演了不可替代的角色。18世纪中后期,英国率先进行工业革命,并成就"日不落帝国",资本市场是重要的"催化剂"。19世纪中叶,美国资本市场在支撑南北

战争巨额融资、推动美国重工业化的进程中发挥了重要作用。19世纪70年代到20世纪初，美国钢铁、化工、石油、通信、电气等产业依托在华尔街的融资和并购活动快速崛起，并成功超越欧洲列强。第二次世界大战后至20世纪90年代，美国硅谷和华尔街快速融合发展，使其在科技创新和国际资本市场的主导能力大幅增强。20世纪70年代布雷顿森林体系解体后，金融衍生品市场快速发展，进一步强化了美元的世界货币地位。2007年次贷危机肇始于美国，但其率先复苏，经济增速明显高于日本，目前失业率已恢复到危机前的水平，这与美国强大资本市场的韧性和弹性有着直接关系。

资本市场发展只有深度融入国家发展战略才能焕发活力和生机。截至2018年12月底，中国境内上市公司数量达到3548家，总股本5.76万亿股，总市值43.5万亿元。总股本、总市值以及募集资金数量一定程度上反映了资本市场对三大产业的支持程度：第一产业占比分别为0.68%、0.8%、0.76%，均未超过1%；第二产业占比分别为50.60%、56.34%、57.93%，其中制造业在第二产业的3项比重分别为67.61%、77.56%、77.39%，重工业化倾向明显；第三产业占比分别为48.72%、42.86%、41.31%，低于其在国民经济中所占比重，其中金融业和房地产业在第三产业中的三项比重分别达到70.58%、64.56%、51.54%，经济脱实向虚端倪显现，经济信息化程度偏低。产生上述现象的主要原因：一方面是传统工业经济在国民经济中的比重仍较大，产业结构偏重偏旧；另一方面是直接融资制度向重资产、大规模、国有企业倾斜使然。从中国上市公司产业分布来看，第二产业在总股本、总市值和募集资金数量方面高于第三产业，且有逐渐强化趋势，与第二产业对GDP贡献度减弱的发展趋势不相符，一定程度上反映出中国资本市场优化资源配置功能偏弱，国家发展战略在资本市场上传导机制不畅，上市公司质量未能全面反映中国产业结构转型升级的成效，未能充分体现国家发展战略实施的方向。

建设有活力、有韧性的资本市场，上市公司质量应当反映现代化经济体系的基本特征，成为创新引领、协同发展产业体系的先行者，促进实体经济、科技创新、现代金融、人力资源协同发展。成为引领发展先进制造业的排头兵，促进互联网、大数据、人工智能和实体经济深度融合，推动中国产业迈向全球产业链的高端，打造具有全球竞争优势的世界一流企业。中国直接融资制度的健全和完善，应当理顺国家发展战略在资本市场的传导机制，明确以支持上市公司高质量发展为改革方向，充分体现新的发展理念，使创新成为第一动力、协调成为内生特点、绿色成为普遍形态、开放成为必由之路、共享成为根本目的，促进资本市场焕发出新的生机和活力。

二、强化创新驱动发展导向，理顺资本与产业的良性互动机制

党的十九大明确提出要坚定实施创新驱动发展战略，做出了建设网络强国、数字中国、智慧社会等一系列战略部署。建设现代化经济体系是中国发展的战略目标，实施创新驱动发展是实现国家发展战略目标的必由之路。上市公司是现代化经济体系的微观基础，是实施创新驱动发展战略的重要主体。从历史经验来看，每一次工业革命都源于颠覆性的科技革新，改变生产方式，提高生产效率，改善生活质量；每一次工业革命都会形成产业新格局，开启全球产业链的重构与竞争；每一次工业革命形成的产业新格局都会有与之相契合的资本市场发挥战略支撑作用，上市公司成为产业新格局的引领者；每一次上市公司产业结构转型升级都成为激发资本市场生机和活力的重要源泉。

第一次工业革命（18世纪60年代至19世纪70年代），核心科技是蒸汽机，证券交易所在这一时期创立并为工业经济的规模化起步提供强大支持，上市公司主要分布在纺织、冶金、机械制造、交通运输等产业。第二次工业革命（19世纪70年代至20世纪40年代），核心科技是电力的发明和运用，在这一时期投资银行体系应运而生并积极发挥资本中介作用，直接融资成为工业经济规模化、集约化发展的重要融资渠道，上市公司主要分布在电力、通信、石油、化工、汽车等产业。第三次工业革命（20世纪40年代至21世

纪初），核心技术是原子能技术、计算机技术，在这一时期形成以风险投资、创业投资、产业投资、并购基金为代表的多层次资本市场体系，上市公司主要分布在电子信息、生物工程、航天航空、先进制造等产业。实践中，美国、日本高新技术与资本市场高度协同发展，美国 1971 年创立的 NASDAQ 市场，对推动高能耗资本密集型产业阶段转入低能耗技术密集型产业阶段发挥了重要支持作用；与此同时，日本 20 世纪 70 年代开始大力扶持直接融资市场，支持电子计算机等高科技产业快速发展，"技术创新＋资本市场"成为创新驱动发展的重要范式。第四次工业革命（21 世纪初至今），核心科技是人工智能、区块链、云计算、大数据，上市公司产业结构全方位向智能化、信息化、数据化转型升级，资本市场发挥对新经济的催生、孵化作用，新技术、新产业、新业态、新模式成为上市公司转变发展方式、优化经济结构、转换增长动能的强大动力。

新技术革命和资本市场协同发展的历程表明，资本与产业之间的互动和循环是以科技作为内核，产业围绕科技转，资本围绕科技转，技术革命催生与之相契合的资本市场，资本市场为追逐新产业实现的利润不断变革介入方式，使资本流入新兴产业实现价值升值，形成激发资本市场活力、增强资本市场韧性的重要源泉。

三、坚定回归本源优化结构，理顺服务实体经济的政策传导机制

上市公司质量是资本市场投资者价值投资的源泉，上市公司回归实体经济本源、优化资源配置和产业结构，构建服务实体经济的政策传导机制，是打造规范、透明、开放、有活力、有韧性的资本市场的重要途径。增强资本市场服务实体经济能力，关键是发挥市场在资源配置中的决定性作用，建立以科技创新为牵引、支持实体经济发展的政策传导机制，推动上市公司在发展上体现质量、效率、动力变革的成效，促进上市公司产业结构转型升级、

提质增效。按照市场化、法治化要求加强制度建设是提高上市公司质量、激发市场活力的有效途径。在首次公开发行上市制度、上市公司再融资以及并购重组制度的建设中，应当着力从以下4个方面理顺服务实体经济的政策传导机制：

一是增强对新技术、新产业、新业态、新模式的支持。新技术变革带来了全球产业链的重构、分解和融合，形成大、中、小企业融合发展的新格局。互联网、大数据、人工智能和实体经济深度融合，推动中国产业迈向全球产业链中高端，传统的商业模式、消费理念、制造模式、生产方式将发生颠覆性变化，形成以科技作为内核的资本与产业之间的新循环。现行中国上市公司质量标准主要依据以资产评估计价为基础的资产负债表，难以包容以高智力、轻资产、重资本为特征的新产业、新业态、新模式，使新技术创造的新价值、新动力、新动能，难以在资本市场形成良性互动循环。在上市公司质量的制度设计中应当增强包容性，注重激励产业结构的升级和科技附加值的提高。

二是促进形成实体经济、科技创新、现代金融、人力资源协同发展的产业体系。在经济发展的不同阶段，要素禀赋结构决定了最优产业结构，而最优产业结构则需要与相应阶段的产业特征和实体经济对金融服务的特定需求相匹配，从而实现金融的基础功能。现代化经济体系的重要特征之一，是形成实体经济、科技创新、现代金融、人力资源协同发展的产业体系。资本市场是现代金融的典型形态，资本市场激励创新和风险管理的流动性机制，对促进形成协同发展的产业体系提供了重要实施平台。实体经济是虚拟经济发展的基础，上市公司质量是资本市场发展的基础。在上市公司质量的制度设计中，上市公司应当成为体现协同发展产业体系的重要载体，为实体经济、科技创新、人力资源协同发展提供有力支撑，实现产业体系与现代金融高效匹配、实体经济与虚拟经济均衡发展。

三是把握好强化监管与市场导向的关系。历史经验和发展实践表明，市场在资源配置中起决定性作用，提高上市公司质量应当尊重市场规律，坚持市场导向，遵循发展逻辑，更好地发挥政府作用，防止把上市公司作为非经济目标的政策资源。政府在推动实体经济与科技创新协同发展、融合发展方面可以起到积极推动作用，通过政策引导市场预期，可以实现资源配置的效益最大化和效率最优化。要把握好市场与政府的关系，厘清市场与政府的作用边界，让市场机制的价格信号和政府宏观调控共同作用于要素禀赋结构和需求结构，相互配合推进上市公司产业结构迈向全球产业链中高端，打造具有全球竞争优势的世界一流企业。

四是防范化解科技创新在资本市场形成叠加共振风险。提高上市公司质量离不开科技创新带来的产业结构转型升级，科技创新展示了预期收益和创富机会，有利于激发资本市场活力，同时也容易造成资产"泡沫"和"虚假繁荣"。科技创新本身具有很大的不确定性，加上资本市场"高风险、高收益"的风险偏好，容易形成叠加共振风险。因此，在制度设计上要注意健全完善资本市场资源配置、资产定价、缓释风险的功能，切实防范化解科技创新在资本市场形成的叠加共振风险。

提高上市公司质量，应当坚持回归本源优化结构，理顺资本市场服务实体经济的政策传导机制，抓住优化经济结构、强化科技创新、深化改革开放、加快绿色发展和参与全球经济治理体系变革带来的新机遇，发挥好资本市场的枢纽功能，推动上市公司实现高质量发展，筑牢资本市场长期健康发展的基石。

（本文刊于《中国金融》2019年第3期，2019年中共中央党校学习时报网转载。笔者时任中国证券业协会党委书记、执行副会长）

提高上市公司发展质量，
促进完善现代化经济体系

党的十九大指出中国特色社会主义进入新时代，中国经济已由高速增长阶段转向高质量发展阶段，建设现代化经济体系是跨越关口的迫切需要和中国发展的战略目标。习近平总书记指出，国家强，经济体系必须强。只有形成现代化经济体系，才能更好顺应现代化发展潮流和赢得国际竞争主动，也才能为其他领域现代化提供有力支撑。

金融资源是国家核心战略资源，必须服务服从于国家发展的战略目标。资本市场是现代化经济体系的重要组成部分，上市公司是现代化经济体系的重要微观基础。新时代提高中国上市公司发展质量，必须在建设现代化经济体系这篇大文章、这个大格局中深入探讨，主动寻标对标建设现代化经济体系这一重大理论命题和实践课题。

一、以建设现代化经济体系为发展导向提高上市公司质量

提高上市公司质量是中国资本市场建设的核心使命。新时代上市公司发展质量首先应当具备适应现代化经济体系的特点。习近平总书记指出，现代化经济体系是"要建设创新引领、协同发展的产业体系，实现实体经济、科技创新、现代金融、人力资源协同发展，使科技创新在实体经济中发挥贡献的份额不断提高，现代金融服务实体经济的能力不断增强，人力资源支撑实体经济的能力不断优化"。上市公司具有直接融资、价格发现、公司治理、股

权激励等制度优势,是实现创新引领、协同发展的有效途径,也是促进互联网、大数据、人工智能和实体经济深度融合的重要平台。新时代提高上市公司质量,应当以促进创新引领、协同发展为发展导向,构筑现代化经济体系的重要微观基础,体现以下4个方面的特征:一是建设创新引领、协同发展产业体系的引导者,促进实体经济、科技创新、现代金融、人力资源协同发展。二是发展先进制造业的引领者,推动中国产业迈向全球产业链中高端。三是促进互联网、大数据、人工智能和实体经济深度融合的推动者,引领资源要素向实体经济聚集,培育新的增长点,形成新的动能。四是培育具有全球竞争优势的世界一流企业的先行者。

培育适应现代化经济体系特征的上市公司,需要建设富有国际竞争力的中国特色资本市场。中国资本市场参与国际竞争,先比的是制度上的竞争力优势,资本市场的国际竞争力体现在市场的包容性、规则的稳定性和制度的先进性上,制度的先进性是核心竞争力。比较2007年和2017年全球市值最大的前十位公司,2007年主要分布在能源、金融行业,中国入围的3家公司是工商银行、中石油、中移动。2017年全球市值最大的前十位基本被互联网公司占领,中国入围的2家公司阿里巴巴和腾讯,均在境外上市。

BATJ、TMD是互联网、大数据、人工智能和实体经济深度融合的代表,具有引领创新、协同发展的现代化经济特征。如果中国上市公司队伍中没有BATJ、TMD,是对中国资本市场国际竞争力的重大考验。美国著名创投研究机构CB Insights数据显示,中国独角兽企业数量于2015年超过欧洲,当前处于世界第二,仅次于美国。调研表明,中关村当前独角兽企业中仅1/3能启动境内上市。创新创业领军企业不能到境内上市主要不是因为市场容量不足,而是受市场的制度包容性和适应性限制。在中国经济体系中上市公司是"稀缺"资源,资本市场应当增强对创新引领型公司,甚至"颠覆性创新"型公司的包容性和适应性,形成以建设现代化经济体系为发展导向的上市公司质量标准。2017年境内市场IPO上市的419家公司中,80%是战略新兴产业,360实现了境内市场重组上市,反映了中国上市公司质量新的发展导向。顺应建设现代化经济体系的需要,推动中国资本市场发行上市制度全面转型,加大 IPO 制度、再融资制度、并购重组制度的改革力度,增加制度供给、增加制度的包容性和可适应性,加快完善支持科技创新的资本形成机制,促进上市公司实现质量变革、效率变革、动力变革,应当成为资本市场促进完善现代化经济体系的重要方位。

二、以高质量发展为价值导向提高上市公司质量

中央经济工作会议进一步明确中国经济由高速增长阶段转向高质量发展阶段的特点和内涵。高质量的发展就是从"有没有"转向"好不好"。中国资本市场经过 28 年的发展,上市公司总数接近 4000 家,覆盖了全部 18 个行业,但这仅仅代表中国经济在高速增长阶段解决"有没有"的问题。2017 年境内上市公司中的家数排名前三位的行业是机械制造、基础化工和生物医药。2016 年上市公司年报显示,71 家金融行业加 226 家地产建筑业上市公司实现的净利润,在上市公司净利润总额中的贡献率达 64%;而 2139 家制造业上市公司仅为金融地产业上市公司利润总额的 3 成左右。反观美国上市公司,金融地产业净利润仅占市场总额的 26.7%,而制造业、服务业企业贡献了 60% 以上的净利润。从中国上市公司行业分布来看,尚未形成引领创新、协同发展、推动融合的现代化经济体系特征。以高质量发展为价值导向提高上市公司质量,应当以新的发展理念为指引构建上市公司新的质量评价体系,充分体现创新成为第一动力、协调成为内生特点、绿色成为普遍形态、开放成为必由之路、共享成为根本目的的特点。

习近平总书记指出,要加快实施创新驱动发展战略,强化现代化经济体系的战略支撑。当今世界各国高度重视"颠覆性创新",有研究表明人工智能与脑科学结合、量子计算、合成生物、新能源、再生医疗等科研方向,正处在重大突破的"前夜",对一国的科技和经济竞争力至关重要,甚至产生颠覆性影响。不仅如此,有迹象表明下一波技术浪潮可能不再是一两项技术突破

来引领，而是由物联网、云计算、人工智能、大数据、基因工程、材料科学、VR/AR等技术集团所形成的合力，掀起更为庞大的代际更迭。近年来中国企业在创新驱动发展中取得进步，但与国际发达经济体相比尚有较大差距，中国企业的研发投入与美国企业相比还不是一个量级。未来几年能否在科技代际更迭或者"颠覆性创新"领域抢占一席之地、争夺主动权，将考量中国资本市场对高质量上市公司的孵化能力。上市公司是现代企业制度的最高形态，是混合所有制经济的最优形式，具有制度体制机制的发展优势，上市公司发展质量应当成为引领创新驱动发展，推动发展质量、效率、动力变革，引导转变发展方式、优化经济结构、转换增长动能的"晴雨表"，形成发展质量"好不好"的风向标。

三、以防控金融风险为问题导向提高上市公司质量

习近平总书记强调，要大力发展实体经济，筑牢现代化经济体系的坚实基础。上市公司是资本市场服务实体经济最直接的方式。截至2017年3季度，境内上市公司总计3399家，总资产为216.21万亿元，同比增长11.28%，净利润为2.77万亿元，同比增长19.72%。2017年上市公司现金分红9784亿元。其中，战略新兴行业的1125家公司，占总家数的33%，实现营业收入和净利润分别增长18%和29%，研发费用占营业收入的3.6%，高于全市场1.4%的平均水平。

首先，以防控金融风险为问题导向提高上市公司质量，需解决中国上市公司盈利构成失衡、虚实结构不调问题。2017年的半年度报告显示，25家银行业上市公司共计盈利7746亿元，占上市公司利润的46%。全部金融业上市公司共计盈利8927.26亿元，占上市公司利润总额的53.23%，金融业上市公司盈利水平占到所有上市公司的一半以上。有260家上市公司利息占比利润超过50%，539家上市公司利息占比利润超过30%。说明中国金融业高速增长推高了实体经济的发展成本。国家金融与发展实验室研究揭示，截至2016

年年底，实体部门债务余额（剔除地方融资平台重复计算部分）为168.8万亿元，一年利息支出为8.24万亿元，占GDP的比例为11.08%，超过GDP的增长速度。经济增速下滑，杠杆率上升，新增GDP与每年付出的利息之间缺口将增大。这表明中国经济发展"脱实向虚"特征明显，已形成重大风险隐患。中央经济工作会议明确提出，打好防范化解重大风险攻坚战，重点是防控金融风险，并把推动金融为实体经济服务作为防范金融风险的根本措施。上市公司是现代化经济体系的重要微观基础，上市公司发展必须坚持防控金融风险的问题导向，形成深化供给侧结构性改革，体现金融和实体经济、金融和房地产、金融体系内部的良性循环，推动资源要素向实体经济聚集的质量标准、政策导向和制度供给。

其次，充分发挥市场机制作用、更好发挥政府作用，形成上市公司健康发展的质量保障体系。上市公司公共信用是促进资本形成的关键要素。近代资本市场经过100多年的发展，形成公司治理结构、"看门人"机制和信息披露制度等市场化的上市公司质量保障机制，其作用是维护上市公司公共信用，防止弄虚作假形成泡沫经济。政府监管介入上市公司质量保障体系的作用，主要是督导市场化保障机制有效运行，在机制出现道德风险或逆向选择时，采取执法行动保护投资者的合法权益不受损害。无论是公司治理结构、"看门人"机制还是信息披露制度，中国资本市场都面临着市场主体不成熟、基础制度不完善、市场监管不适应的挑战。因此，中国上市公司的质量保障体系，不可能也没有条件照搬西方的模式。现阶段保障上市公司质量方面，更好发挥政府作用体现在以下4个方面：

一是坚持依法、全面、从严监管。加强监管的作用是"保健"和"治病"，即通过日常监管包括现场检查为上市公司"保健"，治未病防未然。通过全面监管督促中介机构归位尽责，建立信誉资本约束机制，督导"看门人"机制有效发挥作用。通过严格执法为市场主体"治病"，刮骨疗毒，维护公共信用。

二是大力提升监管智能化科技化水平。随着大数据、云计算、人工智能、区块链等现代信息技术与金融业深度融合，多层次资本市场的深入发展和金融科技的广泛运用，加强监管面临前所未有的新挑战，需要加快推进大数据、云计算、人工智能等手段监管运用，提升科技监管能力和水平，推动监管体系网络化信息化智能化建设。

三是坚持上市公司治理的国家属性。在实际运行中，加强政策导向和规则指向，引导上市公司处理好党组织和其他治理主体的关系，明确权责边界，做到无缝对接，形成各司其职、各负其责、协调运转、有效制衡的公司治理机制。保障上市公司坚持以人民为中心的发展思想，积极服务国家发展战略实施和现代化经济体系建设。

四是坚持上市公司发展实体经济的方向，防止股价异常波动。习近平总书记深刻指出："如果实体经济发展不好，上市公司质量不过关，股价严重背离真实价值，股市走向脱离经济的基本面，就会形成泡沫，而泡沫最终必然破灭。任何时候都不能忘记，必须把发展实体经济和培养有核心竞争力的优秀企业作为制定和实施经济政策的出发点，真正打牢中国社会主义市场经济的微观基础"。这一重要论断，为推动以防控金融风险为问题导向提高上市公司质量指明了正确方向，必须以此作为防控资本市场异常波动风险、促进提高上市公司质量的根本遵循。

（本文刊于《中国证券报》2018年2月7日理论版。笔者时任中国证监会天津监管局党委书记、局长，兼天津稽查局局长。）

健全上市公司质量保障体系

上市公司质量是资本市场的基石,资本市场有史以来的中外认知概莫能外。近代资本市场经过 100 多年的发展进步,形成了上市公司质量的三套保障机制,即公司治理、"看门人"机制和信息披露制度。一般认为,这三套机制保障的核心是上市公司的公共信用,而公共信用无疑是促进资本形成的关键要素。从资本追求利润的本质属性来看,这三套机制也是保障上市公司价值增长的基础。政府监管介入上市公司质量保障体系的作用,主要是督导这三套机制有效运行,在机制出现道德风险或逆向选择时,采取执法行动保护投资者的合法权益不受损害。

一、上市公司质量保障机制的形成和作用

17 世纪 60 年代,荷兰人以公共信用为纽带将银行、证券交易所以及股份有限公司有机结合,形成一个统一的、贯通的金融市场体系,成为现代金融制度的开创者。200 年后,亦即现代金融制度在经历了"郁金香事件""密西西比泡沫事件""南海泡沫事件"之后,19 世纪 60 年代马克思在《资本论》中深刻阐述了"公共信用成了资本的信条""虚拟资本是信用制度发展的产物"等重要论断。在现代资本市场上,上市公司质量最本质的特征就是上市公司的公共信用。如何保障上市公司公共信用?在经历了 1929 年全球性经济危机、1987 年全球性股灾、2001~2002 年美国公司爆出欺诈丑闻之后,强制信息披露制度、公司治理结构、"看门人"机制等上市公司质量保障机制设计应运而生。

强制信息披露制度最早源于 1844 年英国合股公司法(The Joint Stock

Companies Act 1844）确立的强制信息披露原则。1911 年美国堪萨斯州《蓝天法》（Blue Sky Law）引入强制信息披露的理念，而美国《1933 年证券法》（又称《证券真实法》，Truth in Securities Law），最终完整确立了证券市场强制信息披露制度，成为世界各国证券市场监管立法的典范，该法在附件中详细列举了发行人必须披露的具体内容。1993 年 4 月 22 日，中国国务院发布实施的《股票发行与交易监管暂行条例》是中国证券市场第一部引入强制信息披露制度的法规。1999 年 7 月 1 日正式实施的《证券法》，法定确立了中国证券市场的信息披露制度。中国上市公司信息披露制度大致遵循国际惯例，主要包括首次公开发行股份招股说明书制度和上市后持续信息披露制度。持续信息披露制度分为定期报告和临时报告两种形式，定期报告包括年度报告、半年度报告、季度报告；临时报告包括重大事件报告、权益变动报告、收购报告等。上市公司信息披露作为法定义务，要求公司董事会和全体董事保证披露内容不存在任何虚假记载、误导性陈述或者重大遗漏，并对其内容真实性、准确性和完整性承担个别及连带责任。上市公司质量是投资者投资价值的源泉，信息披露制度则是上市公司质量的信用基础，是上市公司质量的第一道保障机制。

公司治理（Corporate Governance，又译为法人治理结构）是现代企业制度中最重要的组织架构。狭义公司治理是指公司的股东、董事和经理层之间的关系；广义公司治理是指利益相关者之间的关系（包括员工、客户、供应商、债权人和社会公众等）及有关法律，法规和上市规则等。奥利弗·哈特（美）在《不完全合同、产权和企业理论》中认为："契约理论是通过在信息不对称的条件下，设计最优契约来减少道德风险、逆向选择和敲竹杠，提高社会总福利。公司治理机制本质上是在不完全契约环境下，事前制定的一种在未来面对不确定性事件时商讨和决策的机制。""公司治理存在的必然性：一是存在代理问题，即企业相关主体之间存在利益冲突。二是交易成本过大，使代理问题难以通过契约解决"。中国公司治理制度最早成文于 1992 年 5 月 15 日原国家体改委发布的《股份有限公司规范意见》，在 1993 年发布的《中华人民共和国公司法》中法定确立。1987年在全球性股灾中一系列公司丑闻的爆发，促使各国监管部门开始重视和审视公司治理的作用和改进，1992年英国推出了凯德伯瑞报告（Cadbury Report），提出公司治理应当关注公司内部财务控制和风险管理，确保董事会独立和建立一个非执行董事为主导的审计委员会等建议。1999年经济合作与发展组织（OECD）发布《公司治理原则》，2002年中国借鉴《OECD公司治理原则》制定发布了《上市公司治理准则》，形成中国上市公司治理的示范指引和操作指南。

2001~2002年美国安然（Enron）、世通（World Com）公司市场欺诈事件曝光，引起了资本市场的大震荡。美国哥伦比亚大学教授约翰·科菲结合安然事件等现实问题对"看门人"理论进行了全面系统的阐述，深刻揭示了"看门人"机制在保障上市公司质量方面的积极作用。科菲教授认为"看门人"是那些以自己职业声誉为担保向投资者保证发行人质量的各类市场中介组织，主要包括保荐机构、财务顾问、审计师、律师、证券分析师和信用评级机构等。"看门人"机制的核心功能是解决公司管理层与股东之间的信息不对称问题，并提升公司股价的准确度，为传统的公司治理机制提供一个良好的运行环境。安然事件是公司治理和"看门人"机制失灵的生动实践，随着安然公司的破产，世界五大会计师事务所之一安达信也随之陨落。实践表明，"看门人"机制是以"声誉资本"为保证向投资人提供专业的信息核实业务，与公司治理机制相互制衡，与信息披露制度相得益彰，共同构成上市公司质量的保障机制。

二、上市公司质量保障机制的中国特色

2003年，证监会提出上市公司监管的目标是"给投资者一个真实的上市公司"，这是符合资本市场属性和规律的监管定位。1993年，在新中国第一部《公司法》制定之初，如何保障上市公司质量就成为讨论的焦点，立法者最终确定把"连续3年盈利"作为IPO和上市的法定条件，把"连续3年亏损"

作为退市摘牌的法定条件。通过法律规定把经营盈亏作为上市公司质量保障的立法理念，在世界各国的公司法立法中较为少见。这是中国经济体制由计划经济向市场经济转轨过程中的现实反映，也是中国特色上市公司质量保障体系的重要方面之一。随着中国资本市场的不断发展进步，对资本市场金融属性的认识在不断加深。改变汽车生产模式的特斯拉（TESLA）公司，在连续6年亏损后，2010年6月在纳斯达克实现IPO上市，上市后又连续亏损7年，股价却从16美元元上涨至260美元，成为资本市场支持创新驱动发展的成功范例。实践证明，资本市场以公共信用为基础的风险管理功能，是支持创新创业最有效率的金融体系，同时为探索建设中国特色上市公司质量保障机制提供了新的维度。

建设中国特色上市公司质量保障机制，关键是找准符合资本市场属性和规律的监管定位。党的十八大报告提出："经济体制改革的核心问题是处理好政府和市场的关系，必须更加尊重市场规律，更好发挥政府作用"。中国现代企业制度的形成和发展路径，与西方市场经济国家截然不同，突出反映在政府与市场（企业）的关系上。以美国为例，在私有制经济背景下，美国政府是在经历了一次又一次经济危机之后，不断完善法律，增加政府干预，逐步走进"高度自治的公司"。而在以公有制为主体的经济体制中，中国企业由政府部门"附属物"逐渐走出政府，成为独立的法人实体和市场竞争主体。依据"路径依赖"理论，政府在中国上市公司质量保障体系中的作用更为重要。加之不同的文化传统和社会基础，也造就了不同的市场和企业文化。无论是公司治理、"看门人"机制还是信息披露制度，中国资本市场都面临市场主体不成熟、基础制度不完善、市场监管不适应的挑战。因此，中国上市公司质量保障体系，不可能也没有条件照搬西方模式。

党的十八届三中全会明确提出，推进国家治理体系和能力现代化的目标，上市公司质量保障体系是国家治理体系和能力现代化的微观体现。建设中国特色上市公司质量保障体系，应当结合中国资本市场的国家属性、政治属性、文化传统和社会基础，在遵循市场规律的基础上，更好发挥政府作用，减少行政性保障，完善市场基础制度，增强公司治理、信息披露和"看门人"机制的制度约束，促进实现3个有机统一：即遵守宪法规定与依据《公司法》健全公司治理内在逻辑的有机统一；党的领导、行政监管和公司自治协调运转的有机统一；中介保证、市场约束和社会监督归位尽责的有机统一，全方位多维度保障上市公司的公共信用。

三、中国特色上市公司质量保障体系中的政府作用

实现"给投资者一个真实的上市公司"的监管目标，需要更好发挥政府作用。截至目前中国沪深证券交易所投资者开户数高达3.8亿户，实际投资人1.2亿，其中，中小投资者8000万人，散户多是中国资本市场的基本特点。公司治理形似实不至，"看门人"机制没有信誉约束，信息披露没有诚信保证，基础制度不扎实是中国资本市场的基本特征。因此，现阶段提高上市公司质量，需要更好发挥政府作用，推动健全综合保障体系，主要体现在以下3个方面：

一是坚持依法、全面、从严监管。提高上市公司质量是系统性工程，需要标本兼治，综合治理，从治标（重典治乱）着手，为治本（完善基础制度）赢得时间。加强监管的作用是"保健"和"治病"，即通过日常监管包括现场检查为上市公司"保健"，治未病防未然。通过全面监管督促中介机构归位尽责，建立信誉资本约束机制，督导"看门人"机制有效发挥作用。通过严格执法为市场主体"治病"，刮骨疗毒，维护公共信用。

二是坚持上市公司治理的国家属性、政治属性。在实际运行中，加强政策导向和规则指向，引导上市公司处理好党组织和其他治理主体的关系，明确权责边界，做到无缝对接，形成各司其职、各负其责、协调运转、有效制衡的公司治理机制。保障上市公司坚持以人民为中心的发展思想，积极服务国家重大发展战略。

三是坚持上市公司发展实体经济的方向，防止脱实向虚。习近平总书记

深刻指出,"如果实体经济发展不好,上市公司质量不过关,股价严重背离真实价值,股市走向脱离经济的基本面,就会形成泡沫,而泡沫最终必然破灭。任何时候都不能忘记,必须把发展实体经济和培养有核心竞争力的优秀企业作为制定和实施经济政策的出发点,真正打牢中国社会主义市场经济的微观基础"。这切中肯綮地指明了保障上市公司质量的正确方向,必须以此作为我们推进完善上市公司质量保障体系的根本依据。

(本文刊于《中国金融》2017年第10期。笔者时任中国证监会天津监管局党委书记、局长,兼天津稽查局局长。)

资本市场制度建设的经验与启示

中国资本市场已有近30年的发展历程，三十而立是因为有了成长的经历和成长的故事。一部资本市场史，制度建设扮演了核心的角色。讲制度建设的"故事"：一是"鉴于往事有资于治道"。只有回看走过的路、比较别人的路、远眺前行的路，弄清楚我们从哪里来、往哪里去，很多问题才能看得深、把得准。二是了解真相，掌握规律。"一个没有掌握足够历史真相，没有足够历史感或者没有所谓历史经验的人，毫无可能理解任何时期（包括现今）的经济现象"（熊彼得）。中国古人说："纸上得来终觉浅，绝知此事要躬行"，西方哲人苏格拉底认为："你们看似阅读了不起的书，未必是世界的真相"。二者同样述说一个道理，就是实践出真知。易会满主席2019年上任之初提出四个敬畏（敬畏市场、敬畏法治、敬畏专业、敬畏风险），得到各方面的普遍认同，这也是反思资本市场30年发展经验与教训形成的共识。只有常怀敬畏之心，才会潜下心来俯察仰思，虚其心来向市场学习，才有可能真正搞懂市场、学会建设市场、管理市场。

结合在资本市场近30年的从业经历，主要从4个方面介绍中国资本市场制度建设的经验与启示：一是如何客观地认识中国资本市场的功能和作用。二是如何专业地认知中国资本市场的特征和性质。三是如何历史地看待中国资本市场建设的实践和经验。四是如何打造一个有活力、有韧性的资本市场。

一、如何客观地认识中国资本市场的功能和作用

以1990年深交所、上交所开业为标志，中国资本市场走过了30年峥嵘岁月，对于资本市场的功能和作用一直处于不断完善和再认识的过程中。党

的十八大以来，习近平总书记对资本市场改革发展做出了一系列重要指示批示，提出"发展资本市场是中国改革的方向"。在第5次全国金融工作会上明确"资本市场是中国金融体系的短板，直接影响去杠杆的进程"，要求"要把直接融资放在重要位置，形成融资功能完备、基础制度扎实、市场监管有效、投资者合法权益得到有效保护的多层次资本市场体系"。2018年在经历了中美贸易摩擦的碰撞之后，中央经济工作会议用了161字对资本市场发展的方向和目标、地位和作用进行了全面阐述：资本市场在金融运行中具有牵一发而动全身的作用，要通过深化改革，按照市场化法治化要求，打造一个规范、透明、开放、有活力、有韧性的资本市场，提高上市公司质量，完善上市公司退出机制，加快推进股票发行注册制改革，推动在上交所设立科创板并试点注册制尽快落地。要完善交易制度，优化交易监管。要引导更多中长期资金进入，发挥资本市场资源配置、资产定价、缓释风险的重要作用。资本市场在金融运行如何发挥"牵一发而动全身"的作用，国务院金融稳定发展委员会第8次会议做出了诠释：资本市场关联度高，对市场预期影响大，资本市场对稳经济、稳金融、稳预期发挥着关键作用。要坚持市场化取向，加快完善资本市场基本制度，发挥好资本市场枢纽功能。如何打造一个规范透明、开放、有活力、有韧性的资本市场，在2019年2月中央政治局集体学习时，习近平总书记指出：资本市场的市场属性极强，规范要求极高，必须以规则为基础，减少行政干预，充分发挥市场在资源配置中的决定性作用。习近平总书记的讲话首先强调了资本市场的市场属性，不同于商业银行等其他金融体系，要更加重视按照市场规律办事；其次，强调了资本市场的规则属性，在以分散决策为特征的资本市场，要更加重视规则的基础性、稳定性、可预期性。二者是打造有活力、有韧性市场的根本，这与以往习惯于以行政干预方式管理市场的方式大相径庭。

从国际国内资本市场发展的历程来看，其核心功能和作用主要体现在2个方面：一是促进资本形成是资本市场制度创设的原生动力。二是促进创新发展是资本市场建设的时代使命。

致知录：中国资本市场实践与思考

（一）促进资本形成是资本市场制度创设的原生动力

提高直接融资比重，一直是中国建立资本市场的政策目标。客观上建立资本市场的内因，更主要是源于实体经济的需要，即在中国经济转轨过程中，企业发展需要一个市场化的资本金增加机制。中国资本市场发源，最早是由于20世纪80年代国有企业危机和国有企业改革，直接催生了资本市场的萌芽和发展。当时中国经济的微观主体在经历"拨改贷"制度改革后，负债率畸高不下，在经济体制中缺乏市场化的资本金增加机制，严重阻碍了生产力的发展。在探索新的资本金形成机制过程中，资本市场应运而生，这是中国经济由计划经济体制向市场经济体制转轨历史进程中的必然选择。与此同时，在经历1998年风波之后，中国需要打开改革开放的局面，需要向全世界表明继续推进市场化改革的决心，开办证券交易所无疑是最有代表性的标志。1990年11月上海证券交易所正式开业时，时任上海市委书记朱镕基表示，开办证券交易所"标志着中国将坚定不移地继续奉行改革开放的政策"。因此，中国资本市场在20世纪90年代初建立也有一定的时间偶然性。

沪深证券交易所成立之后，在党的十四大确立建设社会主义市场经济之前，创立之初的资本市场面临"经济实践有需要，生存发展有禁区"的困境，是踩着"姓资姓社"的红线踽踽独行。直到十六届三中全会明确股份制是公有制的主要实现形式，资本市场促进资本形成的功能才有了明确的政治定位。2007年完成上市公司股权分置改革，使"股份制改革真正完成""股票市场特征真正形成"，资本市场促进资本形成的功能在经济实践中才得以充分有效发挥。近30年来，中国资本市场走过千山万水，已是今非昔比。中国股票市场和债权市场规模体量均位列世界第二位，期货市场已位列世界第一位。

在党的十四大以来的中央文件中，对于资本市场在中国特色社会主义市场经济中的作用，长期表述和定位是"提高直接融资比重"，但在实践中这方面的成效并不显著。数据显示，2007年股权分置改革完成后，全口径直接融资规模占社会融资总额的比重由2002年的4.95%上升到11.09%，最近10年基本保持在15%左右，股权融资规模基本在5%左右徘徊。与此同时，在建立市场化资本金增加机制和促进资本形成方面，却取得了显著成效。截至2018年年底，3458家企业通过资本市场IPO以及各种方式股权融资累计增加资本金13万亿元；PE/VC基金机构（包括早期投资）本外币募资总额累计7.2万亿元，累计投资总额4.9万亿元，形成创新创业资本；新三板6280家挂牌公司累计融资4800亿元；全国34家区域股权市场的26846家企业通过股权和债券融资总额累计9826亿元，成为中小微企业补充资本金的重要渠道。

负责美国资本市场监管的美国证券交易委员（SEC），在网站上明确其主要职责之一是促进资本形成。就中国资本市场制度建设的原生动力和发展方向而言，促进资本形成是实体经济发展之需，也必然是资本市场建设题中应有之义。

（二）促进创新发展是资本市场的时代使命

党的十八大明确"发挥市场在资源配置中的决定性作用"，党的十九大提出"建立现代化经济体系"的战略目标。建设现代化经济体系，最关键的环节有2个方面：一是构建与现代化经济体系相匹配的科技创新体系，不断增强中国经济创新力和竞争力，打造现代化经济体系的战略引擎。二是构建与高质量发展相适应的现代金融体系，推动经济发展质量变革、效率变革、动力变革，促进产业结构转型升级，形成高质量发展的重要支撑。

从历史经验来看，每一次工业革命都源于颠覆性的科技革新，改变生产方式，提高生产效率，改善生活质量；每一次工业革命都会形成产业新格局，开启全球产业链的重构与竞争；每一次工业革命形成的产业新格局都会有与之相契合的资本市场发挥战略支撑作用，上市公司成为产业新格局的引领者；而每一次上市公司产业结构转型升级都成为激发资本市场生机和活力的重要源泉。

美国资本市场是当今世界规模最大、效率最高的市场，华尔街是短短的一条街，却是一个令全球仰望的庞大金融帝国。最近10多年，美国依托资本市场高能的资源配置效率，成功推动产业结构由以制造业、金融业为主向科技创新型产业为主转变。美股市值排名前十的企业已由10年前的金融、能源和制造业公司主导，转变为苹果、谷歌等互联网科技公司领衔。相应地，美国标准普尔500指数的所有成分股中，抗周期性较强的信息技术、消费服务、医疗健康等公司数量及市值已分别占到50.30%和63.81%，使指数运行与经济走势更加吻合。上市公司良好的业绩增长和价值创造，是美国股市最近10年持续增长的重要原因。2018年度，全球净利润的40%由美国企业创造。全球企业的销售额为35万亿美元，较10年前增长19%；净利润达到2.8万亿美元，较10年前增长2.5倍。其中，美国企业净利润10年间增长3.8倍，起到了重要推动作用。美国企业净利润10年前在"全球份额"中占25%，如今已提高到了40%。2017年以来，支撑美国增长的产业已从制造业和零售业等实体产业转换成知识密集型产业，通过美国企业的资产构成可以看出，代表技术实力的专利及代表品牌影响力的商标权等无形资产达到4.4万亿美元，占总资产的26%，达到10年前的两倍以上，超过了工厂及店铺等有形资产。通过对数字化产业的集中投资，美国已经形成了由知识产权等"无形资产"创造利润的产业结构。全球企业整体净资产收益率为13%，美国为18%，欧洲为13%，中国上市公司则在10%左右。

在现代化经济体系中，资本市场是推动实体经济、技术创新、现代金融、人力资源协同发展最有效率的途径。2015年，全球知识产权（IP）市场份额美国和欧洲各占40%，但是同期全球技术产品和高科技的销售市场份额美国占比50%，欧洲只占10%。美国与欧洲高科技领域产品市场份额的巨大差异归因于两者不同的金融体系，在促进科技产业化转化效率方面，美国发达的直接金融体系比欧洲成熟的间接金融体系具有更加明显的竞争优势。在现代化经济体系中，资本市场是促进创新资本形成的重要引擎。

二、如何专业地认知中国资本市场的发展特征和性质

总体来看，中国资本市场有2个显著特征：一是中国资本市场经济晴雨

表功能尚未有效发挥。二是中国资本市场发展尚处于初级阶段。

（一）资本市场经济"晴雨表"的功能尚未有效发挥

资本市场是现代金融体系的基础，是实体经济的"晴雨表"。资本市场既是一个融资市场又是一个投资市场，要通过上市公司来体现"晴雨表"功能，因此，提高上市公司质量是重中之重。要充分发挥市场价值发现功能，才能够吸引各类投资主体平等参与其中。习近平总书记说，如果实体经济发展不好，上市公司质量不过关，股价严重背离真实价值，股市走向脱离经济的基本面，就会形成泡沫，而泡沫最终必然破灭。任何时候都不能忘记，必须把发展实体经济和培养有核心竞争力的优秀企业作为制定和实施经济政策的出发点，真正打牢中国社会主义市场经济的微观基础。

过去29年股票市场走势呈现牛短熊长的特征。1990年以来，上证综指持续下跌超过一年的有8次，下行时间累计约16年，上行时间累计约12年，熊市周期时长占比58%；1994年至今25年间上证综指年均涨幅8.5%；2005年至今14年间上证综指年均涨幅7%。近30年间与国民经济增长态势的契合度不到30%，没有体现"晴雨表"的功能。A股总市值占GDP的比重虽然由2008年的38%上升至2018年的48%，但相比同期美国的比重187%仍有较大差距。

表1　　　　　　　　　　各国主要指数

各国主要指数	统计周期	牛市周期占比	熊市周期占比
上证综指	1990~2018年	42%	58%
美国道琼斯工业指数	1945~2018年	64%	36%
日经225指数	1970~2018年	65%	35%
德国DAX指数	1959~2018年	68%	32%
巴西IBOVESPA指数	1959~2018年	64%	36%
英国富时100指数	1984~2018年	71%	29%

研究表明，股指走势既有反映上市公司质量的内部性因素，又受到诸多外部性因素影响，而前者是长期性、决定性因素。

致知录：中国资本市场实践与思考

1. 上市公司质量影响资本市场"晴雨表"功能发挥

首先，上市公司价值创造能力将反映在资本市场长期走势中。上市公司个股估值是指数估值的基础，影响个股基本面的因素同样对指数产生影响。长期来看，上市公司是否具备高质量的持续盈利能力和价值创造能力对股指走势具有决定性影响。

以美国为例，其5200多家上市公司2018年度合计实现净利润接近1.1万亿美元，是10年前的3.8倍，在全球各市场1.8万家上市公司中占比39%，比10年前提升了14个百分点。上市公司的持续盈利能力和价值创造能力有力地支撑了美国股市最近一轮超过10年的牛市行情。

其次，上市公司在国民经济中的代表性对股指走势与经济增长趋势的关联度有重要影响。近十多年，美国产业结构完成了由制造业和零售等实体产业向科技集约型产业的转变。美股市值排名前十的企业，已由10年前的金融、能源和制造业公司主导，转变为苹果、谷歌等互联网科技公司领衔。相应地，美国标准普尔500指数的所有成分股中，抗周期性较强的信息技术、消费服务、医疗健康等公司数量及市值，已分别占到50.30%和63.81%，使指数运行与经济走势更加吻合。相比之下，截至2018年12月底，中国境内上市公司家数达到3548家，总股本5.76万亿股，总市值43.5万亿元，其中，制造业家数占比63.06%，信息传输、软件和信息技术服务、科学研究和技术服务合计家数占比仅8.69%。创业板750家上市公司中，制造业家数占比69.6%，信息传输、软件和信息技术服务、科学研究和技术服务合计家数占比仅20.67%。而98家金融业上市公司的市值、营业收入和净利润，分别占到了总数的27%、16.15%、51.14%，其中，银行业又占金融业上市公司净利润的86%。中国上市公司产业结构中，周期性行业的股票仍占主要地位，金融、房地产、机械制造等传统周期性行业A股公司接近2500家，合计流通市值占全部A股的70%以上，导致指数波动较大，容易偏离实体经济总体走势。

从上市公司产业结构来看，截至2017年年底，上市公司总股本、总市值及募集资金数量,第一产业占比分别为0.68%、0.8%、0.76%,均未超过1%;第二产业占比分别为50.60%、56.34%、57.93%,其中,制造业在第二产业的3项比重分别为67.61%、77.56%、77.39%,重工业化倾向明显;第三产业占比分别为48.72%、42.86%和41.31%,低于其在国民经济中所占比重,其中,金融和房地产业在第三产业中的3项比重分别达到70.58%、64.56%、51.54%,经济脱实向虚端倪显现,知识型、数字化产业程度偏低。产生上述现象的主要原因:一方面是传统工业经济在国民经济中的比重仍较大,产业结构偏重偏旧;另一方面是直接融资制度向重资产、大规模、国有企业倾斜使然。从中国上市公司产业分布来看,第二产业在总股本、总市值和募集资金数量方面高于第三产业,且有逐渐强化趋势,与第二产业对GDP贡献度减弱的发展趋势不相符,在一定程度上反映出中国资本市场优化资源配置功能偏弱,国家发展战略在资本市场上传导机制不畅,上市公司质量未能全面反映中国产业结构转型升级的成效,未能充分体现国家发展战略实施的方向。

2. 资本市场的"晴雨表"功能受外部性影响

上市公司基本面以外的因素也在影响股指走势:一方面是本国经济金融运行的背景因素,包括货币政策调整、债务规模变化带来的流动性影响;另一方面是境外的输入性影响。近年来在全球经济不确定性增大的背景下,A股市场与境外主要股市风险联动的共振现象越发明显,全球贸易摩擦、美国货币政策从宽松回归正常化等已成为输入性风险的重要来源。当前影响中国资本市场"晴雨表"功能发挥的外部性主要有2个方面:

首先是货币问题。改革开放40多年,中国金融业总量上取得长足进步,总资产达到300万亿元,其中,银行业总资产268万亿元,规模居全球第一。金融增加值从1978年的76.5亿元增至6.91万亿元,占GDP的比重从2.1%增至7.7%。中国的M2从2007年到2017年增加了15.3%,M2与GDP的比重在2016年达到峰值的2.08倍。在世界五大经济体中,中国的货币供应量占GDP的比重也高于其他国家。金融规模的高速增长同时也带来了金融风险,特别是货币供给过量,在一定程度推高了资产价格,导致市场结构失衡,削弱了市场配置资源的效率，扭曲资本市场"晴雨表"功能。从购买力来讲，若以1998年100元为基准，则2019年年底100元的购买力只相当于1998年的24.4元的购买力。

其次是债务问题。近20年来中国实体经济杠杆率快速上升，从1995年至2017年，中国实体经济总杠杆率（债务与GDP之比）由108.5%上升到256.8%，提高了148.3个百分点，高于其他金砖国家（巴西144.5%、俄罗斯82.1、印度124.8%、南非127.7%），与美国的250.9%和欧元区的260%接近。作为新兴市场国家，中国杠杆率高于新兴市场（191.9%），基本达到发达国家的水平（277.1%）。从结构上来看，中国政府、非金融企业、居民部门债务占实体经济总债务的比例分别为18%、63.3%、18.7%。从全球来看，三者占比分别为35.2%、39.4%、25.3%；而发达国家相应占比分别为39.4%、33.1%、27.5%，新兴市场相应占比分别为25.4%、54.4%、20.3%。与发达国家和新兴市场相比，中国非金融企业部门债务较高，政府和居民部门相对较低。实体经济部门杠杆率的快速提升，说明社会融资规模过度依赖间接融资，同时也制约了直接融资的发展。资本市场成为中国金融体系的"短板"，直接影响去杠杆的进程和落实金融供给侧结构性改革。

总体来看，制度成熟的资本市场能够相对较好地发挥经济"晴雨表"的功能。以美国为例，过去50年，标准普尔500指数走势与美国GDP增长趋势保持一致的时间区间占比接近70%。相比之下，最近十多年A股上证综指涨幅与GDP持续增长态势契合度不到30%，资本市场的"经济晴雨表"功能发挥不如人意。

（二）中国资本市场尚处于初级发展阶段

虽然中国股票市场和债权市场规模居全球第二，期货市场规模居全球第一，但是综合种种因素来看，中国资本市场仍然处于初级发展阶段。主要体现在不成熟的投资者、不完备的基础制度、不完善的市场体系、不适应的监管制度仍然存在，良性发展的市场生态尚未形成，无论是市场效率、功能和内在稳定性,还是产品体系、机构质量和监管能力,都与成熟市场存在较大差距。散户多是中国股市的基本特点,炒作心理强是大户的重要特征,制度不完善是我们的现实情况,改变这种现象需要一个过程。在这个背景下,中国股市发展不可能也没有条件照搬西方模式。具体表现在以下几个方面:

一是资本市场投资功能不健全。截至2018年年末,居民部门金融资产144.53万亿元,比2008年年末增加110万亿元,年均增长15.22%。然而,证券类资产占比较低,仅为13.06%,远低于美国、日本等成熟市场。

二是资本市场资金缺乏专业性、稳定性。在总市值中个人投资者持股比例从2014年的28%下降到2018年的21%,在"自由流通值"中个人投资者持股比例从2014年的72%下降到2018年的53%,而个人投资者却占日均交易量的80%以上。2019年6月末个人投资者数量占比99%,上半年成交金额占80%。截至2018年,各类专业机构投资者中长期资金持股规模约6.5万亿元,占A股市值的15%,平均持股时长3.5个月,年换手率330%。而美国各类专业机构投资者中长期资金持股规模达21万亿美元,占美股市值44%,平均持股时长15个月,年换手率80%。

三是证券行业处于低水平发展阶段。主要体现在行业规模占比低,总资产、净利润在金融体系中占比分别为2.02%、5.1%,低于银行、保险、信托。与同期美国投行的58.48万亿元总资产、6万亿元净资产、6594亿元净利润存在显著差距。对比国际成熟市场,中国证券行业杠杆率平均为3.4,低于美国的9.7、欧洲的18.3。行业净资产收益率整体偏低,2018年仅为3.5%,远低于境内商业银行13%和同期美国投行11.7%的水平。头牌券商中信证券与高盛、野村等国际一流投行的各项指标相比差距近20年。国际金融稳定委员会(FCB)发布的全球系统重要性金融机构的名单中未曾出现中资证券公司。整体业绩连续3年下滑,2018年实现净利润较上年同期比下降41%,已有两成公司出现亏损。行业分化加剧,前十大公司实现利润的行业占比超七成。传统业务特别是通道业务收入持续下滑,同质化竞争难以为继,防范化解股票质押风险和债券兑付风险处于攻关期。

三、如何历史地看待中国资本市场制度建设的实践与经验

中国资本市场发展离不开"国情"的土壤和中国的"实际"。例如,作为全球共同的话题的公司治理,在中国的实践中需要把党的领导、《公司法》的要求、传统文化的影响和国际最佳实践有机融合。国际上通行的退市制度,在中国的实践需要在维护社会稳定、保护中小投资者利益和不成熟的投资文化之间找到平衡点。中国资本市场并购重组主渠道作用,是经历了股权分置格局下、股权分置改革推进中和完善市场化制度安排3个重要发展阶段,不同发展阶段客观反映当时经济实践的不同发展需要。

(一)上市公司治理的中国化实践

经济合作与发展组织认为,好的或者有效的公司治理制度是具有国家特性的,它必须与本国的市场特征、制度环境以及社会传统相协调。在实践中,企业家对法人治理结构"敬而远之",上市公司治理"形似神不至",根源于3个方面:一是公司治理机制与国家治理体系不完全相容。二是公司治理文化与传统商业文化不完全相容。三是公司治理方式与创业期发展方式不完全相容。

中国上市公司治理经过29年的实践,逐步形成"12345"的中国化特征:一是形成资本市场重要的信用支柱之一。二是成为现代企业制度、混合所有制经济两大示范实践成果。三是通过规范建章立制、股权分置改革、机构投资者参与3个典型事件,推动提高上市公司质量质量。四是形成《公司法》、党的领导、国际惯例、传统文化四位一体、有机融合的上市公司治理中国特色。五是信息公开、外部审计、市场约束、社会监督、行政监管5套保障机制,促进提升上市公司治理规范化运作水平。

（二）股权分置改革的市场化经验

在中国资本市场 29 年的发展实践中，股权分置改革是最为体现金融属性的成功实践。从 1999 年问题的提出，到 2001 年证监会向全社会征集改革方案，大家都在聚焦讨论"基于取得成本差异，非流通股股东如何补偿流动股股东"，其实这是一个非常不专业的"伪命题"，但是又是一个相对普及的"非金融属性"认知。最后问题的解决还是要回归金融本质，通过分散决策让"两类股东协商对价平衡预期收益"的方式，达成帕累托改进的宏观政策目标，使资本市场基础制度得以确立。

在中国股票市场建立之初，涉及国有企业改制上市时，为照顾对传统公有制概念的"路径依赖"，采取了"存量不动，增量上市"的方法，使股票市场在创立之初避免了姓"资"姓"社"的争议。但是随着股票市场的发展，又形成"公开发行前股份暂不上市流通"的新的"路径依赖"。这种状况被称为"股权分置"，一直持续到 2005 年股权分置改革前。当时的 A 股市场上，上市公司非流通股达 4462.59 亿股，流通股为 2516.85 亿股，分别占总股本的 64% 和 36%。2005 年 4 月启动的股权分置改革，采取增量改革的思路，以帕累托改进为目标，形成非流通股股东与流通股股东通过协商对价平衡预期收益的改革方案，最终仅用两年时间就顺利解决 1333 家上市公司股权分置问题。

股权分置改革的市场化特征体现在以下 4 个方面：一是以机制设计激励形成合作博弈。按照莱昂尼德·赫维奇等提出的机制设计理论，在自由选择、自愿交换的分散化决策条件下，可以设计出一种经济机制解决信息成本和激励相容问题，使得经济活动参与者的个人利益与既定的社会或经济目标相一致。参考机制设计理论原理，股权分置改革构建的"统一组织，分散决策"机制，将政府主导的减持国有股实践中，两类股东形成的非合作博弈，转变为市场主导的两类股东协商平衡预期收益的合作博弈。二是以分散决策构建共同利益基础。为解决分散决策的有效性，在非流通股股东的提案机制与流通股股东的票决机制之间形成分权和制衡，即非流通股股东提出平衡预期收益的改革动议，与流通股股东协商协商形成共同利益方案，由参加相关股东会议流通股股东所持表决权的 2/3 以上通过，形成提案权、协商权和表决权之间的相互制衡，保障改革方案具有的股东共同利益基础。三是以股东自治包容市场多样性。在规则既定的条件下，尊重股东通过协商形成的自由选择、自愿交换的利益平衡安排，1000 多家上市公司形成 1000 多个改革方案，有条不紊地顺利实施。在改革中 134 家上市公司存在的 127 亿募集法人股问题、270 家上市公司存在的股东登记名不符实、法人股个人化问题、138 家上市公司存在的股东占用资金问题等疑难杂症得到妥善化解。四是以流动性管理稳定市场预期。为防止改革完成后形成流动性冲击，在改革规则中预设"锁一爬二"的限售安排稳定市场预期，即改革后公司原非流通股股股份，自方案实施之日起，在 12 个月内锁定不得上市交易或者转让。持有上市公司股份总数 5% 以上的原非流通股股东，在锁定期满后，通过交易所集中竞价系出售股份 12 月内不得超过 5%，24 个月内不得超过 10%。由于主动加强流动性管理，有效稳定市场预期，在改革完成后市场稳定上涨，两类股东持股市值分别增长 3~5 倍。

（三）退市制度的中国特色

退市制度是资本市场健康发展的重要机制，是资本市场健康发展的基础性制度之一，可以有效促进资本市场充分发挥优化资源配置的作用。世界上的主要资本市场退市数量通常多于 IPO 数量。在成熟资本市场，上市公司退市是常态化现象。主要资本市场退市数量多于 IPO 数量。2007 年至 2018 年 10 月，全球退市公司数量累计达到 21280 家，全球 IPO 数量累计达到 16299 家。WRDS 数据显示，1980~2017 年，美股上市公司数量累计达到 26505 家，退市公司达到 14183 家，退市公司数量占到全部上市公司的 54%。其中，纽交所退市 3752 家，纳斯达克退市 10431 家，剔除 6898 家存续状态不明的公司后，退市公司数量占到剩余 19607 家上市公司的 72%。

中国的《公司法》从 1994 年开始实施,《公司法》规定连续 3 年亏损的上市公司要退市,1999 年出现年第一家因连续 4 年亏损暂停上市公司(苏三山),2001 年出现连续 4 年亏损终止上市公司(上海水仙)。近 20 年来累计退市仅有 108 多家,其中,53 家是因为并购而退市的。中国资本市场退市机制不顺畅,主要有以下几个原因:一是根据法律规定退市决定由政府部门作出,政府部门维稳压力大。在国际资本市场上企业上市或者退市,是市场选择的结果。二是退市标准比较单一,由于市场机制不健全,退市制度基本上只执行 3 年亏损一条。以盈利情况作为判断上市公司质量的标准,是体现《公司法》立法意图,同时也明确由政府部门依据盈亏标准来选择企业上市或者退市。这一立法理念与市场决定资源配置的原则相去甚远。

为照顾特殊的"国情",针对不成熟的投资者和市场机制,在实施退市机制前,监管部门推出具有中国特色警示退市风险制度:ST、*ST、PT 制度。1998 年为执行公司法有关退市规定,向投资者警示退市风险设立 ST、*ST 制度。ST 是 Special Treatment(译为特别处理)的缩写,是指对出现异常财务状况和其他异常状况,导致投资者难以判断公司前景,权益可能受到损害的上市公司股票实行"特别处理"。要点:(1)对上市公司在交易所挂牌上市公司的股票以及衍生品种的交易行情另行公布;(2)该股票的报价日涨跌幅限制为 5% 等。1998 年 4 月 28 日,深交所上市公司辽物资(000511)因 1996 年每股收益为 -0.23 元,1997 年每股收益为 -1.16 元而连续两年亏损,成为深沪两市第一家被"特别处理"的上市公司。2001 年为配合证监会实施《亏损上市公司暂停上市和终止上市实施办法》,沪深证券交易所推出 *ST 制度(退市风险警示制度),把特别处理分为警示存在终止上市风险的特别处理(以下简称"退市风险警示",即 *ST)和其他特别处理(还延用 ST 标志),向投资者突出揭示退市风险。ST、*ST 沿用至今。

1999 年推出的 PT 制度是为缓解维稳压力针对暂停上市公司实施的特殊制度安排。PT(Particular Transfer)即特别转让,是指连续 3 年亏损的上市公司被暂停上市之后,证券交易所和相关会员公司在每周星期五为投资者提供的一种交易服务。依据《上市公司股票暂停上市的处理规则》，特别转让服务具体指：（1）在公司股票前加上"PT"；（2）特别转让仅限于每周五的开市时间内进行，投资者可以在每周星期五开市时间内进行转让委托申报；（3）特别转让的申报委托按不超过上一次转让价格上下5%的幅度进行，证券交易所将于收市后按照集合竞价方式对有交申报进行撮合，当天所有的有效申报都将以集合竞价产生的唯一价格成交；（4）成交当日向交易所会员发出成交回报；（5）转让信息由指定报刊专门栏目在次日公告，不在交易行情中显示，股票不计入指数计算，成交数据也不计入市场统计。1999年7月9日，PT双鹿（600633）、PT农商社（600837）、PT渝钛白（000515）、PT苏三山（000518）4只冠以"PT"字样的股票首次进行特别转让，成为首批实行特别转让的股票。2001年上海水仙终止上市，PT制度废止。2019年12月《证券法》修订，暂停上市制度废止。

（四）并购重组制度建设的实践经验

并购重组是资本市场的关键制度，是市场化配置资源的重要方式。并购重组包括上市公司收购和上市公司资产重组活动。29年来，中国资本市场并购重组经历了股权分置格局下、股权分置改革推进中和完善市场化制度安排3个重要阶段，伴随着中国资本市场基础制度的不断完善，资本市场并购重组主渠道功能不断增强，上市公司并购重组交易规模由1995年的1.6亿美元，增长至2018年的3000多亿美元，在促进经济结构调整和发展方式转变方面发挥了积极作用。

（1）在股权分置格局下的并购重组。上市公司收购主要依据1993年国务院颁布的《股票发行与交易管理暂行条例》，核心制度是收购人强制全面要约收购义务和持股权益变动强制信息披露义务（以下简称"两强义务"）。在股权分置格局下，上市公司相同的普通股划分为流通股和非流通股，造成同为普通股股东持有的股份"同股不同权，同股不同价"。由于权益不平等形成的两类股东，在上市公司并购重组活动中更容易产生负面激励和逆向选择。在

"活股生活股，死股生死股"的监管政策导向下，控制权市场的形成和并购重组活动的动机受到制度制约。上市公司资产重组在1998年以前主要是作为一类重大事件进行临时报告和公告。1998年为缓解执行退市规定形成的维护社会稳定压力，监管部门发布26号文《关于上市公司置换资产、变更主营若干问题的通知》，对高风险上市公司通过重大资产重组改变主营业务行为进行规范。2000年监管部门发布75号文《关于规范上市公司重大购买或出售资产行为的通知》，将重大资产重组的监管，由事前审批改为事后备案，进一步鼓励面临退市风险的公司通过重组化解危机。2001年为遏制虚假重组、推动实质性重组，监管部门发布105号文（《关于上市公司重大购买、出售、置换资产若干问题的通知》，以下简称"105号文"），将事后审批改为事中审批，并对重组的条件、信息披露、决策和申报程序等做出具体规定。这一阶段是资本市场并购重组制度的萌芽时期，制度引进与市场实践存在差异。由于股权分置产生的股份权益不平等，制约了控制权市场的形成。上市公司重组制度的政策目标主要是挽救危机公司、缓解退市压力。

（2）在股权分置改革推进中的并购重组。为适应股权分置改革形成的"同股同权，同股同价"的全流通市场格局及股份作为并购重组支付工具的出现，监管部门同步完善相关并购重组法规体系。2006年修订发布《上市公司收购管理办法》，将强制全面要约收购制度调整为强制要约收购制度，允许部分要约和比例要约，将原有《上市公司股东持股变动信息披露管理办法》相关内容并入其中，并进一步规范一致行动人行为。2008年监管部门制定发布《上市公司重大资产重组管理办法》《上市公司并购重组财务顾问业务管理办法》，全方位构建规范上市公司重大资产重组活动的制度安排，首次从规则层面确立上市公司发行股份购买资产交易方式，为并购重组交易的市场化、标准化、大型化奠定制度基础。这一阶段是中国资本市场并购重组制度系统性、体系化建设的重要时期，这些制度建设成果既体现股权分置改革的总体设计，又反映全流通市场发展的基本逻辑，初步形成市场化并购重组的整体制度框架。在股权分置改革方案设计中，曾提出建立存量股份转售制度，但是由于中国股票市场发行制度是基于增量发行而构建，存量发售制度一直未形成，为后来市场出现存量股份"清仓式减持""恶意减持"问题留下制度漏洞。

（3）随着股权分置改革的完成和资本市场基础制度的完善，并购重组成为资本市场配置资源的重要方式，但是由于市场化制度供给不足，在市场发展实践、制度建设和机制运行方面产生诸多问题和挑战。在市场发展实践方面，借壳上市案例频繁发生，但是缺乏具体的制度规范，在既无明确概念定义又无清晰标准界定的情况下，导致严重的监管套利。并购重组中时常伴生内幕交易，但是举证难、认定难、惩戒不足，形成严峻的监管挑战。上市公司同业竞争、关联交易问题普遍存在、亟待解决，影响提高上市公司质量；在制度建设方面，资产、现金对价不能同步操作，并购融资受限；以股份对价并购重组制度尚不完备。上市公司收购制度、重组制度的适应性、适当性和有效性亟须进一步增强。上市公司合并、回购、分立、分拆制度不健全问题；在机制运行方面，尚未形成中介机构执业激励和约束机制，中介机构事责不对等、问责不到位、创新无动力。并购重组审核和停复牌工作标准化、公开化、流程化亟待完善。2010年10月，为贯彻落实《国务院关于促进企业兼并重组的意见》（国发〔2010〕27号），监管部门形成推进完善资本市场并购重组的十项工作安排（以下简称"十项工作安排"）。十项工作安排是推进市场化并购重组的顶层设计和整体解决方案，按照十项工作安排确立的改革方向，监管部门陆续推出了多项改革措施，并根据实践不断修订完善《收购办法》《重组办法》等法规，进一步规范推动市场化并购重组实践。境内资本市场并购重组规模从2010年的634亿美元，增长到2018年的3000多亿美元。市场化并购重组快速发展，非同一控制下并购重组从2010年的逾300宗，增加到2018年的近1900宗，资本市场并购重组主渠道作用得以有效发挥。

在完善市场化制度安排进程中的并购重组阶段，推进完善了5个方面的制度建设：

一是拓宽上市公司并购重组融资渠道。2011年监管部门修订《重组办法》，允许上市公司在发行股份购买资产时向特定对象发行股份进行融资。

2012~2015年，上市公司通过配套融资的方式分别融资196.75亿元人民币、442.65亿元人民币、852.97亿元人民币、3140.46亿元人民币，呈现快速增长趋势。

二是丰富并购重组支付工具，推广定向可转债运用。2014年监管部门修订《重组办法》，允许上市公司可以向特定对象发行可转债用于购买资产或者与其他公司合并。截至2019年8月末，已有33单并购交易公告使用定向可转债作为支付对价工具，涉及的并购交易金额达到302.99亿元人民币。

三是资产交易定价更加市场化。放宽发行股份购买资产定价的选择空间，可选择定价基准日前20个、60个、120个交易日均价作为市场参考价。允许交易各方基于交易实质、交易各方权利义务等因素协商约定标的资产价格，允许上市公司对不同交易对方支付不同的交易对价。取消了非同一控制下并购重组交易中强制交易对方做出业绩承诺的要求，交易双方可基于商业判断对对赌条款进行灵活设计，在保证各自基本利益诉求的基础上，更有利于并购重组完成后的后续整合。

四是进一步放松管制，并购重组审核效率大幅提高。2013年监管部门对并购重组行政许可实施扶优限劣的审核分道制；2014年取消现金购买资产的行政许可，取消豁免要约行为的行政审批程序（改为自动豁免），取消收购报告的行政审批程序（改为收购人履行公告义务）；2018年推出"小额快速"并购重组审核机制。通过简政放权，90%以上的并购重组交易已无须监管部门审核，发行股份购买资产类交易的审核周期，已由2012年的约160天缩短至2019年的约90天。

五是不断优化重组上市制度和规范向第三方发行股份购买资产行为。2010年修订发布《重组办法》，明确界定重组上市标准并作出具体行为规范，要求拟置入资产质量与IPO趋同（如3年净利2000万元等），对控制权变更要求"累计首次原则"，对置入资产要求"无限期合并原则"，体现从严开"正门"的政策导向。同时对上市公司向第三发行股份购买资产，严格要求置入资产的产业协同效应和发行股份不低于总股份5%，制止跨界、打杂式收购资产。2014年为进一步规范、活跃并购重组市场,再次修订发布《重组办法》,主要有两点:一是进一步提高重组上市条件,要求拟置入资产质量与IPO要求等同(如3年净利3000万元等);二是实质放开上市公司向第三发行股份购买资产的产业协同和不低总股本5%的要求。2015年进一步放开重组上市配套融资不超过交易额25%的限制(不限规模)。从市场实践来看,由于重组上市"门槛"提高,向第三方发行股份购买资产"门槛"放低,不少企业创设所谓"三方交易"模式实现"绕道上市"(即向甲方转让控制权,向乙方购买资产)。还有不少上市公司采取向第三发行股份跨行业购买资产,出现搞汽车零部件的购买金融支付业务、搞房地产的购买教育、IT业务等,形成一司多业、管理分割、报表重组,导致公司发展战略不清、公司治理冲突不断,甚至出现以市值管理为名跨界收购石墨烯、5G业务等炒作概念的乱象。2016年为进一步规范重组上市行为,第三次修订《上市公司重大资产重组管理办法》,在重组上市认定标准中增设总资产、净资产、营业收入、净利润等指标,将"累计首次原则"由无限期调整为60个月,并取消在重组上市中配套融资。在提高重组上市认定标准可操作性的同时,进一步提高了重组上市"门槛"。"三方交易"和向第三方购买跨界资产更加"热门"。

进一步完善重组上市制度的改革方向:一方面,放宽重组上市条件是开"正门",总体上有利于改善存量;另一方面,兼顾把好市场入口。

在宽严度上需要做好以下3个方面的考量:

(1)"取消重组上市认定标准中的净利润指标""进一步缩短累计首次计算期间"等安排,有利于挽救危机公司,但需要综合考虑关闭"邪门",即取消《重组办法》第43条允许"购买与现有主营业务没有显著协同效应的资产",切断"三方交易"和向第三方发行股份跨界购买资产,坚决遏制"报表重组""炒作概念"和损害公司治理之风蔓延。

(2)"完善重组上市实施条件",体现IPO审核与重组上市审核遵循不同的监管逻辑,符合市场规律和专业要求,但是在做出差异化制度安排时,应当特别注意避免监管套利,加大适应重组上市业务逻辑的监管力度:一是强化重组整合的持续监管要求。市场实践表明，在改善上市公司质量方面，重组整合效果比重组交易过程更为实质重要，因此，建议在《重组办法》中专章或者专节，对重组后战略整合、治理整合、业务整合、管理整合明确提出可验证的监管标准和要求，并明确重组方的诚信责任和中介机构的督导责任。二是在《重组办法》明示 IPO 核心条件的基础上，细化规定包容新经济的重组上市标准，促进改善上市公司存量结构，明确市场预期。三是在并购重组监管政策导向上，回归 2010 年形成的完善并购重组工作安排的监管导向，形成了鼓励行业整合、产业并购、整体上市，防止监管套利、内幕交易、报表重组的政策效应。

（3）进一步加大防控内幕交易的监管力度。适度放宽重组上市的条件和允许创业板重组上市，必然加大防控内幕交易的难度，建议同步开展贯彻落实《国务院办公厅转发证监会等部门关于依法打击和防控资本市场内幕交易意见的通知》"回头看"专项工作，督查检查制度执行效果、联合防控机制情况。在 2010 年前的重组上市案例中，金融类企业重组上市是内幕交易易发、多发、频发的领域，在当前防范重大金融风险攻坚战期间，暂不宜放开对金融类企业重组上市的限制。

（五）科创板与注册制的创新与突破

2018 年 11 月 5 日，习近平总书记在首届中国国际进口博览会开幕式主旨演讲中宣布，将在上海证券交易所设立科创板并试点注册制，开启了推动中国资本市场迈向服务高质量发展新的历史征程。科创板及注册制试点的创新与突破，主要体现在以下 4 个方面：

一是坚持科创属性定位。坚持面向世界科技前沿、面向经济主战场、面向国家重大需求，主要服务于符合国家战略、突破关键核心技术、市场认可度高的科技创新企业。重点支持新一代信息技术、高端装备、新材料、新能源、节能环保以及生物医药等高新技术产业和战略性新兴产业，推动互联网、大数据、云计算、人工智能和制造业深度融合，引领中高端消费，推动质量变革、效率变革、动力变革。

二是设置多元包容的上市条件。科创板综合考虑预计市值、收入、净利润、研发投入、现金流等因素，构建以市值为中心的5套上市标准，允许符合科创板定位、尚未盈利或存在累计未弥补亏损的企业在科创板上市。

三是构建科创板股票市场化发行承销机制。科创板市场新股发行价格、规模、节奏主要通过市场化方式决定，强化市场约束。具体创新与突破是：对新股发行定价不设限制，建立以机构投资者为参与主体的询价、定价、配售等机制，充分发挥机构投资者专业能力；试行保荐人相关子公司"跟投"制度；支持科创板上市公司引入战略投资者，科技创新企业高管、员工可以参与战略配售，发挥好超额配售选择权制度的作用，促进股价稳定；加强对定价承销的事中事后监管，建立上市后交易价格监控机制，约束非理性定价；制定合理的科创板上市公司股份锁定期和减持制度安排。

四是实行股票发行注册制。上交所负责受理企业公开发行股票并上市的申请，审核并判断企业是否符合发行条件、上市条件和信息披露要求。审核工作主要通过提出问题、回答问题方式展开，督促发行人完善信息披露内容。上交所制定审核标准、审核程序等规则，报证监会批准。证监会负责科创板股票发行注册，上交所审核通过后，将审核意见以及发行人注册申请文件报送证监会履行注册程序。注册工作不适用发行审核委员会审核程序，按证监会制定的程序进行，依照规定的发行条件和信息披露要求，在20个工作日内作出是否同意注册的决定。

科创板及注册制试点创新与突破的实践意义：

第一，注册制是市场理念的重塑。股票市场的本质是对公司未来经营业绩定价，而核准制是通过报表判断企业的好坏，核心假设是公司过往的盈利能力能够在未来持续，但是受制于经济周期、行业周期、公司生命周期等多种因素的影响，过去的好业绩通常不能代表未来的业绩。因此，在核准制下代表新经济的第一代互联网企业阿里巴巴、腾讯、百度、京东等均未能在A股上市。注册制下上市的特斯拉虽然上市十年依旧亏损，却可以保持500多亿的市值，因为它带来了生活质量的改变。

第二，注册制是责任体系的重建。在核准制下审核责任、中介责任、发行人责任三者按前重后轻配置，在注册制下三者是按前轻后重配置。注册制下强化了事中事后监管，注重发挥自律管理的预防性监管作用，健全了自律管理、行政监管、司法惩戒三位一体的明责、问责、追责体系。

第三，注册制是定价基础的重构。通过建立以机构投资者为主体的买方市场，通过引入分析师路演、管理层路演，增加机构投资者配售比例，推广"绿鞋"机制，不断强化和完善市场参与方的定价能力，全面推行市场化定价机制。

第四，注册制是信息披露的重界。注册制下信息披露也发生了根本性变化，以信息披露为中心是将可以由投资者判断的事项转化为更加严格的信息披露要求，有效落实"卖者有责，买者自负"的理念，明确界定审核部门与市场主体责任边界。

截至2019年11月底，56家科创板上市公司集中于六大领域，其中，新一代信息技术产业占33%，生物医药产业占21.43%，新材料产业占12.05%，高端装备产业占21.43%，节能环保业占5.36%，新能源业占1.79%。平均研发投入0.94亿元，研发占比为13%。远高于沪市主办实体行业平均水平4%；研发人员占比平均为31%，也高于沪市主办平均水平14%。

2019年12月4日，建龙徽纳开盘一分钟跌破发行价，收盘价较发行价下跌2.15%。发行价格为每股43.28元，公司发行价对应的扣非前静态市盈率为53.16倍，高于行业最近一个月平均静态市盈率16.52倍。11月6日九日新材在上市第2天跌破发行价。从历史情况来看，在新股价格主要由市场决定的2010～2012年，A股新股首日破发率为21%。2018年中国香港、纳斯达克市场新股首日破发率分别为32%和27%。科创板新股上市跌破发行价，打破"新股不败"的神话，说明市场机制开始正常发挥作用。

四、如何打造一个有活力、有韧性的资本市场

打造有活力、有韧性的资本市场关键在于 2 个方面：一是提高上市公司质量。二是构建良好的资本市场生态。

（一）提高上市公司质量

上市公司质量主要体现在经济质量、会计质量、治理质量和信息质量 4 个方面：

上市公司经济质量主要体现为持续盈利能力和价值创造能力。提高上市公司经济质量，关键在于公司董事会加强战略管理，管理层诚实守信、勤勉尽责，努力提高公司竞争能力、盈利能力和创新能力。同时，各有关方面要营造有利于上市公司规范发展的环境，支持和督促上市公司全面提高发展质量。在成熟市场上，上市公司是市场机制选择的结果，优质企业通过竞争崭露头角，最终被专业投资者和中介机构筛选出来，推介到资本市场上融资并成为上市公司，市场在资源配置中发挥了决定作用。

上市公司治理质量主要体现在法人治理结构的功能完善和协调运转，股东大会、董事会和经理层之间的制度安排清晰合理，监督制衡有效，能够保证规范经营和科学决策，各方权益得到充分保护。提升上市公司治理质量，行政监管和自律监管可以发挥积极作用，但在美国、英国等成熟市场则更加依靠法院依据成文法和判例法裁判涉及公司治理的民商事纠纷，以此平衡大股东、管理层和中小投资人等各方的权益。

上市公司会计质量体现在会计准则及其有效执行上，能够更真实、公允地反映经济实践，从而使投资者能够依据有效的财务会计信息做出投资决策。提升上市公司会计质量，除了完善会计准则制定体系外，同样重要的是构建有效的会计准则执行机制，而以外部审计为代表的"看门人"机制，在督促会计准则有效执行、防止内部人做假账等方面也发挥了重要作用。

上市公司信息质量主要体现为信息披露真实、准确、完整、及时。披露内容的充分性、一致性和可理解性有助于解决投资者与管理层之间的信息不对称问题，为市场化博弈创造条件，促进资产合理定价和资源高效配置。保证高质量的信息披露，不仅需要证券监管机构依据法律授权细化规则标准，对发行人等信息披露义务人持续督导，严厉查处违法违规行为，而且还需要充分调动社会各方的监督约束力量。要真正落实以信息披露为核心的注册制，建立以投资者价值判断为中心的信息披露制度，是提高上市公司质量的关键环节。

（二）构建良好资本市场生态

资本市场是一个内涵丰富、机理复杂的生态系统。形成市场体系与上市公司结构协同发展，产品体系与投资者结构协调发展，投融资功能与场内外市场均衡发展，防范风险和激励创新包容发展，体现出整体关联、动态平衡的有机联系，是打造一个有活力、有韧性的资本市场的基础。构建良好的资本市场生态，需要加强资本市场基础制度建设，从以下4个方面推动资本市场基本制度更加成熟、更加定型：

第一是提高市场效率。针对中国多层次资本市场发展不充分、不平衡问题，应当统筹平衡好5个方面的关系，即直接金融与间接金融的均衡发展关系、场内市场与场外市场的协同发展关系、投资功能与融资功能的协调发展关系、中介机构能力与责任的对等匹配关系、激励创新与防范风险的适度相容关系。在大力发展交易所公众化、标准化市场的同时，推动规范发展场外市场，补齐服务中小微、先进制造、科技创新企业的"短板"，全面提升多层次资本市场服务实体经济的能力和效率。

第二是提高制度效率。金融制度是经济社会发展中重要的基础设施。资本市场的市场属性极强，规范要求极高，必须以规则为基础，减少行政干预、充分发挥市场在资源配置中的决定作用。提高资本市场制度效率，应当坚持好四项原则：一是坚持三公原则，必须一以贯之，始终作为资本市场制度创设与创新的基石。二是坚持市场化原则,把分散决策理念作为制度机制设计的基本遵循,减少行政管制与干预。三是坚持一贯性原则,稳定市场预期,不能把应急措施制度化,例如,把减持新规写入《证券法》。四是坚持制度供给的有效性,增加IPO标准的包容性、交易制度的流动性、再融资制度的便利性、股权激励制度的适当性、并购重组制度的灵活性等,提高资本市场制度供给体系的质量和效率。

第三是提高创新效率。中国资本市场在不到30年时间就跻身世界前列,这一成就是靠创新取得的。在建立之初,中国资本市场采用电子撮合竞价、全面无纸化、全额保证金、直接持有账户、T+1交收清算等先进技术和制度安排,对中国资本市场的发展壮大起到了关键性支持作用。当前中国投资银行的创新能力不足,是形成直接融资短板的重要原因之一。有两组数据可以说明问题:一是在中国金融体系中,证券业总资产、净利润占比仅为2.04%和5.14%;净资产收益率仅为3.5%,远低于境内商业银行13%和同期美国投行11.7%的水平;杠杆倍数为3.3,与同期美国投行10倍、日本投行15倍存在显著差异。二是在上市公司结构中,98家金融业上市公司的市值、营业收入和净利润,分别占总数的27%、16.15%和51.14%,其中,银行业净利润占金融业上市公司净利润的86%。2018年证券业协会向行业征集高质量发展建议,收集到70条意见,初步梳理发现,20%是有现行法律障碍,30%正在改善放宽限制,50%是法无禁止却缺乏创新环境。打造一个规范、透明、开放、有活力、有韧性的资本市场,需要坚持守正创新,适应发展更多依靠创新、创造、创意的大趋势,推动证券行业发展与科技运用深度融合,着力解决大市场小行业、大金融小证券、大场内小场外、大公募小私募、大管制小自律5个方面的结构性问题,进一步研究释放投资银行创新活力,激发市场主体活力。

第四是提高监管效率。行政监管效能高是中国资本市场的体制优势,但是行政监管的"刚性"在一定程度上也影响了市场活力和韧性的形成。从国际经验来看,监管部门要减少干预、做到管得少管得好,关键是要形成有效的市场约束机制。美国的 SEC 通常是充当最后"裁判人"角色，交易所、FINRA、PCAOB 等自律组织负责一线监管，保荐人、会计师、律师等"看门人"被赋予专业、合规把关职责，加上司法诉讼机制的有力震慑，形成了既能保持市场活力、又能保护市场韧性的良好生态，成为铸就美国资本市场具有全球竞争力的重要因素。因此，构建行政监管、自律规范、公司治理、中介监督、司法惩戒既五位一体又各司其职、各负其责的综合监管体系，形成行政监管精准、中介把关有效、司法惩戒有力、企业文化健康的监管合力，充分发挥市场主体自我约束、自律规范、相互制约的作用，是打造有活力、有韧性资本市场的重要一环。中国资本市场 29 年的发展实践表明，尊重专业、守正创新、市场导向、强化监管、优胜劣汰是构建有活力、有韧性的资本市场生态的基本经验，也是贯通资本市场基础制度建设的内在联系。

（本文是 2019 年 3 月 13 日在中国政法大学蓟门法治金融论坛、10 月 10 日北京大学汇丰金融前沿讲堂的演讲稿。笔者时任中国证券业协会党委书记、执行副会长。）

股权分置改革的经验与启示

加快完善资本市场基本制度，是打造一个规范、透明、开放、有活力、有韧性的资本市场的基础。加强资本市场制度建设，在借鉴国际成功经验的同时，应当重视、研究、借鉴中国资本市场改革发展的历史经验。股权分置改革是一场影响深远的全局性、基础性制度变革，其所形成的全流通市场格局，使中国股票市场出现转折性变化，真正具备现代资本市场的基本特征，为私募市场和私募基金、创业板和科新企业、股指期货和各类金融衍生品的创设打开了发展空间，构建起权利公平、机会公平、规则公平的股权文化和公司治理的股东共同利益基础。股权分置改革之所能取得成功，得益于市场化、法治化的改革取向和守正创新的机制设计，可以为当前加强资本市场制度建设、设立科创板和试点注册制提供有益的启示。

一、坚持创新驱动发展，用增量改革破解"路径依赖"难题

资本市场基础制度改革，涉及千家万户的切身利益和复杂的权责关系以及利益格局调整，具有典型的"路径依赖"特征。道格拉斯·诺斯在其制度变迁理论中指出："路径依赖"是经济机制中由于规模经济、学习效应、协调效应、适应性预期以及既得利益约束等因素存在，事物一旦进入某一路径，就可能对该路径产生依赖。"路径依赖"是制度变革最大的障碍。在中国股票市场建立之初，涉及国有企业改制上市时，为照顾对传统公有制概念的"路径依赖"，采取了"存量不动，增量上市"的方法，使得股票市场在创立之初避免了姓"资"姓"社"的争议。但是随着股票市场的发展，又形成"公开

发行前股份暂不上市流通"的新的"路径依赖"。这种状况被称为"股权分置",一直持续到2005年股权分置改革前。党的十四大确立建立社会主义市场经济体制,十四届三中全会明确股份制是公有制的重要实现形式,基本消除传统公有制概念原有的"路径依赖",但是由此形成股权分置已成为股票市场积重难返的"路径依赖"。当时的A股市场上,上市公司非流通股达4462.59亿股,流通股为2516.85亿股,分别占总股本的64%和36%。为推动国有企业战略性重组,1999年国务院部署开展减持部分国有股充实社会保障资金的试点,2001年国务院出台《减持国有股筹集社会保障资金管理暂行办法》,两次国有股减持工作均因股市剧烈波动而停止。究其原因,是上市公司"存量"股份已形成不能流动的"路径依赖",使通过减持国有股充实社会保障资金这一利国利民的重要国策难以施行。2005年4月启动的股权分置改革,走出聚焦讨论"按取得成本差异,非流通股股东补偿流通股股东"的认识误区,采取增量改革的思路,以帕累托改进为目标,形成非流通股股东与流通股东通过协商对价平衡预期收益的改革方案,最终仅用两年时间就顺利解决1333家上市公司股权分置问题。

与股权分置改革一样,在上交所设立科创板和试点注册制是增量改革,都是以服务国家战略为方向解决"路径依赖"问题,实现资本市场的基础性制度变革,因此,科创板不是简单地增加一个市场板块,而是资本市场的重大制度创新,将进一步完善中国多层次资本市场体系,补齐资本市场服务科技创新的短板。在机制设计和制度创新上,应当赋予基础性制度改革的基本定位和监管理念、发展逻辑的全新定义,将在盈利状况、股权结构等方面做出更为妥善的差异化安排,增强对科创企业的包容性和适应性,增强服务实体经济和创新驱动发展战略的能力。

二、坚持市场化取向,发挥市场在资源配置中的决定性作用

股权分置改革是一场影响深远的市场化改革,在改革的机制设计上就具

有鲜明的市场化特征，主要体现在4个方面：一是以机制设计激励形成合作博弈。按照莱昂尼德·赫维奇等提出的机制设计理论，在自由选择、自愿交换的分散化决策条件下，可以设计出一种经济机制解决信息成本和激励相容问题，使得经济活动参与者的个人利益与既定的社会或经济目标相一致。参考机制设计理论原理，股权分置改革构建的"统一组织，分散决策"机制，将政府主导的减持国有股实践中两类股东形成的非合作博弈，转变为市场主导的两类股东协商平衡预期收益的合作博弈。二是以分散决策构建共同利益基础。为解决分散决策的有效性，在非流通股股东的提案机制与流通股股东的票决机制之间形成分权和制衡，即非流通股股东提出平衡预期收益的改革动议，与流通股股东协商形成共同利益方案，由参加相关股东会议流通股股东所持表决权的2/3以上通过，形成提案权、协商权和表决权之间的相互制衡，保障改革方案具有的股东共同利益基础。三是以股东自治包容市场多样性。在规则既定的条件下，尊重股东通过协商形成的自由选择、自愿交换的利益平衡安排，1000多家上市公司形成1000多个改革方案，有条不紊地顺利实施。在改革中134家上市公司存在的127亿募集法人股问题、270家上市公司存在的股东登记名不符实、法人股个人化问题、138家上市公司存在的股东占用资金问题等疑难杂症得到妥善化解。四是以流动性管理稳定市场预期。为防止改革完成后形成流动性冲击，在改革规则中预设"锁一爬二"的限售安排稳定市场预期，即改革后公司原非流通股股份，自方案实施之日起，在12个月内锁定不得上市交易或者转让；持有上市公司股份总数5%以上的原非流通股股东，在锁定期满后，通过交易所集中竞价系统出售股份12月内不得超过5%，24个月内不得超过10%。由于主动加强流动性管理，有效稳定市场预期，在改革完成后市场稳定上涨，两类股东持股市值分别增长3~5倍。

股权分置改革采取"统一组织，分散决策"的机制设计，尊重市场规律，注重保护中小投资者合法权益，充分发挥市场在资源配置中的决定性作用，可以为科创板和注册制的机制设计提供有益的借鉴。资本市场是中国现代金融体系的重要组成部分，是促进实体经济、科技创新、现代金融、人力资源协同发展的重要枢纽。《"十三五"现代金融体系规划》中提出中国发展现代金融的五大战略目标是：实现更高水平的金融市场化、推动更加全面的金融国际化、创新高效安全金融信息化、推进完备统一的金融法治化、实现金融业治理体系和治理能力现代化。资本市场加强制度建设应当充分体现中国发展现代金融的战略目标，特别在发挥市场在资源配置中的决定性作用方面要切实迈出步伐、付诸实践。

三、坚持法治化方向，建立中国特色的规则体系和责任体系

法治化是股权分置改革顺利推进的基础，体现在4个方面：一是信息披露规则体系健全，在股权分置改革全程中至少在非流通股股东之间协商形成动议，非流通股股东与流通股股东之间协商确定方案，相关股东会议对方案形成表决结果的3个时点上，上市公司董事会应当履行信息披露义务，并保证披露信息真实、准确、完整，为分散决策的有效达成提供信息支持。二是切实保障中小股东知情权、投票权和收益权，设定程序要求在停牌期间完成网络投票、征集投票权、现场投票和支付对价。三是改革方案具有广泛的股东基础，在改革进程中参与改革方案投票表决的社会公众股东超过278万人次，股权平等意识得以广泛普及。四是税收政策、会计制度配套有效。股权分置改革中配套出台相关政策发挥激励改革的作用，在税收政策方面，因非流通股向流通股股东支付对价而发生的股权转让免征印花税，通过对价方式向流通股股东支付的股份、现金收入，免征应缴纳的企业所得税和个人所得税。在会计制度方面，允许改革企业设置"股权分置流通权"和"应付权证"科目分别核算各种对价方式取得的权益价值，平时不进行结转、不计提减值准备，待相关权益出售时予以结转。

加强资本市场制度建设，可以借鉴股权分置改革的经验，构建一套反映

现代金融特征、具有中国特色的规则体系和责任体系。制度建设是资本市场长期健康发展的基础，需要在法治化轨道上解决好4个问题，理顺4个关系：一是解决好公司治理问题，理顺政府和企业的关系，形成产权清晰、权责明确、政企分开、管理科学的现代企业制度，切实提高上市公司质量。二是重塑信息披露体系，理顺政府与市场关系，落实好发行人的基础信用责任、中介机构的专业信誉责任、监管审核机关的忠实信任责任，强化自律管理、行政监管和司法惩戒三位一体的责任约束机制，使各市场主体归位尽责，形成运作规范、信息透明、竞争公平的市场秩序。三是发挥好市场枢纽功能，理顺激励创新与防范风险的关系。四是健全投资银行功能，理顺市场参与主体权责的关系，激发市场活力。

四、坚持国际化水准，以高质量发展提升国际核心竞争力

在股权分置改革期间，为消除改革预期不稳定带来的市场波动，按照国际通行的做法，建立上市公司回购股份、大股东增持股份、向券商提供流动性支持等市场化稳定股价机制。这种做法不同于中国香港、中国台湾的官方背景"基金"直接入市，而是通过向市场主体注入流动性，由市场主体采取预先安排好的机制进行短期护盘，市场主体自主投资并承担风险和收益，有效降低政府信用风险和道德风险。同时，股权分置改革在方案设计时，统筹兼顾在开放格局下，中国国情与国际规则的差异，协调好解决历史遗留问题和接轨国际惯例的关系，把改革边界严格界定为A股市场相关股东协商对价平衡预期收益，同时为H股全流通改革预留空间，清晰界定各类改革主体的权利和责任，有效避免角色错位和利益冲突。

当前推动设立科创板和试点注册制应当借鉴股权分置改革的经验，对标美国纽交所、纳斯达克、中国香港等成熟国际资本市场的通行做法，高起点、高标准实施注册制试点。在科创板试点注册制，可以减少对存量IPO和市场的影响，可以采取更加具有包容性和适应性的制度设计，支持不同类型的科

创企业 IPO 上市需求，形成对中小投资者的预期管理。并通过建立以机构投资者为主体的买方市场，引入分析师路演、管理层路演，增加机构投资者配售比例，推广普及"绿鞋"机制，不断强化和完善市场参与方的定价能力，全面推行市场化定价机制。总之，科创板要对标国际水准，以高质量发展提高国际核心竞争力，建设国际领先的创新资本形成中心，把寻求海外上市的科创企业吸引回来，立足于本国资本市场上市融资，让资本市场更好地服务高质量发展、创新驱动发展，让投资者更加广泛地分享新经济增长的成果。

2005 年 4 月 29 日，在万众瞩目中开始的股权分置改革，于 2007 年年底在悄无声息中收官，善后工作一直持续到 2012 年年初。在 2012 年 1 月在第 4 次全国金融工作会上，时任总理温家宝在总结本届政府金融工作时指出："特别是彻底解决了长期困扰资本市场发展的股权分置问题。股权分置是中国股票市场建立初期遗留的最大难题，一直制约股票市场的健康发展。2005 年我们下决心启动股权分置改革，按照尊重市场规律，有利于市场稳定和发展，切实保护投资者特别是公众投资者合法权益的总体要求，采取统一组织、分散决策的办法，积极稳妥、循序渐进推进改革，目前已顺利完成。这项重大改革实现了非流通股在股票市场的逐步流通，理顺了两类股东的利益机制，创造性地解决了历史难题，推动了股票市场的转折性变化。股票市场功能不断健全，有力地支持了大型金融机构改制上市，支持了一大批国有骨干企业和民营企业的投融资活动，推动了基础设施、支柱产业和高新技术产业快速发展"。温总理的讲话指明了股权分置改革在中国资本市场改革发展进程中的里程碑意义。

在那场远去的改革中，全系统数千人为改革付出心血和汗水，全行业数万人全身心投入改革，全市场数百万人积极参与改革，致敬一起走过的同事、同行、同路，谨以当时留下的一首小词作为本文的结语——

致知录：中国资本市场实践与思考

《小重山·股改功成》

一夜雪飘喧嚣静，人踪何处去，月分明。

分散决策求衡平，让一步，海阔凭天空。

百家齐争鸣，定立新契约股同权。

过尽千帆花复明，重读书，满眼是风情。

——作于 2006 年 12 月

（本文以"创新推动科创板和注册制试点"为题刊于《中国金融》2018 年第 24 期。2004 年 10 月笔者受证监会主席尚福林谈话指派，参加解决股权分置问题研究 3 人工作组；2004 年 12 月参加研究起草《股权分置改革方案》；2005 年 4 月 29 日股权分置改革试点启动，负责组织选择试点公司并开展具体业务工作；2005 年 8 月股权分置改革全面启动，9 月赴深交所指导改革工作；2006 年 1 月出任股权分置改革领导小组办公室专职副主任，一直到 2012 年股改办撤销，全程参与中国资本市场股权分置改革工作。）

资本市场并购重组制度建设经验

并购重组是资本市场的关键制度，是市场化配置资源的重要方式。伴随着中国资本市场基础制度的不断完善，资本市场并购重组主渠道功能不断增强，上市公司并购重组交易规模已由 1995 年的 1.6 亿美元，增长至 2018 年的 3000 多亿美元，在促进经济结构调整和发展方式转变方面发挥了积极作用。从资本市场建立至今的 29 年来，中国资本市场并购重组经历了股权分置格局下、股权分置改革推进中和完善市场化制度安排 3 个重要阶段，各个阶段并购重组制度建设的实践经验，客观反映了特定时期的制度变迁逻辑和市场发展规律，对当前落实金融供给侧结构性改革，全面深化资本市场改革，加快完善资本市场基础制度，打造一个规范、透明、开放、有活力、有韧性的资本市场，具有重要的历史借鉴意义。

一、股权分置格局下的并购重组

中国股票市场建立之初，涉及国有企业改制上市，为照顾对传统公有制概念的"路径依赖"，采取"存量不动，增量上市"的改革方法，随着股票市场的发展，进一步形成"公开发行前股份暂不上市流通"的股权分置格局，这种状况从 1990 年沪深交易所开业，一直持续到 2005 年股权分置改革。在股权分置格局下，上市公司相同的普通股划分为流通股和非流通股，造成同为普通股股东持有的股份"同股不同权，同股不同价"。由于权益不平等形成的两类股东，在上市公司并购重组活动中更容易产生负面激励和逆向选择。在"活股生活股，死股生死股"的监管政策导向下，控制权市场的形成和并购重组活动的动机受到制度制约。

并购重组包括上市公司收购和上市公司资产重组活动。在这一阶段，早期上市公司收购主要依据1993年国务院颁布的《股票发行与交易管理暂行条例》，核心制度就是收购人强制全面要约收购义务和持股权益变动强制信息披露义务（以下简称"两强义务"）。这套制度基本是照搬照抄中国香港全流通市场的做法，没有做出与内地市场股权分置格局相衔接的制度安排。1998年制定的《证券法》中，上市公司收购基本沿用了这一制度框架。2002年监管部门依据《证券法》制定的《上市公司收购管理办法》和《上市公司股东持股变动信息披露管理办法》，承续以"两强义务"为基础规范上市公司收购活动，但是在强制要约收购义务中，针对股权分置格局规定了两种要约定价原则。上市公司资产重组在1998年以前主要是作为一类重大事件进行临时报告和公告。1998年为缓解执行退市规定形成的维护社会稳定压力，监管部门发布《关于上市公司置换资产、变更主营若干问题的通知》，对高风险上市公司通过重大资产重组改变主营业务行为进行规范。2000年监管部门发布《关于规范上市公司重大购买或出售资产行为的通知》，将重大资产重组的监管，由事前审批改为事后备案，进一步鼓励面临退市风险公司通过重组化解危机。2001年为遏制虚假重组、推动实质性重组，监管部门发布《关于上市公司重大购买、出售、置换资产若干问题的通知》，将事后审批改为事中审批，并对重组的条件、信息披露、决策和申报程序等作出具体规定。这一阶段是资本市场并购重组制度的萌芽时期，制度引进与市场实践存在差异。由于股权分置产生的股份权益不平等，制约了控制权市场的形成。上市公司重组制度的政策目标主要是挽救危机公司、缓解退市压力。

1993年，深宝安通过二级市场举牌收购延中实业流通股，成为首例中国上市公司收购案。1994年，珠海恒通收购上海棱光，成为通过国有股协议转让实现控制人变更的首例，引起市场广泛关注。但是在股权分置格局下，由于资本市场基础制度的缺陷，并购重组活动市场化交易程度低，以政府推动挽救经营危机、化解退市压力为主要特征。1997年，为服务实现国有企业3年脱困目标，监管层提出"拟IPO企业须兼并2家亏损国有企业"的政策，并支持上海市和纺织行业开展亏损国有上市公司资产重组试点,1997~1998年50多家上海市属国企上市公司通过并购重组重新焕发生机,深中集、上海港机、邯郸钢铁等成为兼并亏损企业实现跨越式发展的典型案例。2001年,为避免集中退市引发社会稳定风险,上海市政府对4家市属国有控股上市公司进行"补血式"资产重组,同年上海水仙放弃重组终止上市,首开中国资本市场建立优胜劣汰机制先例。上述挽救危机型并购重组,主要采用传统的现金购买、资产置换方式实现,具有现金成本高、交易规模小、市场化程度低的特点。在这一时期,探索市场化并购重组的个案开始零星"试水"。1999年,在监管部门指导下,中关村科技与琼民源完成首例流通股换股上市;2000年,上海证券交易所上市公司同仁堂首开分拆子公司同仁堂科技在香港创业板上市先例;2003年,南钢股份依据《上市公司收购管理办法》发出股权分置格局下首单"同股不同价"的全面要约收购说明书;2004年,TCL集团成为换股合并实现整体上市的首例。

二、股权分置改革推进中的并购重组

2005年4月,经国务院批准,证监会发布《关于上市公司股权分置改革试点有关问题的通知》,启动了股权分置改革试点工作。2005年9月,证监会发布《上市公司股权分置改革管理办法》,在上市公司全面推开股权分置改革。截至2006年12月底,1248家上市公司完成股权分置改革,市值、家数占比均达95%,股权分置改革基本完成。为适应股权分置改革形成的"同股同权,同股同价"的全流通市场格局及股份作为并购重组支付工具的出现,监管部门同步完善相关并购重组法规体系。2005年,制定或联合制定发布《上市公司回购社会公众股份管理办法(试行)》《外国投资者对上市公司战略投资管理办法》《外国投资者并购境内企业的规定》《国有股东转让所持上市公司股份管理暂行办法》等规则,规范公司股份回购行为及特殊类型、特殊主体的并购重组活动。2006年,修订发布《上市公司收购管理办法》,将强制全面要约收购制度调整为强制要约收购制度，允许部分要约和比例要约，将原有《上市公司股东持股变动信息披露管理办法》相关内容并入其中，并进一步规范一致行动人行为。

2008年，监管部门制定发布《上市公司重大资产重组管理办法》和《上市公司并购重组财务顾问业务管理办法》，全方位构建规范上市公司重大资产重组活动的制度安排，首次从规则层面确立上市公司发行股份购买资产交易方式，为并购重组交易的市场化、标准化、大型化奠定制度基础。同年修订《上市公司收购管理办法》，建立收购人自由增持制度，即豁免收购人在12个月内增持不超过1%股份的强制要约收购义务；制定发布《关于上市公司以集中竞价交易方式回购股份的补充规定》，将上市公司股份回购行为由事前核准改为事后备案，进一步提高回购行为的灵活性。这一阶段是中国资本市场并购重组制度系统性、体系化建设的重要时期，这些制度建设成果既体现股权分置改革的总体设计，又反映全流通市场发展的基本逻辑，初步形成市场化并购重组的整体制度框架。在股权分置改革方案设计中，曾提出建立存量股份转售制度，但是由于中国股票市场发行制度是基于增量发行而构建，存量发售制度一直未形成，为后来市场出现存量股份"清仓式减持""恶意减持"问题留下制度漏洞。

这一阶段资本市场并购重组主渠道功能初步显现。2006~2009年上市公司参与的并购重组累计交易规模为16162亿元人民币，较2002~2005年累计规模增长2675亿元人民币，增长604%。2006~2009年上市公司并购重组交易额在境内并购交易总额的平均占比为48%，而2001~2005年同口径的平均占比仅为18%。中国资本市场规模化、市场化的并购重组创新实践，发端于2006年开始的上市公司股权分置改革与并购重组组合操作，共计275家上市公司通过创新交易方式、支付方式的并购重组完成股权分置改革。在股权分置改革基本完成后，这些组合操作成为示范案例，进一步推动并购重组向大型化、市场化、创新化发展。这一阶段资本市场并购重组充分体现了经济快速增长和产业整合加快的发展态势，主要交易方式可以分为5类：第一类是集团公司通过向上市公司注入资产的方式实现整体上市。例如，长江电力以承接债务、发行股份以及支付现金的方式向三峡总公司购买三峡工程发电资产和辅助生产专业化公司股权；中国船舶集团主营业务借助沪东重机整体上市；双汇发展发出首单"同股同价"的全面要约收购说明书，并采取反向收购实现双汇集团整体上市。第二类是同一控制下若干个上市公司之间通过吸收合并实现集团化整合。例如，河北钢铁集团旗下3家上市公司换股吸收合并实现整体上市；攀钢钢钒发行股份购买攀枝花钢铁集团下属资产，同时换股吸收合并攀渝钛业和长城股份实现整体上市；中国铝业通过吸收合并旗下上市子公司山东铝业、兰州铝业实现整体上市；潍柴动力换股吸收合并旗下上市子公司湘火炬实现整体上市。第三类是非同一控制企业通过吸收合并进行产业整合，实现强强联合。例如，东方航空与上海航空、中国医药与上海医药合并整合。第四类是控股股东和主营业务同时发生改变的重组上市（亦称"借壳上市"），金融企业、房地产企业、文化企业成为本阶段重组上市的主流。例如，广发证券、新华联、新华传媒等通过与股权分置改革组合操作实现借壳上市。第五类是上市公司分立上市试点。2009年，为解决历史遗留问题，在监管部门指导下，东北高速启动开创性的分立上市试点。

三、完善市场化制度安排进程中的并购重组

随着股权分置改革的完成和资本市场基础制度的完善，并购重组成为资本市场配置资源的重要方式，但是由于市场化制度供给不足，在市场发展实践、制度建设和机制运行方面产生诸多问题和挑战。

在市场发展实践方面，借壳上市案例频繁发生，但是缺乏具体制度规范，在既无明确概念定义又无清晰标准界定的情况下，导致严重的监管套利。并购重组中时常伴生内幕交易，但是举证难、认定难、惩戒不足，形成严峻的监管挑战。上市公司同业竞争、关联交易问题普遍存在、亟待解决，影响提高上市公司质量；在制度建设方面，资产、现金对价不能同步操作，并购融

资受限。以股份对价并购重组制度尚不完备。上市公司收购制度、重组制度的适应性、适当性和有效性亟须进一步增强。上市公司合并、回购、分立、分拆制度存在不健全问题；在机制运行方面，尚未形成中介机构执业激励和约束机制，中介机构事责不对等、问责不到位、创新无动力。并购重组审核和停复牌工作标准化、公开化、流程化亟待完善。

2010年10月，为贯彻落实《国务院关于促进企业兼并重组的意见》，监管部门组织围绕"如何有效发挥资本市场功能，支持促进并购重组，更好服务于宏观经济政策目标"和"如何健全完善监管工作，规范引导并购重组活动，扬长避短，趋利避害，统筹解决存在问题，更好适应市场客观需求"的课题进行深入调研论证，以坚持市场导向、强化监管为方向，增加制度供给，减少审批环节，提高审核效率和透明度，加强中介机构责任和作用，建立内幕交易综合防控体系为主要内容，形成并发布推进完善资本市场并购重组的十项工作安排（以下简称"十项工作安排"）。"十项工作安排"是推进市场化并购重组的顶层设计和整体解决方案，从2010年起按照"十项工作安排"确立的改革方向，监管部门陆续推出了多项改革措施，并根据实践不断修订完善《上市公司收购管理办法》《上市公司重大资产重组管理办法》等法规，进一步规范推动市场化并购重组实践。境内资本市场并购重组规模从2010年的634亿美元，增长到2018年的3000多亿美元。市场化并购重组快速发展，非同一控制下并购重组从2010年的逾300宗，增加到2018年的近1900宗，资本市场并购重组主渠道作用得以有效发挥。

在这一阶段，推进"十项工作安排"的落实，形成以下5个方面的具体实践：一是拓宽上市公司并购重组融资渠道。2011年，监管部门修订《上市公司重大资产重组管理办法》，允许上市公司在发行股份购买资产时向特定对象发行股份进行融资。2012~2015年，上市公司通过配套融资的方式分别融资196.75亿元、442.65亿元、852.97亿元和3140.46亿元人民币，呈现快速增长趋势。二是丰富并购重组支付工具，推广定向可转债运用。2014年监管部门修订《上市公司重大资产重组管理办法》，允许上市公司可以向特定对象发行可转债用于购买资产或者与其他公司合并。截至2019年8月末，已有33单并购交易公告使用定向可转债作为支付对价工具，涉及的并购交易金额达到302.99亿元人民币。三是资产交易定价更加市场化。放宽发行股份购买资产定价的选择空间，可选择定价基准日前20个、60个、120个交易日均价作为市场参考价。允许交易各方基于交易实质、交易各方权利义务等因素协商约定标的资产价格，允许上市公司对不同交易对方支付不同的交易对价。取消了非同一控制下并购重组交易中强制交易对方做出业绩承诺要求，交易双方可基于商业判断对对赌条款进行灵活设计，在保证各自基本利益诉求的基础上，更有利于并购重组完成后的后续整合。四是不断优化重组上市标准。在2011年修订《上市公司重大资产重组管理办法》时首次明确界定重组上市概念、标准和行为规范；2014年修订该办法时进一步明确重组上市比照IPO标准进行审核；2016年修订时，将重组上市认定标准的财务指标扩展至营业收入、净利润、总资产、净资产、发行股本，且规定上市公司实际控制人突击入股标的、认购配套融资的部分在认定上市公司实际控制权时，予以剔除计算，进一步从严界定重组上市；2019年的修订征求意见稿中，提出拟将控制权变更后注入资产不构成重组上市的年限由5年缩短至3年，同时剔除了判断借壳时的净利润指标，适度放宽重组上市认定标准。随着重组上市规则不断完善，重组上市活动逐步回归理性，"炒壳"现象得到抑制。截至2019年8月31日收盘，A股上市公司市值不足30亿元人民币的公司共940家，不足20亿元人民币的公司共299家，"壳公司"的高溢价现象有所缓解。五是并购重组审核效率大幅提高。2013年监管部门对并购重组行政许可实施扶优限劣的审核分道制；2014年取消现金购买资产的行政许可；2018年推出"小额快速"并购重组审核机制。通过简政放权，90%以上的并购重组交易已无须监管部门审核，发行股份购买资产类交易的审核周期，已由2012年的约160天缩短至2019年的约90天。

经过近30年的持续发展，中国资本市场并购重组主渠道作用不断增强，成为盘活存量、优化结构、促进优胜劣汰和提高上市公司质量的重要机制。

近 30 年的实践表明，尊重市场放松管制，尊重规律宽严适度，尊重专业激励创新，市场导向扶优限劣，强化监管兴利除弊，是资本市场并购重组制度建设的重要经验，也是贯通资本市场基础制度建设的基本发展逻辑。

（本文刊于《中国金融》2019 年第 19 期。2008 年笔者任证监会上市公司监管部副主任时，在庄心一副主席指导下，牵头负责推进完善资本市场并购重组工作安排专题研究工作，聚合部门和行业精英，集思广益，深入研究论证形成推进完善资本市场并购重组十项工作安排。）

上市公司再融资监管制度研究

上市公司再融资是资本市场发展股权融资、促进资本形成、服务实体经济的重要渠道;再融资监管制度是一国资本市场效率和竞争力的重要体现。上市公司再融资与IPO审核理念具有差异性,上市公司再融资是建立在持续信息披露和监管的基础上,更有条件实施以信息披露为核心的注册制。本文通过比较分析境内外再融资制度差异,梳理再融资监管流程调整的历史沿革,对注册制改革理念提出改革、完善再融资监管制度的建议。

一、境内外上市公司再融资制度比较

上市公司再融资通常是指上市公司申请在境内发行普通股、优先股、可转换为股票的公司债券以及证监会认可的其他品种的行为。2010~2018年,上市公司通过各种再融资工具累计募集资金4.1万亿元,目前已形成包括非公开发行股票、公开增发、配股、公开发行可转换公司债券及优先股在内的再融资品种体系,与境外成熟市场基本相近。为此,我们选取境外成熟市场中比较有代表性的美国、中国香港市场作为比较对象,就再融资运行情况和制度安排进行了对比,形成如下认识:

(一)股本融资是境内外资本市场上市公司再融资的主渠道

根据2010~2018年的统计数据显示:美国市场多数年度股本融资(包括IPO和上市公司再融资)总额在2000亿~2500亿美元,其中,上市公司再融资(包括增发、配股和可转债)约占股本融资总额的75%;增发、可转债约占再融资总规模的2/3、1/3;配股很少。中国香港市场年度股本融资总额平均在 600 亿美元左右，其中，上市公司再融资约占 50%。在再融资品种中，增发占比相对最高，可转债也较为活跃，配股融资（扣除几家银行股外）相对较少。A 股市场年度股本融资总额平均在 6400 亿元左右，其中，再融资占比从 2010 年的 44% 逐步上升到 2016 年 87%，而后回落至 70%，年度再融资规模起伏较大。非公开发行股票是 A 股市场再融资的绝对主力品种，远超其他再融资工具。上述数据表明，目前境内再融资工具品种与美国、中国香港市场大体一致，再融资工具的使用结构和占比也与美国、中国香港市场趋同。

（二）以信息披露为核心的注册制或备案制是境外成熟市场再融资监管的通行做法

以上市公司股本增发审核为例，美国、中国香港等市场在审核程序方面具有以下特点：一是监管审核流程高效。美国上市公司股本增发须 SEC 审核，公开增发须履行事前注册程序，非公开发行（即私募发行）豁免注册。公开增发注册申请分为储架注册（"一次注册，多次发行"）和非储架注册（"一次注册，单次发行"），并结合成熟发行人制度，进一步缩短注册时间（非储架注册一般 2~3 个月，储架注册时间更短）。中国香港上市公司（非 H 股）股本增发则采取事后报备制度，上市公司在增发交易完成后进行配售公告，并向联交所递交配售对象清单及上市申请，获得联交所的上市同意书即可。联交所一般会在 1~2 天内审核完成并发出上市批准。二是上市公司内部审批程序简便。美国通常参考上市公司的公司章程和股东协议等履行内部审批程序，实践中一般由董事会审批即可；中国香港则允许股东大会给予董事会一般授权，增发股本数量不得超过决议通过当日已发行类别股本的 20%，配售价格折让不得高于 20%，董事会在授权有效期内决定股本增发。

成熟市场再融资审核使用简易程序的基本逻辑是上市公司作为已上市主体，持续接受监管部门外部监管和中介机构监督，定期披露公司相关信息，上市公司"基本面"已充分展示给投资者。在此基础上，上市公司再融资审核不同于 IPO 审核，从而可以更多地采用市场化机制，由发行人和投资者等市场主体就融资用途、规模、发行条款等进行充分博弈，让市场机制在再融资过程中充分发挥作用。市场机制有效的地方，行政监管应尽量避免进入。

（三）融资便利、发行快捷是境外成熟市场再融资发行制度的普遍特征

同样以上市公司股本增发为例，美国、中国香港等成熟市场的再融资发行机制更为灵活便捷，从操作类型上，分为以下3种：一是大宗交易/闪电配售。该模式主要适用于上市公司面向财务投资者的增发交易，是境外成熟市场再融资发行的主流交易方式。其特点是不进行路演，短时间簿记发行并配售，一般闪电配售在当日收盘后启动，当日晚间主承销商即完成定价及配售工作，次日市场开盘前即公告发行结果，定价基于发行时市价基础给予一定的折扣，监管机构对定价折扣无特别限制，认购投资者无锁定期要求。二是路演配售。路演配售也是上市公司面向财务投资者增发交易的另外一种方式，与大宗交易/闪电配售相比，路演配售主要适用于发行规模较大、摊薄较高、配售前需要沟通的发行项目。其在定价折扣、投资者锁定期方面与大宗交易/闪电配售模式相同。三是战略投资者配售。战略投资者配售是指发行人提前和战略投资者谈判并签署认购协议，随后在董事会决议中公告并通过股东大会（若规模和价格在一般性授权内则无须召开股东大会），再行通过相关监管机构审核（例如，H股须中国证监会国际部审核，而境外公司则无须进行额外审批）之后进行交割的发行方式，定价由发行人及投资者以签署协议时的股价作为基准协商确定，认购投资者无锁定期要求，但战略投资者一般会从商业角度考虑自愿承诺一定的锁定期。

与境外成熟市场相比，A股再融资主要品种是非公开发行股票，其发行配售方式主要包括6个月询价定增和18个月锁价定增（再融资政策调整后），分别对应境外成熟市场的路演配售方式和战略投资者配售方式，无大宗交易/闪电配售模式。此外，从发行对象家数、定价要求、锁定期等发行条件方面来看，A股非公开发行股票存在较多限制，从定向增发启动至发行完成通常需要1年左右的时间。从再融资实施便利性角度来看，A股市场与美国、中

国香港等境外成熟市场相比,尚有较大差距。

二、中国上市公司再融资审核体制变迁

上市公司再融资审核属于证监会行政许可事项,证监会涉及再融资审核的部门为发行部和上市部。自2001年以来,再融资审核在两个部门间几经调整,大致可以分为3个阶段:

(1) 上市部审核阶段(2001年以前)。上市部负责审核上市公司新股发行(含配股、增发试点),以及上市公司的现金重大资产购买、资产置换。

(2) 发行部审核阶段(2001~2008年)。2001年《上市公司新股发行管理办法》发布实施,配股和公开增发纳入统一管理。2001年8月,上市公司新股发行(现金融资)审核从上市部移交发行部。

(3) 两部门并行阶段(2008年以后,仍以发行部为主)。2008年《上市公司重大资产重组管理办法》发布实施,首次明确上市公司发行股份购买资产相关规定,上市部负责审核上市公司发行新股购买资产;2011年重组办法进一步修订,允许上市公司发行股份购买资产的同时,可以配套募集资金,从而赋予上市部审核并购配套融资的职能。上市部负责审核的并购配套融资规模一度限制,不得超过拟购买资产交易价格的25%,目前调整为不超过100%,超过此比例限制的仍由发行部进行审核,发行部与上市部共同审核再融资的业务格局。

实践中两部门并行审核模式也造成一些问题:一是部分再融资项目审核归属不明确。例如,并购配套融资(上市部审核)与上市公司再融资后进行资产购买行为(发行部审核)、上市公司以少量资产认购非公开发行股份(发行部审核)的审核边界一直以来就不甚明晰。二是部分超过资产交易价格100%的配套融资无法一步完成。部分上市公司在并购交易中可能存在超过资产交易价格100%的融资需求,按现行有关规定,需在上市部完成重大资产重组及配套融资审核完成后,再通过再融资(发行部审核)方式募资满足需求,

进而导致融资审批周期延长，融资效率下降。三是两部门再融资项目审核周期存在较大差异。发行部的平均审核周期为 6 个月左右，而上市部的审核周期一般不超过 70 天。

三、改革完善再融资制度的建议

上市公司再融资与 IPO 审核监管审核理念存在差异性，上市公司再融资是建立在持续信息披露和监管的基础上，更有条件实施以信息披露为核心的注册制，提高上市公司再融资效率，增强 A 股市场的制度吸引力。

（一）优化现行再融资审核体制

一是基于两部门并行审核体制的问题和监管逻辑，建议按照上市前和上市后来划分融资项目审核责任，即 IPO 由发行部审核，上市公司再融资由上市部审核。再融资审核划归上市部后，应按照以信息披露为核心的注册制审核理念，改进审核流程，提升审核效率。二是研究实行交易所审核、证监会注册的审核注册制。借鉴科创板注册制审核和公司债券发行审核的经验，充分发挥交易所在上市公司一线监管的机制优势，择机下放再融资审核权给交易所，推行交易所审核、证监会注册的审核模式。

（二）推行以信息披露为核心的再融资审核注册制

再融资的发行主体是上市公司，需要持续定期披露公司经营信息，最有条件实行以信息披露为核心的注册制。一是实行再融资发行人资质分类管理。借鉴美国知名发行人制度，通过正面准入或者负面清单方式，对发行人资质进行分类分层，形成发行人融资资质名单。二是实施"分道制"审核。根据发行人的融资资质，提供差异化的审核流程。对于优质发行人，加快审核速度，并试点储架发行制度、进一步提高融资便利性；对于资质较差的发行人，履行常规审核程序，严把审核关，引导市场资金向高质量公司倾斜，发挥资本市场优化资源配置作用，促进优胜劣汰。三是放宽再融资申报条件和发行条件，强化全面信息披露要求。

（三）完善发行配售市场化机制

发行配售便利、市场机制起作用是再融资市场有效率的标志。一是简化发行人内部审批程序要求。参照中国香港模式，引入董事会一般性授权机制，即在发行比例不超过20%、增发价格较市场价格折扣不超过20%的情况下，股东大会可授权董事会随时启动发行。二是建立定价行为市场约束机制。加强定价配售过程监测，加大对机构共谋、操纵定价、利益输送等行为处罚力度，让参与主体基于各自利益充分博弈形成市场定价，完善定价折扣大小与锁定期长短相匹配的挂钩机制，提高定价合理性和有效性。

（四）构建适应注册制模式的问责体系

注册制的核心要义是把选择权交给市场主体，有权就有责，必须建立权责相适应的问责体系，才能保证市场主体行为不变形走样。一是明确市场主体的责任边界。在注册制模式下，再融资发行人应承担信息披露真实、准确、完整的主体责任，中介机构承担核查验证责任，投资者承担"买者自负"的投资责任，市场各主体各尽其责、各担其责。二是健全立体式追责体系。结合注册制改革和《证券法》的修改，推动立法部门进一步提高行政处罚标准、完善民事赔偿诉讼规定、提高刑事犯罪刑期，形成行政执法、民事诉讼、刑事司法有机衔接的追责体系，加大追责力度，严肃查处再融资审核和发行过程中发行人及其实际控制人、中介机构的违法违规行为，对市场主体形成有效震慑。

（本文为笔者主持的专项课题研究。笔者时任中国证券业协会党委书记、执行副会长。）

回归本源，优化结构，
推动证券行业高质量发展

2018年是中国改革开放40周年，40年春风化雨、春华秋实，改革开放的历史画卷波澜壮阔。资本市场伴随改革开放的春潮而来，披荆斩棘走过了近30年的光辉岁月。近30年来，中国资本市场从无到有、从小到大、由弱到强，实现了历史性变革、跨越式发展，为完善中国现代金融体系、建设现代化经济体系做出了重要贡献。在这一伟大的历史进程中，证券业应运而生，乘势而发，始终活跃在社会主义市场经济的最前沿，坚持改革创新，锐意开拓进取，为资本市场的发展壮大发挥了重要作用，行业自身也在实践中一步一步走向成熟。

一、近年来中国证券业取得重大进步

近年来，得益于改革开放的伟大实践和资本市场的创新发展，以及分享深化放管服改革的红利，中国证券业发展取得较大进步：

一是资本实力和盈利能力不断增强。截至2017年年底，131家证券公司总资产6.14万亿元，是2011年年底的3.9倍；净资产1.85万亿元，是2011年年底的2.9倍；净资本1.58万亿元，是2011年年底的3.4倍。证券公司的营业收入和净利润实现翻番。2017年证券行业实现营业收入3113.28亿元，是2011年度的2.3倍；实现净利润1129.95亿元，是2011年度的2.9倍。与国际一流投行的差距逐步缩小，2017年年底，境内证券业净资产规模是2011年年底的2.94倍，同期高盛和摩根士丹利两大国际投行分别为1.07倍和

1.05 倍。

二是业务结构多元化格局初步形成。2011 年经纪业务占营业收入百分比高达 50.55%，2017 年年底降至 26.37%。2017 年证券承销保荐收入较 2011 年增长 1.77 倍；财务顾问业务净收入较 2011 年增长 4.8 倍；受托管理资金余额较 2011 年年底增长 61 倍；资产管理业务净收入较 2011 年增长 12.5 倍；投资业务收入较 2011 年增长 4.55 倍；资本中介业务不断发展；包括融资融券业务、股票质押式回购业务及约定购回业务等在内的资本中介业务成为重要增长点；场外金融衍生品业务、互联网金融业务、收益凭证业务、PB 业务、资产托管业务、另类投资业务等创新业务得到初步发展。

三是跨境业务布局逐步展开，国际化进程加快。截至 2017 年年底，已有 30 余家证券公司获批在港设立分支机构，15 家证券公司在 H 股上市，其中，A＋H 股上市券商 11 家。中资券商开始利用境外平台拓展当地业务，如中信证券收购法国里昂证券、海通证券收购葡萄牙圣灵投资银行、华泰证券收购美国的 Assetmark、广发证券收购英国 NCM 期货公司等。境外业务收入占比稳步提升。2017 年，30 家境外设立子公司的证券公司中 26 家境外业务收入均有增长。其中，海通证券、中金公司和中信证券境外营收占比均超过 10%，分别为 25.58%、20.67%、12.24%。

四是合规风控水平显著提升。各家证券公司建立起相应的合规管理体系，普遍设立了单独的合规和风控部门，任命了合规总监，组建了合规管理团队。专业管理人员队伍得到培育和锻炼。截至 2017 年年底，证券公司专职合规管理人员平均约 84 人，专职合规管理人员占公司全体员工数的平均比例为 4.04%，较 2016 年上涨 157.32%；全体合规管理人员占公司全体员工数的平均比例为 6.41%，较 2016 年上涨 37.85%。

五是行业履行社会责任形象全面树立。贯彻落实党中央打好扶贫脱贫攻坚战部署，协会发起动员行业力量参与扶贫工作，充分发挥专业优势，切实解决贫困地区企业"融资难、融资贵"的问题，形成产业扶贫导向，提升精准扶贫实效，建立长效帮扶机制。截至 2018 年 12 月，已有 99 家证券公司结对帮扶269个国家级贫困县,证券行业服务脱贫攻坚成效显著。

二、中国证券业发展面临重要关口

当前,外部环境复杂严峻,经济面临下行压力,资本市场不确定因素增加,证券公司经营压力增大,证券业核心竞争能力不强、业务发展不平衡不充分以及发展活力不足等问题凸显,主要体现在以下7个方面:

一是规模体量尚小,与国际一流投行差距较大。与国际同行相比,中国证券公司规模普遍较小,2017年年底,中国证券行业总资产6.19万亿元,只是略高于高盛集团一家公司的总资产规模,占市值的比重为13.65%。而美国证券业总资产占市值的比重达到69.5%,"大市场小行业"问题突出。

二是服务实体经济能力尚待加强。证券公司在解决企业"融资贵、融资难"的问题上缺乏有效手段,优化配置资源能力不足,存在"大公募小私募"问题。根据Wind数据统计,截至2018年第3季度,中国企业IPO募集资金额为1362亿元,私募股权融资额为146.49亿元,公募是私募的9.3倍。同期美国私募发行筹资1.23万亿美元,公募0.66万亿美元,私募是公募的1.86倍。

三是场外市场业务发展不充分。2017年中国场内市场(含股票和债券)的融资额是场外市场的8倍。而欧美资本市场是先有场外,后有场内(交易所),场外市场是场内市场的源头和基础,而且场外市场规模远远大于场内,其中,约90%的衍生品、80%的债券交易在场外进行。活跃的场外市场有利于满足各类型企业和投资者金融服务需求,促进资本形成,提高全社会风险管理水平。

四是跨境业务发展刚刚起步。根据公司年报数据显示,2017年中国境内上市证券公司跨境业务收入为204.48亿元,同比上升10.97%,中金公司、海通证券和中信证券跨境业务收入占比分别为17.5%、17%、11.8%。但是与国际一流投行相比尚有不小差距,高盛集团2017年度39%的收入和77%的利润都来自美国以外的国家和地区,中国证券业国际化发展尚处于起步阶段。

五是内外部经营环境竞争激烈。一方面,内部竞争同质化局面未根本改变。尽管部分大型证券公司已经实现一定的规模化发展,但是本质上仍未摆脱同质化竞争状态,行业普遍停留在拼规模、抢份额的旧模式中;另一方面,面临日益加大的外部竞争压力。证券公司除了面临国内互联网平台、银行等其他金融同业的竞争之外,随着中国证券业的全面开放,证券公司还面临着进入中国的国际一流投行的竞争。

六是合规和风险管理水平有待提升。一方面,合规管理能力有待进一步加强。依然有部分业务和流程没有实现合规全覆盖。在合规管理实践中,事前合规审查往往让位于业务扩张和竞争压力,事中合规检查不足,事后合规问责也不够重视。另一方面,风险管理水平落后于业务发展。证券公司的全面风险管理的落实存在不到位的情况,多数证券公司没有真正建立全覆盖的风控系统和监测模型。部分证券公司对流动性、系统性风险的防范意识仍然不足。

七是监管制度存在不适应的情况。一方面,缺乏与"打造国际一流投行"相匹配的差异化监管机制、创新容错机制以及双向开放的阶段性过渡机制;另一方面,中国证券业监管是以交易所市场标准化业务为起点和核心展开,形成较为完整的监管规则体系,产品创设以正面清单方式管理为主,管制多,创新少,尤其是场外市场没有形成有针对性的监管规则体系。

三、推动中国证券业迈向高质量发展的基本路径

28年来中国证券业从生长发展、规范发展到创新发展,经历了风险处置、综合治理到2015年股市异常波动后的发展修复期,走过了万水千山,仍在跋山涉水。站在新时代改革开放的新起点上,处于中国经济转向高质量发展的新的历史方位,推动证券业迈向高质量发展、增强服务实体经济能力已成为广泛共识。

推动证券业高质量发展,需要统筹好4个方面的指导思想,即围绕增强

服务实体经济能力中心任务，坚持市场化、法治化发展取向，遵循"回归本源、优化结构、强化监管、市场导向"4项做好金融工作的重要原则，落实好创新、协调、绿色、开放、共享5大新的发展理念，发挥好投资银行资本中介功能和投融资枢纽作用，着力解决高质量发展的迫切需求：一是怎样为分散不确定性创造金融产品，推动跨期限、跨产业、跨群体分散风险，增加有效投资。二是怎样为新兴产业发展提供金融支持，合理进行资产定价和权益保护。三是怎样适应绿色投资回报期长的特点，为中长期资金供给提供制度安排。四是怎样在产能过剩行业促进僵尸企业退出，推动存量资产重组。发挥投资银行促进价格发现、资本形成和风险管理的基础功能，为4个"怎样"提供金融解决方案，提高金融供给体系的质量。

支持打造一个规范、透明、开放、有活力、有韧性的资本市场，促进形成投融资功能完备、基础制度扎实、市场监管有效、投资者合法权益得到有效保护的多层次资本市场体系。

推动行业迈向高质量发展，需要解决好3个问题：一是找准站位与站队，提高政府、市场对行业的信任度。证券行业要提高政治站位，增强服务实体经济能力，促进现代化经济体系建设，自觉向服务国家发展战略站队，建立政府、市场和行业良性互动的信任基础。二是坚持定位与定力，回归本源，优化结构。资本市场在金融运行中具有牵一发而动全身的作用，必须保持发展定位和定力，坚持守正创新，回归本源是服从服务于经济社会发展，全面贯彻落实新的发展理念，促进创新成为第一动力、协调成为内生特点、绿色成为普遍形态、开放成为必由之路、共享成为根本目的的高质量发展，防止行业脱实向虚和自我循环而滋生、放大、扩散风险。三是坚定方向与方位，推动行业高质量发展。既要找准出发点，努力提升投资银行服务实体经济能力，全面加强风险经营能力、投资交易能力、产品设计能力、金融科技能力、研究分析能力等核心业务能力建设；又要找准前进方向，深刻理解金融科技、技术进步对经济生态、人文生态、金融生态的深远影响，探索向金融科技深度转型。

四、推动证券行业高质量发展的建议

(一)加强投资银行功能建设,全面提升核心业务能力

投资银行是证券公司的核心业务,是金融服务实体经济中的重要枢纽。近年来投资银行业务整体收入连续 3 年下滑,2018 年实现净收入 369.96 亿元,同比下降 27.4%。建设一流投资银行需要进一步改善制度、市场环境,全面提升其资本中介、风险经营、交易组织、产品设计等核心业务能力。

一是坚持市场化方向,进一步发挥资本中介作用。以科创板和注册制试点改革工作为契机,探索更加市场化的发行制度安排,更好发挥投资银行资本中介作用。建议进一步完善"卖者有责、买者自负"的信息披露体系,加大涉及商业价值判断的发行人质量信息披露,细化明确发行人责任和保荐人责任,完善分析师、管理层路演安排,健全投资者对发行人质量、发行价格等商业价值判断的分散决策、自主决策机制。建议构建以机构投资者为主体的买方市场,增加机构投资者配售比例,适当增加承销商的自主配售权利,改进网上投资者信用申购方式,增加对投资者申购的约束力,加强询价行为自律规范,引入发行失败机制,促进形成科学、合理的市场化定价机制。

二是鼓励产品创新,进一步丰富投融资产品体系。建议借鉴成熟市场的发展经验,允许非公开发行可转债等,丰富上市公司股权融资产品及并购支付手段。鼓励和稳妥推动证券公司开展过桥融资、设立并购基金参与上市公司并购重组,加强实体企业资源整合。鼓励灵活使用市场工具为上市公司股份回购提供融资等服务。鼓励在债券关键领域创新,推动运用信用保护工具等市场化手段,修复民营企业债券、股权融资渠道,更好发挥金融服务实体经济功能。充分发挥市场资源配置作用,减少对参与非公开发行股东的减持交易行为的干预,简化上市公司再融资审批流程,提高审批效率,缩短债务融资的审批周期,允许一次审核、分次发行。

三是健全证券发行责任体系，进一步厘清责任边界。在 IPO 业务方面，目前执行的先行赔付安排带来证券发行相关主体权责利不对等问题，建议通过强化尽责调查责任、工作底稿质量要求等方式，督促投资银行提高执业质量。综合运用资本约束、分类管理、责任穿透、负面清单、胜任能力评价等制度安排，督促中介机构履行保荐责任。在债券承销业务方面，承销机构的连带责任应当与其角色、职责和过错相匹配，建议责任认定以承销机构是否存在过错为依据，明确承销机构无代偿义务。引导行业充分重视受托管理业务，完善债券受托管理制度，以合理的收费为基础，强化受托管理责任。在新三板业务方面，合理界定持续督导终身责任，建议区分发行人责任和保荐人责任，明确保荐人的责任边界和免责权利。

（二）推动经纪业务转型升级，打造财富管理专业平台

经纪业务是证券公司的基础业务。目前全行业实现代理买卖证券业务净收入已连续 3 年下滑，2018 年为 623.42 亿元，同比减少 24.06%，平均净佣金率为万分之 3.76，费率触底、业务收缩、同质化竞争问题突出。随着投资者对资产配置和财富管理服务要求的提高，证券公司"以客户为中心"打造财富管理"一站式"专业平台，成为推动经纪业务转型升级的必由之路。

一是支持丰富理财账户体系和产品结构。建议在现行三方存管体系的基础上，支持证券公司建立综合理财账户体系，实现理财账户的投资、交易、支付等基础功能。建议适当放宽证券公司客户交易结算资金按照三方存管对应关系足额存放在客户指定存管银行的要求。在做好投资者适当性和客户分级分类的基础上，打通证券公司内部各项业务和产品，实现全产品、全业务、全服务的一站式理财服务。建议在现行法律框架内支持证券公司探索账户管理服务，鼓励证券公司增加交易品种，发挥资产配置功能。建议推动互联网理财账户试点，为有牌照的第三方支付机构参与理财账户留出空间。建议在风险可控、保障合规的基础上，鼓励证券公司丰富产品结构，放宽投资限制，健全产品体系。

二是支持分支机构精细化运营。建议在大力发展线上平台、加强对分支机构合规管控的基础上，适度放松管制政策，支持分支机构根据区位属性转型为财富管理中心、机构服务中心等特殊功能网点，成为一站式门店或专一功能服务区，最大化每次与客户接触的机会，收集数据和集成服务，提高区域管理效率和服务本地客户的水平。对没有区位优势、长期盈利差的分支机构关停并转。

三是持续推进交易模式转换试点。建议推进新设公募基金通过证券公司交易系统连接交易所的模式试点，尽快将试点转常规；研究将存量公募基金、保险资金等亦纳入证券公司交易系统，充分发挥证券公司的交易职能，实现对公募基金等投资者交易行为的有效管控，加强市场交易风险的集中监测监控。

（三）积极发展场外市场业务，丰富实体经济投融资工具

场外市场业务是证券公司在集中交易场所以外为客户提供服务或组织特定交易对手方进行交易的业务。在境外发达资本市场约90%的衍生品、80%的债券交易在场外市场进行，在欧美投资银行上市公司中约有20%~45%的收入来自场外市场业务。发展场外市场业务有利于满足各类企业和投资者投融资和金融服务需求，提高全社会风险管理水平。目前中国证券公司场外市场业务尚处于起步阶段。

一是出台相关法规，发挥柜台市场功能。建议出台《证券公司柜台市场管理办法》，为其规范发展提供法规支持。尽快发布《证券公司收益凭证业务规范》，建立分类管理机制，夯实证券公司融资渠道，发挥证券公司交易、风控和产品创设能力。允许在柜台市场开展资产支持证券、非公开发行公司债券、私募股权等产品销售、转让与做市业务试点。修订《证券公司代销金融产品管理规定》，明确柜台市场可以为代销金融产品提供登记结算、转让、做市等服务。建议将证券公司柜台市场列入证监会认可的做市业务场所，修订对柜台市场做市业务的风控指标要求，支持证券公司为柜台市场产品提供流

动性。

二是扩大应用场景，激发场外市场活力。完善场外期权业务投资者适当性要求，更好地满足有避险需求的实体企业利用场外期权进行风险管理。进一步明确上市公司大股东等特殊主体参与衍生品交易的信息披露规范，支持上市公司大股东等主体在满足合法合规的交易目的、充分履行公告义务的前提下参与场外期权业务。借鉴成熟市场经验，鼓励利用场外期权产品为上市公司股份回购提供交易、风险管理等服务。尽快完善收益互换业务监管规则，明确交易对手方、交易标的、禁止性行为等要求，支持实体企业灵活运用商品收益互换规避生产经营风险。允许跨境试点证券公司利用柜台市场，在跨境业务外汇管理框架下，在境外向合格投资者提供固定收益类或收益挂钩境内指数、股票、商品期货等资产的金融产品，并利用境外资本金与投资者结算收益。

三是鼓励机构投资者参与场外市场，优化场外市场参与主体结构。鼓励QFII、RQFII等机构参与国内场外衍生品市场交易。协调相关部门，鼓励保险公司、信托公司、商业银行理财子公司等专业机构投资者利用证券公司场外衍生品进行资产配置和风险管理。支持证券公司分支机构经证券公司批准并在授权范围内开展区域性股权市场业务，为中小微企业提供优质、高效投融资服务。

四是加强统一规范和自律管理，促进场外业务健康发展。借鉴成熟市场做法，发挥自律组织作用，建立统一的场外市场业务规范，明确负面清单管理规则体系。发挥中证报价的场外市场监测监控职能，建立健全柜台市场交易数据实时报告库，建立统一的柜台市场产品编码及交易对手管理机制，推进场外衍生品的交易确认，推进部分复杂程度较低的柜台产品集中登记结算和跨柜交易，推动建立柜台市场互联互通、数据共享机制，理顺中证报价管理体制和职能定位，规范发展机构间场外市场业务，支持、服务雄安新区建设等国家发展战略需要。

（四）完善跨境业务制度安排，提升证券公司国际竞争力

目前，中国证券业跨境业务尚处于起步阶段，跨境业务前三强中金、海通和中信，2017年度跨境业务收入占比为17.5%、17%、11.8%，同期高盛集团39%的收入和77%的利润来自跨境业务，与国际一流投行相比尚有不小差距。证券行业应当抓住"一带一路"、粤港澳大湾区、自由贸易区、自由港建设的重大历史机遇，大力发展跨境业务，不断提升在国际市场的话语权、定价权和竞争力。

一是简化证券公司在境外设立、收购、参股其他机构的审批和备案流程，提高审批和备案效率。支持证券公司直接或通过其海外公司在境外设立、收购、参股其他机构以及对海外分支机构的增资，简化审批和备案流程，提高审批和备案效率。建议在审批、备案过程中，遵循国际惯例和当地监管要求，在净资本扣减、境外子公司层级设置等方面，调整目前"一刀切"的要求，因地制宜给予政策支持。建议支持通过跨境并购等手段扩展经营区域和业务领域，形成具备一定竞争力的境外市场业务。

二是支持证券公司开展跨境业务，为"一带一路"建设和实体企业"走出去"提供全方位金融服务。建议鼓励证券公司在内控制度健全、有效的前提下参与境外市场业务。推动发布证券行业服务"一带一路"蓝皮书，为实体企业实施"走出去"战略提供金融咨询服务。建议允许符合条件的证券公司，为境内投资者提供更多挂钩境外标的的产品、为境外投资者提供更多挂钩A股标的的产品，满足投资者合理配置需求。鼓励设立基础设施投资、并购基金等多种形式的跨境基金。

三是支持证券公司申请外汇业务资格和专用外汇额度开展跨境业务。建议推动证券公司取得结售汇业务资格，明确证券公司开展外汇代客业务的范围和具体规则。建议给予证券公司常态化、可随市况调节的额度分配机制，打通跨境渠道。建议落实证券公司开展跨境业务试点的配套机制，开通证券公司跨境自营及交易的结算、支付、换汇通道，并匹配相应的外汇额度。建

议研究设置用于境外融资资金引入、"一带一路"跨境项目开展以及跨境金融交易的年度专项外汇额度。

（五）积极开发运用金融科技，形成创新驱动发展新格局

全面数字化转型和金融科技应用是行业发展的新常态。近年来，国际一流投行在数字化转型和金融科技创新的投入，已占到利润总额的近20%，技术人才占比高达30%，线上平台已成为标配。数字化将从客户交互、决策、流程、创新等方面重塑业务场景，数据治理和数据生态建设成为行业发展的重要基础设施，运营智能化、管理精细化成为证券公司持续降本增效的有效途径。

一是鼓励支持行业发展金融科技。建议推动出台证券行业数字化、智能化发展规划和规范，鼓励、支持行业实施信息技术、金融科技驱动的业务以及管理模式的数字化升级，提高合规、风控等管理能力，降低运营成本，提升客户服务体验和质量。借鉴成熟境外市场"沙盒监管"经验，审慎发展互联网证券业务，依托自律平台组织行业研究论证创新业务模式，同步建立创新业务规范和风险监控体系。鼓励行业在金融科技领域的投资，允许证券公司设立、收购科技子公司，提高系统自主性，加强在信息技术领域布局，优化激励机制，吸引金融科技人才。鼓励证券公司参与行业相关标准的制定。

二是明确相关业务准入标准和业务规范，打击非法经营活动。建议尽快明确智能投顾、使用人工智能开展资产管理业务等准入标准，打击非法智能投顾等经营活动。明确在证券业务中使用云计算、大数据、生物识别、人工智能、区块链等技术相关业务规范。加强数据安全管理，明确行业对客户隐私信息的使用规范。明确证券公司与技术供应商、数据供应商等第三方机构的合作边界，在风险可测、可控、可承受的前提下，适当放宽对新技术运用及其与第三方合作的限制，允许行业使用私有云、单向视频等技术。

三是提升数据治理水平和建立数据共享机制。建议制定出台证券行业数据治理规范，建立数据标准规范体系，提升数据价值，促进实现数据驱动发

展。建议逐步建立行业数据共享机制和良好的数据生态，形成标准化、透明化、集成化的行业大数据建立，金融行业与其他行业数据共享或数据交换机制，增加证券公司数据样本的广度和深度，形成安全、合规的数据价值挖掘机制，提高客户服务体验和获得感，增强金融服务实体经济的能力。

（六）大力发展综合机构业务，增强证券公司的核心竞争力

随着外资入市提速、养老金入市加快、基金规模壮大，投资者机构化成为发展趋势，机构交易服务和风险中介需求增加，机构业务成为一流投行的核心竞争力。高盛集团的机构业务收入占比约40%，是其利润的最大构成。中国证券公司机构业务能力尚不成熟、亟待加强。

一是完善证券公司交易功能，提升服务机构客户能力。建议积极推动符合条件的公募基金、保险公司等机构投资者参与证券出借业务，扩大融券业务券源。进一步扩大融资融券的标的范围，更好地满足机构投资者交易需求。建议根据机构投资者的投资需求和风险管理需求，设计安全、高效、多样的交易机制，如支持有条件的证券公司研究建立证券借贷平台，优化交易机制。建议对机构投资者适度放松股指期货、期权及场外衍生品等金融产品的准入门槛和交易限制。建议明确程序化交易监管制度，允许合法、合规的量化和高频交易。制定和完善异常交易行为认定标准，减少或避免对市场主体交易行为的行政干预。建议明确监管底线，建立分类监管机制，推动证券公司外部信息系统接入评估进程，尽快出台外部接入系统的行业规范。

二是发挥证券公司投资功能，增强综合业务实力。建议研究推出公募REITs、MoM等新产品，建立证券公司产品创新配套支持政策，引导证券公司提升产品创设能力和主动管理水平。适度放开证券公司申请公募基金牌照"一参一控"的限制，持续推动各类金融机构资产管理业务在公募产品资格、组合投资、关联交易、风险准备等方面监管标准的统一，进一步消除监管套利空间。建议支持有意愿且符合条件的证券公司试点通过子公司合并等方式整合私募基金业务以及资产管理业务，打造产品多元化、运营一体化的资产

配置平台。鼓励证券公司私募子公司通过多种方式与地方政府、各行业领先企业、专业外资机构等符合条件的机构合作设立资产管理产品。建议放开另类子公司对外负债的限制，同时在充分防范利益输送的前提下，适度放宽私募子公司和另类子公司对母公司提供保荐、承销或咨询服务企业的投资限制，提升证券公司业务协同效率，满足客户多元化金融需求。

三是完善证券公司托管功能，扩展资产托管业务范围。建议允许证券公司为私募产品提供投资顾问、份额登记、估值核算、信息技术系统等服务业务。建议进一步协调相关部门，推动修订相关法律法规，允许证券公司托管信托、保险、银行理财、社保基金、企业年金、QDII 和 QFII 等产品，扩大证券公司资产托管业务范围，实现证券公司与商业银行在托管业务市场上相对平等的竞争地位。

四是增强证券公司定价能力，推动提升证券研究水平。建议修订《证券、期货投资咨询管理暂行办法》，进一步完善证券分析师执业规范，持续规范证券分析师发布研究报告和发表公开言论的行为，加强证券分析师社会评选活动自律管理，全面提升行业研究分析能力，增强在经济金融运行机制中的专业引导作用。建议将外资证券研究机构在国内开展发布证券研究报告业务纳入统一监管，在资格准入、合规管理等方面与国内证券研究机构保持一致要求。推动国内证券研究机构在境外市场依法合规展业。

（七）不断完善风险管理体系，提升全面风险管理的水平

风险管理能力是证券公司核心竞争力之一。随着业务多元化、国际化的拓展，全面风险管理的重要性日益凸显。近年来，行业风险管理水平有着显著提升，对于各类风险的计量、识别、预警等核心能力持续增强，但与国际先进投行相比，国内证券公司的风险管理水平还需要进一步提升。

一是完善风险管理体系。建议进一步完善证券公司风险管理体系，在风控监管指标设计时，进一步强化证券公司自身作为风险管理主体的责任，重点监控行业核心指标，提升行业全面风险管理水平。允许具备条件的证券公

司，在并表的基础上尝试采用高级模型法计量风险资本，提高风险计量的自主性，向国际领先实践靠拢。

二是建立风控指标动态调整机制，提升行业逆周期管理水平。针对行业重要风险特征具有一定的周期性变化特点，建议探索建立风险控制指标动态调整机制，提升行业对风险的逆周期管理水平。可考虑由协会风险管理委员会或外部专家根据行业风险和市场状况，对风控指标执行情况进行定期评估，为监管部门提供指标调整依据，进一步激活行业自身的发展潜力。

三是调整风险控制指标的监管要求。建议对资管业务不再计算特定风险资本准备，对融资类业务以"缓释后的风险敞口"，即考虑了质押标的和维持担保比例之后的风险敞口替代业务规模作为计量基础。建议在设定境外子公司的监管要求和计量标准时，主要满足所在国的监管规则，为证券公司"走出去"创造更为有利的监管和竞争环境。

四是提高行业抵御流动性风险的能力。探索建立行业出现流动性危机（困难）时的公司自救、行业互助机制。积极推进与人民银行沟通，对证券公司开放人民银行流动性支持窗口，避免流动性危机的发生或蔓延，增强抵御系统性风险的能力。

（八）积极拓宽资本补充渠道，增强可持续发展资本实力

业务资本化是国际一流投行发展的必由之路，要求证券公司具备更强的资产获取、风险定价和主动管理能力。近年来，证券公司的融资渠道有所拓宽，资本实力有所增强，但与银行、保险、信托业相比，证券公司资产规模、杠杆水平和盈利能力均处于低端发展水平。

一是拓宽证券公司融资渠道，推动负债类型和渠道的多样化。建议支持证券公司发行中长期金融债、开展与央行公开市场业务对手交易等，提升证券公司资金和流动性管理能力。建议支持证券公司境外发债，对于证券公司通过境外全资子公司发行境外债券，并由母公司提供跨境担保的情形，豁免净资本扣减。建议提高证券公司次级债券补充附属净资本的比例。建议推动

修订《证券法》相关条款，适度提高公开发行公司债券占净资产的比例，或对可转债和可计入权益的可续期公司债券的发行额度单独管理，推动证券公司在补充资本的同时拉长债务久期，降低流动性风险。

二是提高股权融资审批效率。建议简化IPO过程中的监管审批流程，提高符合条件的证券公司股权融资核准效率。建议对于处于IPO进程中的证券公司，在控股关系未发生实质性变化时，可以通过增资扩股补充资本。建议对于在证监会分类评级中获得A类AA级的证券公司，推动其再融资事项从审批制向备案制转变，提升再融资效率，更好地支持其补充资本。

三是支持证券公司通过市场化并购重组做优做强做大。建议支持证券公司引入具备持续的资本补充能力的优质股东。支持有条件的公司进行混改，优化股东结构，引进包括央企、民企、外资等在内的优质战略投资者，增强资本实力。建议在证券公司开展市场化并购时，可根据子公司风险覆盖率调整净资本扣减比例，对于风险覆盖率200%以上的子公司，考虑证券公司长期股权投资的扣减比例适当降低，减轻证券公司补充资本的压力。

（九）促进改善外部发展环境，推动证券行业高质量发展

打造一流投资银行是建设规范、透明、开放、有活力、有韧性的资本市场的基础，推动行业实现高质量发展是建设一流投资银行的必由之路。遵循回归本源、优化结构、强化监管、市场导向的重要原则，通过深化改革，坚持守正创新，完善基础制度，改善营商环境，加强行业文化建设，是推动行业高质量发展的有效途径。

一是加强行业高质量发展的顶层设计。建议围绕增强服务实体经济能力中心，以贯彻落实创新、协调、绿色、开放、共享发展理念为目标，制定发布证券行业高质量发展规划，引导行业实施差异化战略定位和专业化战略聚焦，形成全能投行、精品投行、财富管理机构、线上经纪商各尽其能的专业化发展格局，更好地服务中国经济高质量发展。建议在《证券法》《证券公司监督管理条例》等有关法律法规修订工作中，研究改革证券交易结算资金三

方存管制度，适时放开证券公司"一参一控"政策限制，允许证券公司探索采用持股计划、股权激励等市场化激励机制吸引人才。

二是改善营商环境，增强发展动力。建议持续推进证券行业"放管服"改革，加快向放松管制、强化监管转型，加强监管协调，减少重复监管，行政监管逐步转向负面清单管理，更加注重发挥自律组织作用，构建自律、行政、司法相互协调、相互补充的现代行业治理格局，激发市场主体守正创新活力。借鉴成熟市场经验，构建以自律管理为主在场外市场的监管体系，规范发展柜台市场、区域性股权市场和机构间场外市场。建议协调相关部门，允许证券公司进入银行间市场开展相关业务，推动证券公司获得结售汇经营资格，开展外汇即期及衍生品交易，给予证券公司一般借款人地位，推动证券公司获得人民银行流动性支持窗口。

三是加强企业文化建设，提升行业社会形象。建议推动适应高质量发展的企业文化建设，在坚守诚信、稳健经营的基础上，增加忠诚、创新、专业、协同、活力等文化元素。推动证券公司落实《证券期货经营机构及其工作人员廉洁从业规定》，强化从业人员廉洁执业，净化市场生态环境；督促证券公司落实《证券期货投资者适当性管理办法》，强化证券公司投资者适当性管理责任，加大投资者教育和保护力度；引导证券公司履行社会责任，积极服务国家发展战略。

（本文是 2018 年 12 月 28 日第二届新时代资本论坛演讲稿，并转载于《清华金融评论》2019 年第 1 期。笔者时任中国证券业协会党委书记、执行副会长。）

建设高质量的证券财富管理机构

当前中国经济金融工作的主线是供给侧结构性改革。建设一个规范、透明、开放、有活力、有韧性的资本市场,为实体经济提供更高质量、更有效率的金融服务,是资本市场落实金融供给侧结构性改革的中心任务。迅速增长的居民财富管理需求为资本市场发展注入了不竭动力,帮助人民群众实现财富保值增值、分享经济增长红利,是新时代发展资本市场的重要使命,也是资本市场监管人民性的直接体现。

一、证券财富管理是金融供给侧结构性改革的重要内容

建设高质量的证券财富管理机构,是证券行业落实金融供给侧结构性改革的重要环节。中国证券业与国际投行的基本功能相同,主要从事组织融资、组织交易、组织投资工作,但与国际投行相比,中国证券公司各项业务通道化、同质化严重,业务附加值较低,金融中介功能尚未充分发挥:一是经纪业务通道化。主要业务仅限于转发交易指令,服务单一,佣金低廉,与国际投行相比,结算信用服务、柜台融券、特定交易模式服务、代理簿记和风控、交易系统及其交易委托外包、综合托管服务等高附加值业务还没有开发或仅限于很小范围试点。二是投行业务通道化。主要业务是满足监管部门对发行材料的免责性合规审查,缺乏应当具备的价值发现能力、估值定价能力、风险管理能力、资源配置能力。三是财富管理通道化。近年来,证券期货基金经营机构财富管理业务规模快速增长,从 2001 年年底的 2818 亿元增至 2017 年的高峰值 30 万亿元,增长 100 多倍。但从结构上来看,一对一定向业务、投资单一标的的类发行项目等占比 80% 以上,并未发挥资产管理通过资产组

合和产品结构管理风险特征满足不同投资者风险偏好的作用。推动证券行业高质量发展，必须以落实供给侧结构性改革为主线，主动适应发展更多依靠创新、创造、创意的大趋势，紧紧围绕为投资者和融资者提供金融中介服务的总需求，推动证券行业优化服务结构、能力和质量，畅通资本市场和实体经济的循环，着力为实体经济和居民财富增长，提供更高质量、更加精准的金融服务。

财富管理通常是指金融机构接受客户委托，设计全生命周期的资产配置策略，提供证券及相关产品组合投资和交易等金融服务，帮助客户实现财富保值增值及家族传承等目的。财富管理属于"买方中介"业务，为投资者提供专业化的投资顾问服务是财富管理价值链的核心环节。财富管理的理念起源于20世纪30年代的美国，欧美财富管理行业经过几十年的发展，经历了以产品为中心、以销售为中心和以客户为中心等重要阶段，已经逐渐形成了多元发展、差异竞争、层次分明的生态体系。如今，欧美的财富管理机构已经可以通过多元化的产品和服务，满足不同层次客户的理财需求，在促进其国内金融资源有效分配、优化收入结构、增加养老保障水平等诸多方面发挥着重要作用。

相对于欧美财富管理机构和国内大型商业银行，国内证券公司财富管理业务起步较晚，发展大致经历了3个阶段：第一阶段是2003～2009年的萌芽阶段，证券公司开始加快研发、销售理财产品；第二阶段是2010～2012年的初步转型阶段，部分证券公司成立了财富管理中心，根据客户的需要提供投资顾问服务；第三阶段是2012年至今的发展阶段，受佣金率持续下滑的影响，各证券公司加快从通道服务向财富管理转型步伐，积极探索和实践针对高净值客户的服务模式。目前证券行业财富管理业务主要是基于各类资本市场工具，向高净值客户提供资产配置、资本中介、信息资讯等综合金融服务，受限于客户基础和业务基础，在服务模式的专业化、差异化、多元化、定制化等方面，与欧美财富管理机构及国内商业银行相差较大，仍处于业务驱动、销售驱动为主的发展阶段，面临着客户培育、体系重塑和能力构建的巨大挑战。

资本市场在金融运行中发挥着重要的枢纽作用。资本市场既是一个融资市场，通过将短期资金转化为长期资本，促进创新资本形成和价值发现；同时又是一个投资市场，通过市场流动性管理风险，促进居民财富增长。中央经济工作会议提出，深化金融供给侧结构性改革，必须贯彻落实新发展理念，强化金融服务功能，找准金融服务重点，以服务实体经济、服务人民生活为本。因此，推动证券财富管理高质量发展，既是金融供给侧结构性改革的重要方面，又是深化资本市场基础制度改革题中应有之义。

二、中国证券基金行业财富管理业务存在的主要问题

随着中国国民财富的快速增长，居民优化资产配置、增加财产性收入的需求日益迫切。截至 2018 年年末，中国居民部门金融资产达 144.5 万亿元，其中，一半以上以银行存款、货币基金、理财产品等短期资金形式存在，专业化的投资渠道缺乏，需要资本市场提供更加丰富的投资选择，更加稳定的投资回报。随着"房地产热"的降温和资管产品"挤泡沫"，相关资产收益率呈下降趋势。在这样的背景下，权益产品的市场需求和吸引大为增加，这将为资本市场更好地发挥财富管理功能提供难得契机。境内证券市场的个人投资者达 1.5 亿人，但居民所持证券类资产仅占其金融资产的 13.06%，远低于美国、日本等成熟市场水平。在中国经济承受下行压力、金融体系面临结构性调整、刚性兑付逐步打破的背景下，居民主要依赖现金管理、固定收益理财、股票市场直接交易的财富增值模式很难持续。资本市场是获得中长期投资收益的主要来源，证券基金公司作为深耕这一市场的专业机构，有能力也有责任为居民财富管理发挥更大作用。

十多年来，境内证券基金公司从产品销售端起步，在财富管理领域不断探索。在佣金率持续下滑的背景下，不少证券公司成立财富管理中心，为中高净值客户提供定制化的投资顾问服务。一些基金销售机构也在管理模式上

做了有益尝试。例如，2012年年底，嘉实财富（嘉实基金销售子公司）试点管理型基金投资顾问业务，接受投资者全权委托，为其建立基金产品的组合投资策略并代为进行申赎交易操作，仅按受托资产规模收取一定比例的顾问费。从试点效果来看，投资者持有基金的期限普遍更长、持有权益类基金的比重和整体回报也更高，较好地解决了"基金赚钱、基民赔钱"的问题。但总的来看，证券基金机构仍习惯充当"卖方中介"，向财富管理转型受现行法规政策束缚较多，面临着多方面困难和挑战。

（一）证券基金机构能为投资者提供的产品类别有限，服务同质化、附加值低

财富管理需要为客户定制不同功能的金融产品，实现专业化的资产组合配置。高净值客户为实现财富长期保值和代际传承，对家族信托、人身和财产保险等有较大需求。目前，证券公司在产品供给上，主要限于自身及其子公司的资管产品和公募、私募基金，各类产品功能差异不大，风险管理工具短缺，不足以支撑客户全方位的资产配置需求。在服务模式上，证券公司大多局限于满足投资者的股票交易和融资融券需求上，投前咨询和投后管理服务欠缺，而且容易与销售金融产品等卖方业务相混淆。由于产品有限、服务单一、盈利模式面临利益冲突，证券公司较难满足投资者尤其是高净值客户的个性化需求，也很难培育以客户利益为中心的服务能力。基金经营和服务机构也存在产品类型有限、服务附加值低、利益冲突等问题。

（二）证券基金机构现有牌照内容严格受限，缺乏账户管理的能力，制约了为投资者组合配置资产的专业能力

境内证券期货账户体系较为分散，投资者开立的股票、基金、期货、期权等账户尚未联通，支付、转账等功能只能通过银行账户关联来实现，操作不便，客户体验较差。更为突出的是，证券经纪、投资咨询、代销金融产品和资产管理等牌照内容严格受限，证券公司不同牌照下的业务运营往往相互割裂，客户无法将账户交由证券公司代为统筹管理。这导致证券公司难以动态评估单个客户的各类资产变化，进而提供更全面、灵活的资产配置服务。基金行业长期以代销模式为主，销售机构主要受基金管理人支付的销售佣金驱动，缺少向投资者提供优质基金投资建议的意愿，投资者大多自行操作账户、执行交易。2012年修改后的《基金法》允许公募基金开展投资顾问业务，为账户全权委托预留了空间。从嘉实财富试点来看，虽然效果良好，但是参与机构和产品范围有限，业务准入和持续监管等政策有待进一步明确、细化。

（三）投资咨询业务的经营模式受法律严格限制，投资顾问服务供给滞后

《证券法》第171条、《证券、期货投资咨询管理暂行办法》（以下简称《暂行办法》）严禁投资咨询机构及其从业人员代理投资者从事证券、期货投资，或与客户约定分享投资收益。这导致独立持牌的投资咨询机构对其客户只有投资建议权，难以将投资顾问的专业价值转化为按客户的资产规模或收益进行收费，使这些机构长期面临生存困境。同样，由于盈利模式不清，证券公司的投资咨询业务通常与经纪业务绑定收取差别佣金，投资顾问人员的工作重心主要放在招揽客户、推销产品、拓展两融业务等"卖方业务"上，职业定位明显扭曲。这些问题制约了机构发展和人才培养，使投资顾问服务供给明显滞后于市场发展。据统计，截至2019年3月，境内注册证券投资顾问约4.65万人，较10年前增加超过10倍，但相对于境内1.5亿个人投资者而言，这意味着平均每3000人还没有一位投顾人员为其服务。

（四）对不同类型金融机构的展业约束宽严不一，制约了证券基金行业发挥专业优势

在"分业经营、分业监管"的背景下，境内财富管理市场已形成商业银行、信托、保险、券商、基金及第三方理财机构等多方竞争的格局。从传统

持牌机构来看,相比券商牌照,银行、信托、保险牌照在功能性、灵活性和产品门槛上各有优势。例如,2009年银监会发文明确,商业银行可以为高净值客户提供私人银行服务,包括代为投资股票、基金以及各类非标资产。2018年资管新规发布后,银行理财子公司的牌照优势进一步凸显,例如,允许其公募理财投资非标资产。对第三方理财机构的产品销售、网点开设、从业人员资格的监管更为宽松,这类机构仅需取得公募基金的第三方销售资格,就能销售各类私募产品,实践中甚至包括各种境外产品。在差异化的监管约束下,证券基金行业的财富管理专业优势难以有效发挥。2018年年底数据显示,银行非保本理财产品存续余额达22万亿元,同期公募基金规模只有13万亿元(其中,股票投资占比仅11.5%)。在各类机构合计122.4万亿元的资管产品中,对股票的配置占比不足4%。

三、境外市场发展财富管理业务的实践经验

经过长期发展,欧美市场形成了机构多元、服务广泛、差异竞争的财富管理业务体系。主要有以下特点:

(一)投资顾问制度是推动财富管理业务发展的重要载体

美国以《1940年投资顾问法》为基础,建立权责明确的投资顾问制度。投资顾问业务包含3个要素:(1)为他人提供个性化的证券投资建议或发布有关证券的分析或报告;(2)作为日常营业;(3)收取专门报酬。任何个人或机构只要符合这3个要素,就会被认定为投资顾问,除非符合豁免注册条件,均须依法向SEC或州证券监管机构申请成为注册投资顾问(Registered Investment Adviser,RIA)。实践中,RIA既包括专营投顾业务的独立机构,又包括基金管理人等其他机构。RIA通过为客户选择金融产品、提供综合服务,将各类金融产品供应商和拥有账户系统及交易通道的经纪商紧密串联,成为行业发展的主导力量。其他成熟市场也对投顾业务实行严格的牌照准入管理。

例如,中国香港,金融机构及从业人员必须持有就证券提供意见的牌照或资产管理牌照,才能为客户提供不同层次的投顾服务。接受客户全权委托,代为管理证券或期货投资组合的,必须持有资产管理牌照。日本实行"双轨制"准入,对仅提供投资建议的投顾业务采取较为宽松的登记制,对全权委托业务采取严格的许可制。

(二)财富管理提升市场资金供给的专业性和稳定性

从成熟市场来看,财富管理发挥连接投资者资金与专业资管、投资机构的枢纽作用。美国目前有近1.3万家RIA机构、41.6万投顾专业人员,服务的客户总数超过3400万户,其中,个人客户占比近95%。财富管理既针对高净值人群提供更加个性化的定制服务,又面向投资大众提供更加科技化的智能投顾服务。不论高净值人群还是普通大众,通过委托RIA,都使自己的投资交易更为专业,特别体现为持有更高比重的权益类产品和持有更长的期限。2018年数据显示,美国各类RIA管理的资产规模高达82万亿美元。其中,约50万亿美元是以投资公司等集合投资形式进行管理,其管理人大多已注册为RIA;约18万亿美元来自银行、养老金、保险等机构的委托;另有近10万亿美元是接受个人投资者委托。同期,个人投资者持有的美股市值约13万亿美元,约占美股总市值的30%,其贡献的交易量约占美股市场的23%,其中,多数是委托RIA或接受其建议进行交易。从美国实践来看,依托财富管理机制,多数的个人投资者将资金或账户管理权让渡给专业投资机构,客观上实现了将散户资金转化为中长期配置性资金的效果。

(三)账户管理能力是提供财富管理服务的关键环节

成熟市场的财富管理机构依托其账户管理能力,为客户综合提供各类金融服务,形成了包括全权委托和非全权委托等多种账户管理模式。在全权委托模式下,客户将账户操作权限全部交给投资顾问,由后者代为决策并直接下单完成交易,实现在一个账户中为客户提供理财规划、投资组合管理、交易执行、清算交收等一揽子服务，使投资者能够以更低的资金规模获得更专业的管理服务。据统计，2016年美国RIA管理的资产中，有91.7%采取了账户全权委托模式或信托式的资管模式。在非全权委托模式下，主要为客户提供持续的账户监控服务、设置个性化的资产配置限额等。美国市场中财富管理资产规模领先的机构，不论是先锋、富达等独立机构，还是高盛、摩根士丹利等投行，都具备出色的账户管理能力。

（四）财富管理的"买方中介"定位促进形成以客户为中心的业务模式

财富管理业务强调客户利益至上，防控投资顾问与客户之间的利益冲突，是财富管理业务监管的重点。主要表现为：一是法律对投资顾问行为准则有明确要求。美国《1940年投资顾问法》禁止任何欺诈客户的行为，对任何涉及利益冲突的交易或服务，投资顾问均须事前向客户披露并经其同意。欧盟的立法态度更为鲜明。2018年修改后的《金融工具市场指令》明确禁止投资顾问和组合投资经理在为客户选择产品时从第三方获取佣金。二是在收费模式上促使财富管理机构与客户利益趋于一致。美国投资顾问通常按账户管理资产规模的一定比例收取管理费，而资产规模又是投顾业务绩效公开评价的重要指标，因此，从业人员有动力持续推动客户资产增值，以留住老客户、吸引新客户。欧盟投资顾问的主流收费方式与美国相近。三是持续保障客户资产安全。美国的制度除了要求由合格的保管人保管客户全权委托的资金和证券、为客户提供账户对账单之外，还引入了独立公共会计师核证机制，由会计师对客户资产每年至少进行一次突击核查，以验证资产安全。

四、建设高质量财富管理机构，提升金融服务供给效率

企业融资与居民财富管理是资本形成的一体两面，二者相辅相成。大力发展境内证券基金行业的财富管理能力，培育壮大本土"买方中介"机构，是资本市场落实金融供给侧结构性改革的应有之义，也是加强投资者保护、

改善资本市场资金供给、贯彻以人民为中心发展思想的必然要求。当前，推动证券业财富管理落实供给侧结构性改革，应当统筹做好以下几个方面的工作：

（一）分步构建财富管理牌照体系，深入推进相关试点

一是明确投资咨询业务可以接受客户全权委托。推动修改《证券法》和暂行办法，确立分设初级与高级两类投资顾问牌照的模式。初级牌照基本沿用现行的投资咨询监管机制，仅允许提供投资建议。高级牌照允许接受客户全权委托，代为管理账户、执行交易，同时从机构实力、人员资质等方面设置较高准入条件。符合条件的证券基金公司和其他金融机构均可申请相应牌照，引导存量投资咨询机构平稳转型。

二是为证券公司开展财富管理业务提供有着全面支撑作用的过渡性牌照。《证券法》修改完成前，用足《证券法》第125条关于"其他证券业务"的兜底规定，探索设置过渡性业务牌照，允许符合条件的证券公司针对不同类型的客户需求，接受客户全权委托，代为管理账户、组合配置资产。

三是扩大公募基金管理型投资顾问业务试点。允许更多类型和数量的证券基金机构参与试点。及时总结经验，研究制定基金投顾业务实施细则，加快推进相关业务的常态化。探索允许符合条件的其他机构开展基金投顾业务。

（二）加强财富管理账户体系建设，同步强化持续监管

一是加强证券账户的功能性建设。允许具备条件的证券公司拓展综合账户管理功能，进一步整合证券公司的股票、基金、融资融券、衍生品等账户，拓展账户的交易、理财、支付、转账等基础功能，提升账户开立、使用的便捷度。稳步探索证券公司的理财账户试点，以账户分层管理、看穿监管为基础，允许理财账户适当沉淀客户资金，实现不同层级账户功能互补，逐步推动向财富管理账户转型。

二是进一步强化对客户资产安全的保护。健全反欺诈和投资顾问信义义

务两套监管规则，通过科技手段强化投顾活动过程留痕，重点防范欺诈客户、侵占客户资产等背信行为。在账户全权委托模式下，可借鉴现有第三方存管、看穿式账户监控等做法，落实客户资产的独立存管和实时检查。

（三）丰富财富管理产品体系，对接客户个性化需求

一是支持证券基金公司加强产品创新。鼓励主动对接客户的资产配置需求，有效组合权益类与固收类、证券类与衍生类、公募与私募、现货与期货等投资产品。丰富风险管理工具。抓紧发布 MoM 产品指引。支持推出"固定收益+"、市场中性策略等稳健型收益产品，有效承接并转换投资者对原有刚兑类产品的需求。

二是加强跨行业协调，试点拓宽产品和客户来源。试点允许具备条件的证券基金机构依法代销境外产品，协调允许代销银行理财、保险等产品。协调允许证券公司设立子公司申请信托牌照并展业，对接客户财富传承等需求。支持公募基金与商业银行深化合作，发挥其在标准化资产投研、交易、净值化管理等方面的优势，更好地服务于银行已识别的各类客户。

（四）理顺薪酬和评价体系，激发从业人员专业能力

一是强化财富管理从业人员与客户的利益绑定。确立按客户资产规模的一定比例收取管理费，或按一定服务期限固定收费的基本收费模式。对于一定门槛以上的高净值客户，允许在基本收费基础上，从客户资产组合配置的收益中适当提成。对于可能存在利益冲突的代销产品佣金等收入，必须事前向客户充分披露并经其同意后才能收取。

二是健全从业评价和培训体系。完善证券基金机构及其从业人员的财富管理业务能力评价体系，着重根据代管资产规模、中长周期的管理绩效开展评价，将评价结果适当公开化，便于同行比较和投资者择优委托。支持从业人员接受更系统的投资顾问等金融服务技能培训，推动实现从业资格和持续培训的通用认证，便利人才合理流动。引导理顺从业人员薪酬待遇和晋升机

制,吸引更多优秀人才专注财富管理。

(五)强化科技赋能与运用,加快财富管理平台建设

当前,证券公司财富管理业务要充分利用科技赋能,加快建设中后台支撑体系,打造集客户分析、账户管理、投资分析、资产配置、数据分析、考核管理等多项功能的财富管理综合服务平台,有效提升财富管理运营服务效率,实现专业人才服务与专业客户需求的有效匹配。

(本文是2019年6月5日在首届中韩资产管理高峰论坛主旨演讲稿。笔者时任中国证券业协会党委书记、执行副会长。)

健全完善资本市场投融资制度

一、资本市场新使命增强服务实体经济能力

党的十八大以来,习近平总书记对资本市场改革发展做出了一系列重要指示和批示,明确提出"发展资本市场是中国改革的方向";在第5次全国金融工作会议上进一步强调"资本市场是中国金融体系的短板,直接影响去杠杆的进程",要求"要把直接融资放在重要位置,形成融资功能完备、基础制度扎实、市场监管有效、投资者合法权益得到有效保护的多层次资本市场体系"。在经历了中美贸易摩擦的碰撞之后,2018年中央经济工作会议提出:"资本市场在金融运行中具有牵一发动全身的作用,要通过深化改革,按照市场化、法治化要求,打造一个规范、透明、开放、有活力、有韧性的资本市场,提高上市公司质量,完善上市公司退出机制,加快推进股票发行注册制改革,推动在上交所设立科创板并试点注册制尽快落地。要完善交易制度,优化交易监管。要引导更多中长期资金进入,发挥资本市场资源配置、资产定价、缓释风险的重要作用"。国务院金融发展稳定委员会第8次会议指出:"资本市场关联度高,对市场预期影响大,资本市场对稳经济、稳金融、稳预期发挥着关键作用。要坚持市场化取向,加快完善资本市场基本制度,发挥好资本市场枢纽功能"。2019年2月,中央政治局第13次集体学习时进一步强调"资本市场的市场属性极强,规范要求极高,必须以规则为基础,减少行政干预,充分发挥市场在资源配置中的决定性作用"。

党的十九届四中全会在《推进国家治理体系和治理能力现代化若干重大问题的决定》中明确提出:"加强资本市场基础制度建设,健全具有高度适应

性、竞争力、普惠性的现代金融体系，有效防范化解金融风险"。进一步确立资本市场在国家治理体系现代化、建设现代化经济体系的地位和作用。资本市场联通千行百业，牵系千家百户，对稳经济、稳金融、稳预期发挥着关键作用，在促进提高直接融资比重中发挥枢纽功能，打造一个规范、透明、开放、有活力、有韧性的资本市场，既是完善社会主义市场经济体制、推进国家治理体系和治理能力现代化的重要内容，又必须紧紧依靠国家治理的现代化。资本市场新使命必将进一步增强资本市场服务实体经济的能力。

二、注册制改革新环境提升投资银行枢纽作用

新修订的《证券法》将于2020年3月1日正式实施，股票发行注册制改革将稳步向全市场推行。注册制将审核责任、中介责任、发行人责任前重后轻配置改变为前轻后重配置，重新构建市场责任体系；将行政指导定价改变为建立以机构投资者为主体的买方市场协商定价，重新构建市场定价体系；将以行政审核为重点"大而全"的信息披露要求改变为以由投资者价值判断为中心"精而实"的信息披露要求，重新构建信息披露体系。在注册制下，投资银行需要实现3个方面核心能力的变革：

一是定价能力。注册制下发行价格由监管导向转为市场导向，投行的价值发现能力和价格发现能力将直接面临市场检验。这将推动投资银行回归本源，通过专业的尽职调查、深度的行业研究、合理的市场判断、科学的估值分析、详细的盈利预测、投资者可理解的语言表达，帮助投资者做出高效客观的投资决策，实现从通道作用向专业顾问作用和价值发现作用转化。

二是保荐能力。投资银行作为资本市场的"看门人"，是上市公司质量的第一层保证，要求具有必备的专业素养和职业操守；是信息披露的背书人，在保护投资者的利益，以专业声誉保障信息披露的准确性、完整性和及时性；是持续督导的负责人，承担上市公司规范诚信运作、提高治理水平的督导责任。

三是承销能力。在注册制下，承销能力成为投资银行的关键能力。"新股不愁卖"的局面将被打破，新股发行从纯卖方市场逐渐转变为买方市场；承销形势由单一同质变得复杂多元；客户资源成为投资银行展业的基础，打通各业务线的客户资源，加强销售网络建设，培育专业的合格机构投资者，成为投资银行提高承销能力的重要路径。

在注册制环境下，投资银行的工作重心将从只关注审核转向更加关注市场，从政府与企业的中间人回归市场中介本源，价值发现能力、价格发现能力、尽职调查能力、发行承销能力成为投资银行的核心竞争力，投资银行在金融运行中的枢纽作用将得到进一步提升。

三、全面开放新趋势助力更高水平开放经济新体制

通过改革开放的确定性来应对外部环境的不确定性，将成为中国经济金融工作的主旋律。2019年，陆续公布了资本市场对外开放的9条措施，金融业对外开放的11项措施，2020年将取消证券、基金、期货公司外资持股比例限制，资本市场对外开放的步伐进一步加快。

首先，更高水平开放有助于打造有活力、有韧性资本市场。资本市场天然具有开放属性，体现在两个方面：一是完善市场流动性机制的需要；二是健全全球定价机制的需要。资本市场的开放是参与全球定价机制和国际金融治理的重要环节。在开放型的市场经济中，资本市场的开放程度与参与全球定价的能力和水平密切相关。美国资本市场是全球定价能力最强、开放程度最高的市场，其境外投资者持股市值占总市值的22%，仅次于占比最高的共同基金（24%）。一国资本市场开放程度高、定价能力强，就能够有效引导本国产业向全球价值链高端发展。

其次，更高水平开放有助于提升证券行业的核心竞争力。资本市场更高水平开放是全面深化资本市场改革的关键一招，有助于证券行业提升核心竞争力。一方面，外资证券公司的进入，将带来先进的技术手段、成熟的企业

文化和丰富的管理经验，在"鲶鱼效应"的作用下，中国证券业必将焕发出蓬勃生机，整体实力和水平必将大幅提升；另一方面，中国证券公司加快"走出去"，打开国际视野，学习借鉴国际最佳实践，对于推动业务多元化、经营全球化、服务国际化、提高全球定价能力、维护国家金融主权、参与国际金融治理，有助于建设更高水平开放型经济新体制。

四、科技运用新发展促进改善资本市场投融资生态

大数据、云计算、人工智能和区块链等新技术运用，引发证券服务的质量、效率、动力新变革，必将极大改善资本市场投融资生态。

一是新技术运用改变交易模式。大数据与人工智能等新技术正在深刻改变全球资本市场的交易模式。新技术支持的交易系统可以完全自主识别和执行交易，分析包含市场价格、交易量、宏观数据、企业财务报表等大量数据并自主做出市场预测，选择最佳交易策略。随着新技术的应用，投资经理和对冲基金经理转型为数据科学家或者工程师角色，主要工作变为监视模型、防控风险、维护系统或者对机器无法应对的新情况施加干预。程序化交易已经达到美国全部证券交易量的40%，日本达到60%。

二是新技术运用改变交易成本。金融新技术将极大降低交易的时间成本、机会成本、人力成本以及对市场的冲击等隐形交易成本，提高交易效率。其中，人力成本的下降，直接反映为对行业职业生态的颠覆，高盛股票交易员从2000年的600名减少至2名，2019年前9个月员工平均收入24.6万美元，不到2009年同期52.7万美元的一半。行业人员需求结构亦从金融人才转向技术人才和复合人才。

三是新技术运用改变信息成本。信息成本的改变，将催生财富管理新业态，助力金融机构加强中后台支撑体系的建设，有效提升运营服务效率，真正做到为客户提供风险与回报更加匹配的适当产品，推动盈利模式由通道收费转变为服务收费、由存量收益转变为增量收益，降低经营风险，实现机构

与客户双赢的可持续发展生态。

四是新技术运用改变投资者生态。随着新技术的发展与运用，加快投资者专业化趋势，引起投资者结构的改变。从美国情况来看，机构投资者占比由20世纪末的不到50%上升至当前的63.3%，投资者专业化导致专业性投资顾问需求大幅增加，推动注册投资顾问快速发展。自2001年以来，美国注册投资顾问资产管理规模增长了279%。在新技术驱动下，中国资本市场进入机构投资者时代已是大势所趋。

五、加快完善资本市场投融资制度，提升金融供给的质量和效率

资本市场既是一个融资市场，又是一个投资市场。其融资功能促进资本形成，为实体经济发展提供市场化资本金增加机制；其投资功能引导储蓄转化投资，为居民部门增加财产性收入提供重要投资场所。加快完善资本市场投融资制度，是深化金融供给侧结构性改革题中应有之义。当前中国资本市场发展出现的4个方面积极变化，为资本市场完善投融资制度、健全投融资功能带来了重要的历史机遇。主要体现在以下5个方面：

一是投资银行业务将回归本源。围绕定价、保荐、承销三大能力的形成和提升，投资银行业务能力将从通道化、被动管理向专业化、主动管理转型，价值发现能力、价格发现能力、尽职调查能力、客户服务能力、研究分析能力等将成为投资银行的核心竞争力。

二是投资者生态将得以优化。各类基金机构股权投资规模不断壮大，银行理财、保险、信托等机构投资者作用有效发挥，推动零售业务向专业化转型，培养价值投资和长期投资理念，改善资本市场投资者结构，促进形成成熟的买方市场，进一步发挥市场价格信号的引导作用，促进提高资源配置效率，增加市场资金供给的专业性和稳定性，构建资本市场发展良好生态。

三是资本市场财富管理更加成熟定型。随着居民财富的增长和新技术的广泛运用,证券公司的买方中介能力将由传统的通道业务、渠道服务,向全生命周期、全价值链的综合金融服务转型;企业年金、职业年金、各类健康和养老保险业务的发展壮大,为促进居民储蓄有效转化为资本市场长期资金提供多样化渠道,资本市场财富管理业务的适应性、竞争力、普惠性进一步增强。

四是资本市场创新更加突出导向。资本市场创新将紧紧围绕服务实体经济中心目标,彻底摒弃照搬照抄、玩弄技术的金融创新,突出以市场需求为导向,积极开发个性化、差异化和定制化的金融产品,不断丰富居民投资产品,满足居民日益增长的投资需求。

五是资本市场体系更加配套健全。现代金融体系的特征进一步展现,即直接金融与间接金融均衡发展,场内场外市场协同发展,投资功能和融资功能协调发展,中介机构能力与责任对等匹配,激励创新与防范风险适度相容,成为具有高度适应性、竞争力和普惠性现代金融体系的核心组成部分。

2020年是全面深化资本市场改革攻关的一年,也是打造高质量投资银行和财富管理机构的关键一年。2020年全面深化资本市场改革需要应对好4个方面的风险挑战:一是经济下行的宏观环境和持续去杠杆的压力,导致"融资饥渴症"泛滥的风险。二是全方位配套改革,防止"叠加共振"的风险。三是市场化改革"单兵突进",在制度成熟定型磨合期,缺乏市场共识的风险。四是放松管制的改革取向,在监管适应性不足的情况下,形成"一放就乱"的风险。

新一轮资本市场改革以构建良好市场生态为重要目标,体现出把改革的着力点放到加强系统集成、协同高效上来,更加注重改革的系统性、整体性、协同性,推动资本市场基础制度更加成熟、更加定型。无论从深化金融供给侧结构性改革,还是从推动经济发展向创新驱动转型,还是从满足人民日益增长的美好生活向往来看,都需要建设一个强大的资本市场。在金融供给侧结构性改革背景下,加快完善资本市场投融资制度,健全资本市场投融资功能,着力提升金融供给的质量和效率,也为证券行业高质量发展带来了历史性机遇。

(本文是笔者2020年1月11日在第18届中国企业发展高层论坛主题发言稿。笔者时任中国证券业协会党委书记、执行副会长。)

推动证券业实现更高水平开放

推动形成全面开放的新格局是中国经济迈向高质量发展的重要一环，金融开放是建设更高水平开放型经济新体制的重要组成部分。提高金融业全球竞争能力，扩大金融高水平双向开放，提高开放条件下经济金融管理能力和防控风险能力，提高参与国际金融治理能力，是中国金融业新的历史使命。

一、证券业全面开放是打造有活力、有韧性的资本市场的重要举措

2019年10月11日，证监会新闻发言人宣布，2020年在全国范围内取消证券、基金、期货公司外资股比例限制的具体时间表，标志着证券行业全面开放加快提速。国务院金融稳定发展委员会第八次会议提出，要进一步扩大金融业高水平双向开放，鼓励境外金融机构和资金进入境内金融市场，提升中国金融体系的活力和竞争力，进一步指明了加快证券业全面开放的方向和目标。资本市场天然具有开放属性，体现在两个方面：一是完善市场流动性机制的需要。资本市场的流动性是促进形成长期资本的重要机制，具备流动性的资产、资本才具有金融属性和金融价值。流动性是资本市场保持活力和韧性的重要基础，规范、透明、开放是打造有活力、有韧性的资本市场的前提条件。中国资本市场的对外开放，以20世纪90年代建立B股市场并向外国投资者开放为起点，2002年实施QFII制度，2014年沪港通、深港通相继启动，2018年明晟指数公司将中国A股纳入其发展中国家指数，国际资本参与中国资本市场的规模逐步提高，但总体规模仍然较低。截至2019年第三季度末，外资持有中国股票的市值约为1.77万亿元人民币，仅占A股总市值的

3.3%、流通市值 3.9%。这与印度（20%）、巴西（40%）等金砖国家股票市场开放度相比，尚有较大的空间。实践表明，引入国际资本可以增加市场流动性，增强市场活力，有利于改善投资者结构，引进先进的投资理念，国际资本长期有效地服务中国资本市场和实体经济，对中国资本市场长期健康发展具有积极的推动作用。二是健全全球定价机制的需要。中国经济的对外开放始于 20 世纪 70 年代末，中国资本市场是在开放中建立起来的，也是在开放中发展起来的。资本市场开放是整体经济开放的一个组成部分，与整体经济开放的逻辑推理和内在联系具有一致性。同时，资本市场的开放也具有特殊性，资本市场的开放是参与全球定价机制和国际金融治理的重要环节。在开放型的市场经济中，资本市场的开放程度与参与全球定价的能力和水平密切相关。美国资本市场是全球定价能力最强、开放程度最高的市场，其境外投资者持股市值高达 8 万亿美元，占到总市值的 22%，仅次于占比最高的共同基金（24%）。一国资本市场开放程度高、定价能力强，就能够有效引导本国产业向全球价值链高端发展。2015 年全球 IP（知识产权）的市场份额，美国、欧洲各占 40%，同期全球技术产品和高科技产品销售市场份额，美国占 50%，欧洲只占 10%。同样的 40%，美国与欧洲在高科技领域产品的市场份额的巨大差异，源于美国与欧洲不同的金融体系，在促进科技产业化转换效率方面，美国发达的直接金融体系比欧洲成熟的间接金融体系，具有明显的竞争优势。

二、证券业高水平开放促进提升证券公司国际竞争力

2019 年 11 月 7 日，国务院印发《关于进一步做好利用外资工作的意见》（以下简称《意见》）。《意见》提出，2020 年取消证券公司、证券投资基金管理公司、期货公司、寿险公司外资持股比例不超过 51% 的限制。取消证券公司外资股比例限制，是中国证券行业双向开放新的起点。既是资本市场不断深化高水平开放、推动改善资本市场生态的重要举措，又有利于促进证券经

营机构良性竞争，提高证券经营机构的服务水平。中国资本市场经过29年的持续发展，形成了比较齐全的市场体系，聚集了各个领域的优秀企业，股票、债券、期货市场规模已跻身世界前列，与国际市场的关联度日益密切。然而，中国证券行业尚处于低水平发展阶段，体现在行业规模占比低，总资产、净利润在金融体系中占比分别为2.02%、5.1%，低于银行、保险、信托行业。与同期美国投行的58.48万亿元总资产、6万亿元净资产、6594亿元净利润存在显著差距。对比国际成熟市场，中国证券行业杠杆率平均为3.4，低于美国的9.7、欧洲的18.3；行业净资产收益率整体偏低，2018年仅为3.5%，远低于境内商业银行13%和同期美国投行11.7%的水平。因此，从行业发展水平来看，打造一流投资银行还有很长的路要走。

证券业是一个提供专业服务的竞争性行业，通过竞争，引入竞争，参与国际市场竞争，发挥比较优势作用，对于改进服务水平、增强服务实体经济能力，更好地服务经济高质量发展具有重要意义，也是证券经营机构自身锻炼成长的重要机会。因此，证券业高水平开放既是行业自身发展的需要，又是深化金融供给侧结构性改革、实现经济高质量发展的内在要求。当前中国金融体系存在"短板"，主要表现在：从机构种类来看，证券、基金等资管行业主体功能发挥不充分；从服务对象来看，金融体系对高端客户、小微民营客户、跨国客户的服务能力还有待提升；从业务品种来看，金融机构在提供复杂金融衍生品、绿色金融服务、跨境金融、线上金融产品的能力有待提升。金融是现代经济的核心，金融是国家重要的核心竞争力，资本市场在金融运行中具有牵一发而动全身的作用，证券经营机构在资本市场运行中发挥着重要的枢纽功能。开放是改革的核心要义，证券业更高水平的开放，是资本市场全面深化改革的关键一招。一方面，外资证券公司进入中国证券行业，可以带来先进的技术和丰富的管理经验，有利于中国证券行业整体实力和水平的提升，同时外资进入的竞争效应也有利于提高国内证券经营机构的竞争力；另一方面，国内证券公司加快"走出去"，对其学习借鉴国际最佳实践，推动业务多元化、经营全球化、服务国际化、提高全球定价能力、维护国家金融主权、参与国际金融治理具有十分重要的实践意义。

三、跨境业务能力是证券公司国际化水平的重要体现

跨境业务是证券业国际化水平的重要体现，也是中国证券公司参与"一带一路"建设的具体实践。随着中国证券业国际化水平的提升，跨境业务收入对公司总营收的贡献在不断增加。据统计，截至2018年年底，131家证券公司中有31家在境外设立子公司，较2016年新增3家；共计实现境外营业收入（合并口径）235.44亿元，较2016年增长25%；境外营业收入占母公司营业收入的比例平均为8.47%，较2016年的6.48%增长近2个百分点。2018年境外业务收入占比超过20%的有2家，分别是海通证券的27.74%、中金公司的20.65%，超过10%的有4家，分别为山西证券、光大证券、华泰证券、中信证券。近年来，中国证券公司跨境业务能力取得进步，但与美国高盛集团等国际一流投行海外业务收入平均40%左右的占比相比，仍有较大差距。中国证券业国际化发展尚处于起步阶段。

"一带一路"建设为中国证券业提高国际化水平提供了重要机遇。近年来，中国证券公司在服务"一带一路"建设实践中大力开展跨境业务，主要体现在两个方面：一方面，协助符合条件的企业利用境内、境外两个市场两种资源融资发展，提供多样化证券服务，丰富直接融资渠道，促进"一带一路"资金融通；另一方面，通过跨境并购等方式帮助境内上市公司"走出去"，促进中国实体企业产业升级和结构调整，提高中国资本市场的国际化水平和服务能力。数据显示，通过证券公司的服务，2019年1~10月，19家业务覆盖"一带一路"沿线国家（地区）的企业完成首次公开发行和再融资，市场共计募集资金2317亿元。自2018年3月启动"一带一路"债券试点以来，22家企业完成"一带一路"债券发行，共计募集资金316.5亿元；2018年至2019年9月底，全部市场并购重组交易中涉及跨境并购的项目有312单，交易金额约3670亿元。

在服务"一带一路"建设的实践中,证券公司与银行、保险等传统金融相比,具有自身独特的优势,除了可以为实体企业提供直接融资的路演、推介、发行承销服务外,还可以为实体企业实施"走出去"战略提供财务顾问、风险管理和创新性金融服务等综合性专业服务支持,参与角色和风险偏好与其他金融机构有着明显的差异性。因此,在服务"一带一路"建设过程中,证券公司要充分发挥比较优势,同时也要发挥好行业研究、市场研究、风险研究的专业优势,切实做好风险防范。风险控制是证券公司持续稳健经营的关键环节,证券公司应当正确评估自身规模与实力,全面评估论证,合理审慎决策,不畏手畏脚,也不盲目跟从,做到业务与风险防范并重。一方面,要量力而行,找到适合自己业务的方式和业务规模的突破口,不能冒进;另一方面,在业务的拓展中,不断加大人才储备和经验累积的力度,充分考量各种风险因素,做好充足的准备和风险防范措施。

四、证券公司服务"一带一路"建设的实践不断丰富

建设更高水平开放型经济新体制,是中国推进国家治理体系和能力现代化的重要环节,资本市场开放是建设更高水平开放型经济新体制的关键一环。在全面开放的大格局下,共建"一带一路"正在成为中国参与全球开放合作,改善全球经济治理体系、促进全球共同繁荣、推动共建人类命运共同体的中国方案。

中国证券行业积极响应"一带一路"倡议,证券公司在服务"一带一路"建设的实践不断丰富,在助力企业"走出去"、服务外资"引进来"、为"一带一路"建设提供专业的风险管理支持等方面取得了积极进展,具体包括:一是通过股权、债券融资类项目,促进"一带一路"地区资金融通。例如,由中金公司主承销的砂之船房地产投资信托项目于2018年3月21日在新加坡交易所上市,该项目是亚洲首个奥特莱斯房地产投资信托项目、中国中西部地区首个在新加坡交易所上市的房地产投资信托项目,对中西部地区企

业探索利用跨境融资新模式具有重要的示范意义和带动作用；招商证券协助普洛斯中国控股有限公司发行"一带一路"熊猫公司债券，募集资金用于普洛斯集团收购位于欧洲的"一带一路"沿线物流基础设施资产，对打通"丝绸之路经济带"、实现基础设施的互通互联具有重要意义。二是通过提供并购重组财务顾问服务，搭建境内企业与"一带一路"沿线跨境并购桥梁。例如，东方花旗担任万华化学收购匈牙利BC公司财务顾问项目，是2018年行政审核过会规模最大的并购项目，也是"一带一路"沿线国内企业在中东欧地区进行的最大规模的跨境并购项目。三是通过设立"一带一路"主题基金，助力"一带一路"地区基础建设或产业项目。例如，中信里昂证券协同中信银行旗下信银资本共同设立"信银一带一路基金"，主要投资于中国和"一带一路"沿线国家的私募股权项目，基金规模约为2亿美元。截至2019年上半年，该基金分别投资了一家中国互联网视频公司、一家东南亚光纤运营商上市前融资项目、一家泛亚洲物流基础设施和物流资产管理公司上市前融资项目。四是通过扩大业务平台、开拓国际主要交易所牌照等为客户提供境内外金融衍生品和大宗商品的销售交易服务，帮助客户管理"一带一路"相关国家和地区业务和项目的汇率、利率、大宗商品等市场风险。例如，招商证券通过境外子公司获得美国芝加哥商业交易所、伦敦金属交易所、欧洲洲际交易所清算会员等资格，已与几十家国内企业（包括央企、大型民企、大型金属现货贸易公司）达成交易。五是通过开展托管服务、融资租赁服务和外汇套期保值服务其他金融服务，丰富支持实体经济融资服务渠道。例如，广发期货通过境外套期保值服务企业"一带一路"建设，通过期货端的套期保值帮助参与"一带一路"项目的实体企业尽量规避由于大宗商品市场波动带来的系统风险。六是开展"一带一路"相关研究工作，发挥行业"智库"力量。例如，中金公司先后出版了《"一带一路"主题》系列研究报告及《数说"一带一路"》等宏观报告，在梳理总结"一带一路"研究成果和调研客户需求的基础上，结合研究、投行、投资领域的实践经验，发布《"道"行天下，行稳致远——"一带一路"研究白皮书》，从宏观、微观以及代表性国家的国情入手分析,为投资者提供参考。

展望未来,中国证券行业服务"一带一路"建设前景广阔,证券公司应抓住历史机遇,积极探索在"一带一路"沿线国家和地区开展各项业务的路径和项目机会,加快全球市场战略布局,充分发挥专业优势,通过提供投资银行、投资管理、销售研究、风险管理等多维度的证券服务,帮助"走出去"的中国企业与境外资本市场实现直接对接,增强自身服务实体经济实施"走出去"战略的能力,为满足"一带一路"多元化综合金融需求做出应有的贡献,为建设更高水平开放型经济新体制做出应有的贡献。

(本文是笔者为《中国证券业服务"一带一路"建设蓝皮书(2019)》一书所作的序言。笔者时任中国证券业协会党委书记、执行副会长。)

准确把握证券业深化科技运用新趋势

"科学技术是第一生产力"这一科学论断,深刻揭示了科学技术在社会经济发展中的地位和作用。作为典型的技术密集、信息密集、人才密集型行业,一部证券行业的发展历史就是运用科技不断创新发展的历史。科技与证券的融合发展至关重要。科技的运用打破了传统证券经营机构的业务和地域界限,突破了时空限制,拓展了证券业务的广度和深度,借助高科技,证券经营机构不断向综合化、国际化方向发展。科技也极大地提高了证券经营机构的服务效率,降低了证券交易成本,提高了证券产品的供给质量和效率。证券与科技的深度融合催生了现代资本市场的发展壮大,科学技术运用的快速进步,必将进一步推动证券行业向创新驱动发展转型。

一、金融科技在中国证券业运用实践概况

证券市场是信息信用市场,科技运用是证券业发展的生命线。20世纪90年代互联网的诞生,颠覆了传统的证券交易方式,将证券交易推向了新的历史发展阶段,极大地改变了证券业的发展方向。以互联网技术在证券市场的运用大致经历了4个阶段:一是证券业务加IT,实现业务办公的电子化、自动化。二是利用互联网移动终端渠道汇聚大量用户和信息实现信息共享,促进业务融合。三是科技企业进入资本市场,借助机器、数据、网络、用户信息、交易行为提供综合金融服务。四是新技术推动证券业务向普惠方向发展,解决更多用户需求和监管问题。以证券交易为例,在电话出现以前,人们需要在现场通过手势表达买卖,难以想象实现异地远程交易。电话发明后,解决了两地信息交流问题,使得交易能够达成,但由于电话费昂贵,异地远程

交易并不活跃。

中国证券市场能够在30年间发展成为全球第二大股票市场、第三大债券市场、第二大私募市场，主要得益于在开业之初就借助互联网方兴未艾的春风，运用互联网技术高起点实现电子化自动撮合交易、实时数据远程传输和无纸化中央登记结算等先进技术，科技运用成为证券业发展的生命线。进入21世纪，移动互联网的发展进一步催生新的证券业务模式，以 E-trade 为代表的网上券商异军突起，运用互联网运行高效、费用低廉的优势迅速发展壮大。近年来，证券业广泛运用人工智能、区块链、云计算、大数据（ABCD）等新技术推动传统业务转型，创新业务模式，提高管理效率，促进合规、风控智能化，科技与证券业的结合已从简单的"拼接"转变为深度的"融合"。

据统计，中国131家证券公司中，已有超过50家公司利用人工智能等技术，为客户提供智能客服、客户画像、个性化资讯、智能投顾、智能交易等服务。一些公司已通过创新的手段，利用人工智能和大数据更好地解决信息获取中维度不足、效率不高的问题。部分公司已着手研究区块链在证券结算、发行、内部合规管理等方面的运用。

截至2018年年底，境内证券公司信息系统建设投入达到131亿元，同比增长16.89%，但是行业整体投入金额仍仅占总收入的5.16%，远低于国际领先投资银行金融科技投入占比20%的水平。2018年，证券公司信息技术人员总数为10337人，同比增长16%；常驻外包信息技术人员投入77647万元，同比增长94.78%。反映出证券公司在金融科技运用上，较多采取与外部信息技术服务机构合作的方式：一方面，可以借鉴外部成熟的技术、经验，快速落地、尽早布局，支持业务发展；另一方面，也反映出行业信息技术人员还比较匮乏亟待补充。证券公司与国内一些互联网巨头，如阿里巴巴、腾讯等在金融科技领域的合作案例也日益增多，合作形式较为多样，包括双方签署全面合作框架协议，提升证券公司的综合运营服务能力，加速公司核心业务的互联网化进程和数字化转型等。

数据治理和数据生态是证券科技运用的新趋势、新成果。在富含数据的市场悄然兴起之时，数据治理是证券公司核心竞争力的重要体现。市场上低成本流动的海量数据，与机器学习、匹配算法有机结合起来，形成一种全新的金融服务和一种新型的生产力。在资本市场上，金融资本的作用在一定程度上取决于它在经济中的信息功能。但是随着海量数据时代的来临，货币的角色将可能被数据取代，银行和其他金融中介机构的商业模式将出现颠覆式变化，一种新的数据驱动型金融科技机构，将向传统金融服务业提出挑战。

目前，多数证券公司已意识到数据资产的价值和数据治理的重要性，在数据治理方面开展了一系列探索和实践。据证券业协会的调查统计显示，已有超50%的证券公司制定了公司层面的数据治理战略规划；80%的证券公司建立了数据治理组织架构，其中，大部分证券公司成立了专门的数据治理决策机构；70%的证券公司在数据治理不同领域制定相应章程、办法、规范；超60%的证券公司基本实现数据集中，部分大型证券公司在数据标准、元数据、数据生命周期管理方面处于行业领先地位；70%左右的证券公司不同程度地对数据质量进行了管控。监管数据报送受到普遍重视，证券公司对数据安全与隐私保护普遍重视，采取不同程度的管控措施，50%以上的证券公司数据治理工作涵盖或部分涵盖了子公司。相比银行业和国际一流投行，中国证券公司在数据治理方面尚不小差距，需要进一步探索建立符合数据科学特点的治理结构。

从整体上来看，中国证券科技运用，与银行业、互联网企业和国际一流投行相比存在较大差距，近几年的一些创新，例如，互联网理财账户、网上商城、理财超市等，也未能取得预期效果。究其原因：一是证券行业整体实力较弱，创新力量相对集中在交易所和大券商。二是对证券科技的重要性认识不够，人力、资金投入不足，技术系统开发主要靠外包。根据前瞻产业研究院的数据，2017年中国金融信息化行业市场规模达到1864.2亿元。其中，银行业信息化投入规模占市场整体的69.37%，证券业信息化投入比重为10.23%。三是试错成本高。证券公司在强监管之下开展业务运行和信息系统建设，面对新技术，往往只能在测试环境试错。四是证券科技的运用和创新主要集中在传统业务转型，缺少针对金融产品、金融交易技术的创新，更谈不上整个价值链的重组。

二、金融科技在美国资本市场的最新运用实践

美国作为金融科技（Fintech）一词的诞生地，技术与金融的融合创新不断发展，以技术优化金融业务流程、推进金融产品创新、变革金融服务模式已蔚然成风。2018年全球金融科技领域的投资金额达396亿美元，其中，美国投资额75亿美元，2014~2018年年均复合增长率12.3%，持续引领全球。

（一）金融科技在资本市场运用概况

金融科技在美国资本市场应用的价值链有5个区间，分别是一级市场、交易前、执行、交易后、交易支持。其中，人工智能和机器学习应用于产生交易信号和处理交易，区块链应用于交易后的抵押物管理、证券租赁、现金权益清算和结算等，大数据技术应用于定价、风控、征信、评级等。

关于人工智能（AI）应用。主要应用方向包括：投资组合管理、智能投顾、风险评估、监管和合规等领域。在投资组合管理领域，人工智能支持的投资系统可以完全自主识别和执行交易，分析包含市场价格、交易量、宏观数据、企业财务报表等大量数据并自主做出市场预测，选择最佳交易策略。在智能投顾（Robo Advisor）领域，智能投顾1.0主要是传统人工投顾服务在资产配置环节的自动化，一般拥有投资者风险测评、投资组合购买等功能，底层资产以分资产类别的、静态配置ETF指数追踪基金为主，实现自上而下的资产配置策略。智能投顾2.0则在1.0基础上，获取并分析客户及全市场产品大数据，机器服务与人工服务进一步深度结合，为客户提供全面的、全生命周期的金融服务，基于客户目标及市场变化进行客户资产组合的动态优化、个性化定制。

关于区块链应用。区块链技术凭借去中心化、不可篡改和加密安全性等

特点，在数字货币、资金清算、金融资产交易、证券发行、智能合约等领域体现出巨大的应用潜力。在数字货币方面，如金融机构间结算币 JP Morgan Coin、稳定加密货币 USD Coin 以及 Facebook 的 Libra 项目，应用于即时结算客户间的支付交易，降低交易对手风险和结算风险。在交易清算结算方面，区块链分布式记账的特点，被应用于减少中介环节、简化结算流程。如 R3 公司引入联盟链、共识机制增强信用，其区块链平台 Corda 舍弃了全网广播模式，仅要求每一笔交易的参与方对交易进行验证和记录，提高了交易的吞吐能力。如纳斯达克交易所与区块链技术公司 Chain 合作开发区块链股权交易系统 Linq，将股权交易市场标准结算时间从 3 天降至 10 分钟，结算风险降低 99%，大幅降低了资金成本和系统性风险。据奥纬咨询公司（Oliver Wyman）估计，全球金融业每年清算结算的总成本约在 650 亿~800 亿美元，运用区块链技术有望在 2020 年减少约 200 亿美元。

关于大数据应用。主要集中在风控、定价、营销、监管等方面。如美国信用评分公司 ZestFinance 以大数据技术为基础，采集了社交网络信息、用户登记信息，甚至用户的写作习惯、阅读习惯等非传统数据信息，用以考察借款人借款行为背后的线索以及线索间的关联性，最终给出消费者信用评分。如美国金融业监管局（FINRA）利用大数据技术对美国 100% 的股票交易实时数据、90% 的债券数据、70% 的商品交易数据进行电子化分析处理，达到监督会员、防范风险的目的。

（二）中美金融科技发展情况对比

一是创新主体不同。美国金融科技创新的主体是初创企业。全球 30 家估值 10 亿美元以上的金融科技初创公司，美国有 19 家，尽管公司规模相对较小，但数量众多、创新能力强。中国金融科技创新的主力是互联网巨头企业，如阿里巴巴、腾讯、京东等，凭借其技术、人才、数据、资金等优势介入银行、证券、保险等细分市场并取得领先地位。

表 1　　　　　　　　　中国及美国细分领域参与者对比

细分领域	美国	中国			
		蚂蚁金服	腾讯	平安	京东
支付	PayPal Stripe	支付宝	微信支付	E钱包	京东金融（支付）
财富管理	Wealthfront	余额宝	理财通	陆金所	京东金融（理财）
融资	LendingClub SoFi	蚂蚁借呗/花呗	微粒贷	平安银行	京东金融（白条）
保险	OscarMetromile	众安在线	众安在线	平安保险众安在线	
数字银行	Ally Bank	网商银行	微众银行	平安银行	
信用	Credit Karma	芝麻信用	微信支付分	陆金所	京东信用

二是分布领域不同。美国金融科技的领域分布比较广，对企业和客户的服务也相对较为均衡，在支持传统业务领域提升效率的同时，覆盖了传统金融体系遗漏的客户和市场领域。中国传统金融服务本身供给不足，金融科技主要在支付、消费信贷等传统金融机构难以覆盖的领域抢占先机。

三是核心优势不同。美国金融科技发展的优势表现为在大数据、云计算、区块链和人工智能等核心技术上的领先优势，以及依托技术创新带来的业务模式及产品创新。中国金融科技的优势则是依托互联网公司的导流和场景化应用以及具有巨大增长潜力的市场需求，使金融产品和服务得以规模化发展，市场范围不断拓展。

三、金融科技正在改变传统投资银行发展生态

2008年金融危机后，美国政府为防止金融机构"大而不倒"，收紧金融监管，以较强的资本约束和杠杆标准限制投资银行无限扩张发展。以高盛、摩根士丹利、美银美林等为代表的传统投资银行，另辟蹊径走上了一条与金融科技深度融合发展之路，广泛运用大数据、云计算、区块链等技术，重新塑造金融服务价值链，打造出更加有活力、有韧性的综合金融服务生态，相比金融危机之前，金融业态发展更加"大到不倒"。

(一)大幅增加投入,以多种模式参与金融科技

根据美国 CIO 杂志对全球著名投行和资产管理机构的调研,金融科技投入占行业总收入的比重大致在 3%~7%,头部机构的投入大大超过行业平均值。在科技人员配备上,头部机构的人员占比亦明显高于行业平均水平,高盛超过了 30%,摩根士丹利约为 10%。在参与模式上,投资银行等传统金融机构主要通过内部自主开发、与金融科技公司合作、投资并购金融科技公司等模式参与金融科技。

表 2　　美国主要投资银行金融科技参与模式及应用案例

参与模式	高盛	摩根士丹利	美银美林
内部开发	● 推出 Marquee 开源平台,可进行大宗股票、结构化产品、外汇衍生品的电子交易,并提供市场价格信息、投资研究、交易监测服务。 ● 推出网贷平台 Marcus,拓展无抵押零售贷款业务。 ● 推出抵押贷款平台 GS Select,为零售客户提供以投资组合作为抵押的贷款。 ● 推出最新暗池交易平台 Sigma X2,实现客户下单和高盛自营下单的交易流互动。	● 推出智能投顾服务,为投资资产低于 5000 美元的客户提供资产配置建议。 ● 推出线上抵押贷款申请 APP。 ● 设立多元文化创新实验室,对种子期后期至 A 轮的项目进行资助和孵化,重点关注人工智能、大数据分析、医疗健康等领域。	● 推出全自动化零售银行分支机构,客户可使用 ATM 及远程视频系统自助办理柜台业务。 ● 推出智能投顾 Merrill Edge Guided Investment,提供智能投资组合建议,客户可在银行、经纪、智能投顾等账户间自由切换。
合作	● 使用区块链技术公司 Axoni 智能合约平台进行股权互换合约交易。 ● 与 Kensho 公司技术人员开展编程马拉松合作,将 Kensho 数据分析产品与高盛的 Marquee 平台对接。	● 与财富管理软件提供商 LifeYield 合作,为投资顾问提供税务筹划支持。 ● 与即时通讯公司 Twilio 合作,允许投资顾问通过手机短信形式与客户沟通。 ● 与 Addepar 合作,为投资顾问提供客户数据分析工具。 ● 与花旗、摩根大通、美银美林等 18 家机构联合推出免费 P2P 支付服务 Zelle。	● 与 MANA Partners 合作,测试在《金融工具市场指令 II》下合规的算法模型。 ● 与 Medallia 合作,利用其云平台上的全球客户行为数据,深入理解客户需求,加强客户关系管理。 ● 利用 Microsoft 云平台提高客户服务效率。 ● 与 High Radius 合作,将人工智能应用于应收账款处理。

续表

参与模式	高盛	摩根士丹利	美银美林
投资并购	并购37家公司，涉及跨国转账、在线支付、网络安全、贷款发放、移动支付、区块链、数据分析、算法交易等领域。	并购14家公司，涉及另类资产在线投资平台、融资解决方案、云技术即时通信、大数据分析等领域。	并购9家公司，涉及云存储、区块链技术等领域。

（二）加快科技化转型，提高运营效率、提升客户体验

一流投行以科技为驱动力的发展理念全面贯穿内部决策和运营，将"科技"作为各项业务发展的中心点，内化于现有业务并拓展新的业务领域。通过科技应用实现了业务运营和业务模式的转型和创新，为客户提供量身打造解决方案，真正实现以客户为中心，提升客户体验。主要表现在以下2个方面：

一方面，通过科技为业务赋能，实现内部工作流程自动化，提高运营效率。以高盛为例，在交易业务流程中，其纽约总部在200名电脑工程师的协助下，大部分交易由算法自动完成，"一名计算机工程师取代了四名交易员"。在投行业务流程中，75名数据科学家开发的"Deal Link"平台，将IPO业务分解为127个步骤，把包括法律合规审查、填表、生成报告等在内的50%以上业务流程自动化。并购业务中利用机器学习分析美国证券交易委员会（SEC）的监管文件，帮助理解客户股东之间的复杂关系；利用Reorg Research平台实现尽职调查智能化。

另一方面，通过科技实现业务模式创新，提升客户体验。如高盛通过多个金融科技应用平台创新业务模式，实现了从产品业务模式向平台业务模式的转型：Marquee平台提供市场价格信息、投资研究、交易监测服务；Symphony数据与通信平台为客户提供基于云计算的加密即时通信，帮助机构客户进行安全沟通、定价和报价；Zephyr平台实时进行债务资本架构分析，提升与客户互动解决复杂问题的效率。

(三) 改变投资银行职业生态

从岗位削减的角度来看，重复性、标准化、程序化的岗位数量大幅减少。在华尔街，机器正在取代大量高薪人士的工作：高盛股票交易员从2000年的600名减少至2名，2019年前9个月员工的平均收入为24.6万美元，不到2009年同期52.7万美元的一半；花旗宣布在5年内用人工智能代替近1万名投行部门员工，占投行员工总数的50%。从对员工技能要求的角度来看，擅长沟通、逻辑与创造的专业服务人才，以及人工智能技术人才受到投行的欢迎。如高盛机构客户证券部门的量化团队在十年前招聘的仅仅是擅长风险建模与定价的分析师，现在则更为关注擅长机器学习等人工智能技术的人才。

四、金融科技推动财富管理向综合金融服务转型

(一) 智能投顾成为财富管理新业态

智能投顾是金融科技在财富管理领域的最新运用，体现在2个方面：一是通过线上的手段形成透明化、操作便捷的人机交互，降低了人工交互的成本，整合了客户交互的渠道、数据和信息。二是将分散化投资、现代投资组合理论等财富管理的实质理论应用于大数据和机器学习，从而获得比人更快、更精准的投资组合决策能力。

智能投顾分为机器人投顾和人机结合投顾。（1）机器人投顾：全部决策和交易过程由机器进行，人工只在必要时进行有限干预或完全不干预，通常以ETF为底层资产，通过智能算法提供更动态、更准确的投资组合构建、税收损失收割（指当某个证券出现亏损时，智能投顾的服务可以用确认的损失来抵消所获得的收益，从而达到节税的目的）和自动交易与再平衡等服务。由于技术有效替代了人力，大大降低了服务成本，机器人投顾管理费率仅为0.25%，约为传统投顾费率的1/4。（2）人机结合投顾：通过智能算法形成

投资组合，但在交互环节可选择人工服务进行咨询和调整。资产管理规模最大的先锋基金主打人机结合模式，结合自动化咨询平台与持有国际金融理财师（CFP）资格的人工顾问的双重优势，让人工顾问服务于财富管理全流程，提供专业判断，吸引了大批高净值客户。目前，美国智能投顾公司数量超过200家，2019年资产管理规模达到7497亿美元，同比增长约125%。智能投顾市场较为集中，前五大智能投顾公司资产管理规模分别为：先锋基金1150亿美元、嘉信理财370亿美元、Betterment160亿美元、Wealthfront 110亿美元、Personal Capital 85亿美元。

根据SEC的监管指南，智能投顾是注册投资顾问（RIA）通过基于算法的在线程序为投资者提供的全权委托资产管理服务。全权委托模式无须客户同意即可直接对账户资产进行投资交易，一方面有利于实现全自动智能化交易，另一方面却为保护投资者权益带来了困难。为此，SEC设置了准入门槛和监管规则，要求智能投顾遵守1940年《投资顾问法》对注册投资顾问的相关规定。具体监管要求包括3个方面：重要事实披露、提供合适建议、制订合规计划。在此基础上，需同时遵守现有投顾相关法律和规范，并进行充分的投资者教育。FINRA对智能投顾的监管重点是审查智能投顾嵌入的算法是否合理，要求机构对算法、模型、程序等环节进行管理和评估。

（二）注册投资顾问（RIA）成为财富管理核心平台

随着金融与科技的深度融合，并受2008年金融危机的影响，美国资本市场投资者生态专业化趋势更加凸显，为注册投资顾问发展带来了新的机遇。自2001年以来资产管理规模增长了279%（同期标普500指数和美国GDP分别增长118%、94%）。截至2018年年底，在SEC注册的注册投资顾问公司共12993家，管理资产83.7万亿美元，客户数量4300万，90%以上资产为全权委托管理模式。并具有以下发展特点：一是市场集中度高。资产管理规模在1000亿美元以上的投资顾问机构数量为148家，占行业总机构数的1.1%，但所管理的客户资产占比达59.7%；资产管理规模在10亿美元以下的投资顾问机构数量占比71.5%，但所管理的客户资产仅占比3.1%。二是以管理资产为基础收取管理费是主要获利方式。95.5%的注册投资顾问按照管理资产规模的相应百分比收费。三是行业的账户托管稳定上升。拥有客户资产托管权的注册投资顾问由2012年的4456家增加至2018年的7162家。从托管资产类别来看，44%的注册投资顾问托管客户的现金、银行账户；41%的注册投资顾问托管客户的证券账户。

美国注册投资顾问监管制度较为完善，以投资者利益最大化为原则。首先，注册投资顾问有严格的准入和惩罚机制。投资顾问牌照的申请门槛较高，且无法通过购买公司的方式获得。监管部门对投资顾问违规行为的处罚十分严厉。其次，构建了垂直监管体系，以资产管理规模为限，1亿美元以上的由SEC监管，1亿美元以下的由州政府监管，SEC与州政府在分享监管权的同时，亦有监管协调。最后，1940年《投资顾问法》及1985年的修正法案规定了注册投资顾问须践行受信义务以保护客户利益最大化，具体要求包括：充分信息披露、所有建议需有合理基础和需尽全力为客户寻找最佳交易机会。

（三）向综合金融服务转型成为财富管理新趋势

2008年金融危机后，随着机构客户服务收入的持续下降，一流投行积极利用金融科技由传统投行向投行与财富管理业务均衡发展的综合金融服务机构转型。

高盛利用科技赋能向综合金融服务转型。2016年成立Marcus数字化金融服务平台，并随后收购许多涉及借贷领域的金融科技创业公司，拥有了消费借贷、小企业贷款、房地产、信用卡四大领域的科技团队。高盛通过Marcus开展个人贷款、储蓄和养老金等综合金融服务，借助金融科技将不断增长的零售客户群体与其丰富的服务资源结合，大力发展多层次的数字财富管理业务。当前Marcus客户总数已超过300万，消费者存款超过460亿美元，消费者贷款接近50亿美元。按计划Marcus未来将涉足包含智能投顾、信用卡、汽车贷款、保险等在内的12个业务领域，预计2020年实现10亿美元利润。高盛正在通过将 Marcus 打造成一家面对大众消费者的综合金融服务公司，逐步实现自身的综合化转型。

高盛的机构客户服务收入从 2009 年的 327 亿美元降至 2018 年的 135 亿美元，占总收入的比重由 72% 降至不足 40%。投资银行、投资管理收入保持稳定，占比维持在 20% 左右。投资和借贷业务收入等零售业务大幅提升，2018 年较 2016 年增长超过一倍，形成了包括投资银行、机构客户服务、投资与借贷、投资管理在内的四大业务链条。由金融科技赋能的线条清晰、结构多元的综合金融业务体系基本成型。

表 3　　　　　　2016~2019 年上半年高盛收入结构　　　　单位：亿美元

项目	2016 年		2017 年	
	收入	占比（%）	收入	占比（%）
投资银行	62	21	74	23
机构客户服务	144	47	119	36
投资和借贷收入	41	13	72	22
投资管理	58	19	62	19
合计	338	100	327	100

项目	2018 年		2019 年上半年	
	收入	占比（%）	收入	占比（%）
投资银行	79	21	37	20
机构客户服务	134	37	71	39
投资和借贷收入	83	23	44	24
投资管理	70	19	30	17
合计	366	100	182	100

摩根士丹利注重科技赋能财富管理业务实现战略转型。开发运用财富管理核心业务系统——"下一步最优行动系统"（NBA）和"目标规划系统"（GPS）。下一步最优行动系统（NBA）作为摩根士丹利财富管理业务的核心平台以及 16000 名投资顾问的主要工作平台，具有三大功能：提供投资建议、提供操作预警、辅助解决客户日常事务。该平台利用分析预测、大数据、人工智能等技术，显著提高了投资顾问与客户的沟通能力。目标规划系统

（GPS）则用于为客户提供一整套涵盖全生命周期的财富管理服务，满足客户在每个生命阶段的财富管理需求。具体内容包括：第一，财富管理计划，基于不同人生目标提供个性化财富规划；第二，财富增值与保值，旨在帮助客户抵御市场风险，实现财富增值；第三，财富使用和分配，打理财富进出并合理分配使用；第四，财富传承，为客户创造持久价值并传承财富。通过以上4步，真正将客户全生命周期财富都"管"了起来。

目前，摩根士丹利在美国财富管理市场有300万客户，管理2.5万亿美元资产。财富管理利润率从2013年的18.5%提高至2018年的25.5%，财富管理收入从2007年的66.25亿美元大幅增长至2018年的172.42亿美元，收入占比从2007年的25.0%显著提升至2018年的43%。科技助力摩根士丹利实现了从传统投行向全面财富管理业务的转型。

从全球的发展现状来看，金融科技深化运用已成为资本市场和证券业发展的新动力。中国证券业迫切需要从战略发展的高度，提高对证券科技的重视程度，深刻理解证券科技的创新与进步对经济生态、人文生态、金融生态的深远影响，紧紧跟上以大数据、云计算、人工智能和区块链为代表的新一轮信息科技变革的历史机遇，把深化新兴科技运用作为高质量发展的第一生产力，积极开发运用证券科技，提高证券科技应用水平，提高系统集成自主性，加强信息技术领域布局，补充证券科技产业链相应环节的能力，形成创新驱动发展新格局。

证券科技伴随的市场活动主要以数字化、虚拟化、云服务等方式呈现，模糊了市场参与者的身份特征、行为模式等关键要素，市场违规操作更加隐蔽化、智能化；新技术的运用使得业务设计更为复杂，交易速度和交易量呈几何级数增长，风险传播无时空界限，风险扩散更快，破坏性更强。

此外，在研发交易新技术时，可能出现交易算法和系统同质，在资本市场出现波动时，引发市场交易策略共振，进而引发市场的系统性风险，甚至危害经济安全、社会稳定。因此，证券行业深化运用新兴技术，必须大力加强系统安全保障工作，加强对业务风险的严密防控，加大业务合规的严格监控，提升新兴技术运用同监管要求的契合度，有效防范证券科技潜在的风险隐患。

中国资本市场的发展离不开改革开放的伟大时代，证券行业要继续走在改革开放的前列，必须坚持守正创新，不忘初心，就像创业之初那样，坚定走在新兴技术运用的前列。高质量发展，是体现新发展理念的发展，是创新成为第一动力、协调成为内生特点、绿色成为普遍形态、开放成为必由之路、共享成为根本目的的发展。深化科技运用是推动证券业高质量发展的必由之路。

（本文根据笔者 2019 年 1 月 20 日在第三届中国金融科技大会主旨发言演讲整理。笔者时任中国证券业协会党委书记、执行副会长。）

守正笃实推进证券行业文化建设

服务实体经济、贯彻新发展理念、防范金融风险是新时代金融工作的核心任务,也是证券行业高质量发展的靶向目标。文化引领是实现目标和任务的基础,文化建设是推动证券行业高质量发展的关键。文化建设是价值观、风险观、发展观的综合体现。推动证券业高质量发展,必须守正笃实加快推进证券业文化建设,持续积淀和涵养行业生态,为资本市场长期稳定健康发展提供价值引领、精神支撑和制度基础。

一、证券行业文化建设的内涵与机理

业界与学界普遍认为,企业文化理论孕育于20世纪70年代末,形成于80年代,以霍夫斯坦特的企业文化四层级说、丹尼尔·丹尼森的组织文化模型、理查德·帕斯卡尔和安东尼·阿索斯的"7S"管理框架为经典代表。丹尼森模型认为,影响组织文化的主要因素有适应性(Adaptability)、使命(Mission)、参与性(Involvement)和一致性(Consistency)等,每种特征细分为3个考察的角度:"适应性"包括"组织学习""顾客至上"和"创造变革";"使命"包括"愿景""目标"和"战略";"参与性"包括"授权""团队导向"和"能力发展";"一致性"包括"企业的核心价值观""员工之间的配合"和"合作性"等内容。"7S"框架模型则认为企业文化存在着7个重要联系的因素:共同的价值结构(Structure)、制度(System)、风格(Style)、员工(Staff)、技术(Skill)、战略(Strategy)以及共同的价值观(Shared Values)。这些理论研究成果对指导企业文化建设实践仍具有现实意义。

马克思主义关于"人"的学说认为:"人既是人的一切活动的出发点,又是归宿"。企业是一个由人构成的组织，企业文化是企业员工集体人格的集中反映。根据霍夫斯塔德四层级说，企业文化包括精神文化、制度文化、行为文化、物质文化4个层级。精神文化层是指公司在生产经营过程中，长期积淀形成的一种精神成果和文化观念，包括企业精神、经营哲学、价值观念等，是企业意识形态的总和。制度文化层是指公司治理结构、公司发展战略、内控合规规章、经营管理模式等，以及公司员工对制度的心理认同与行为契同。行为文化层是指从业人员在日常行为中表现出来的原则意识、使命意识、责任意识和道德意识。物质文化是指公司生产经营活动及其所提供的产品、服务中，展现出来的国家使命、社会责任、专业声誉和法治观念等。

行业文化是行业全体成员的共同价值观和行为规范的集体信念。行业文化同样包括精神文化、制度文化、行为文化、物质文化4个层级。广义的证券行业文化是指在一定的历史环境下，证券市场主体，包括证券发行人、证券投资者、证券中介机构、自律性组织、证券监管机构，以及证券行业媒体等所有证券活动参与者，在证券市场活动中逐渐形成的精神文化、制度文化、行为文化、物质文化的总和。因为证券公司在证券活动发挥着重要的枢纽作用，所以狭义的证券行业文化也特指证券公司的共性文化。证券行业文化是建立在证券公司个性文化基础上的共性文化，反映证券行业共同的价值观、风险观、发展观，具有普适性、普惠性和普遍性。证券行业文化建设致力于证券市场个体人格的塑造、群体价值的形成、职业道德的凝练，造就代表证券行业文化及其发展规律的"市场主体"和"创造主体"。证券行业的精神文化涵盖行业核心价值观、行业目标、使命责任、共同愿景，以及行业所倡导的证券公司经营理念等内容。证券行业的制度文化是证券发行、交易、登记、结算、自律、监管等方面的法律法规、行业业务规范和自律规则等，并从有形的制度中抽象为无形的文化，以及行为主体对制度的认同，对制度内化于心的表象。证券行业的行为文化是从业人员参与证券市场活动的具体行为表现，是行业精神文化的外化于行，同时也是行业物质文化与制度文化的动态体现。证券行业的物质文化是指证券公司在提供产品、服务、投资者适当管理与服务等工作中，所展现的归属行业文化的价值观、风险观和发展观。

证券行业文化建设不是简单地归纳和总结证券公司文化，也不是机械地推广证券公司文化建设的成果和经验。首先，证券行业文化具有指导性，其所倡导的价值导向、经营理念、发展宗旨、制度原则，代表行业的性质、共识和方向，并得到全体证券公司的普遍认同和原则遵循，促进构建良好市场生态。其次，证券行业文化具有传导性，在行业文化引导下，各家证券公司因由不同的历史沿革、经营风格和文化积淀，而形成的各具特色的个性企业文化，以及各家证券公司文化建设的成果与创新，不断丰富着证券行业文化的内涵与实践，二者相辅相成，相得益彰，共同构建起各美其美、美美与共的行业生态。最后，行业文化建设具有实践性，注重以长期视角引导证券公司建立诚信、合规、专业、稳健的内部人文化，并在实践中引导形成连贯性、平衡性和持续性的价值观。强调工作原则和价值观是一系列具体的指南，使每个人都能看懂、遵循和践行，能够清晰地呈现附加值，推动行业厚植使命、责任、理性、声誉的文化基因，而不是像"顾客至上"或"争取做行业龙头"那样含糊不清的标语口号。

二、证券业文化建设的国际经验与借鉴

从国际经验来看，国家属性、行业属性和金融危机是影响证券业文化建设的主要因素。

首先，行业文化深受国家民族文化的影响。以美国为例，其移民文化、多元文化、个人主义文化的表征，造就了以冒险与创新为核心的美国商业文化。在美国商界流行这样一句话："要么创新，要么灭亡"，多数企业主张"干起来、做出来、试试它"，坚信"乱糟糟的行动总比有秩序的停滞好"，充分体现了美国企业文化中对创新与冒险的容忍和鼓励。在美国金融业同样主张在"合理"冒险之下进行创新。美国花旗银行认为："企业最大的问题是如何突破常规的方式，尤其在业务创新中，更需有意识地进行试错前行。"高

盛集团十分重视在"合理"风险下的创新,把"先起一步"和"率先模仿"作为重要的发展战略。正是在这种冒险与创新的行业文化影响下,2008年金融危机前美国在经济金融发展上采取了"自由放任主义",金融自由化、复杂金融创新走向极致,最终酿成了席卷全球、贻害至今的金融危机。

其次,证券文化深受行业义利观的影响。证券行业是促进资本形成的重要载体,必然沾染资本的贪婪属性,正如马克思所描述的"资本一出生就是沾满了鲜血,当利润达到10%的时候,他们将蠢蠢欲动;当利润达到50%的时候,他们将铤而走险;当利润达到100%的时候,他们敢于践踏人间的一切法律;当利润达到300%的时候,他们敢于冒绞刑的危险"。在美国开国元勋杰斐逊的眼里,华尔街一直是"人性堕落的大阴沟"。在经历了一次次欺诈丑闻和信任危机之后,华尔街开始重视以新的义利观重塑行业文化,提出"短胜不如长胜,长胜不如永胜"的理念,面对无处不在的风险和瞬息万变的市场,证券公司或许可以凭借成功的商业模式、卓越的战略、领先的技术和管理体系做到"长胜"。然而,要做到"永胜",就需要符合基本商业伦理道德、适合企业运行规律并能落实在员工行为中的企业文化。

最后,证券行业文化建设因金融危机频发而日益受到重视。在过去25年中,国际上平均每年会发生6场或大或小的金融危机。金融危机的频发彰显出一家金融机构内部治理和文化要素的重要性,因为这些要素可能会深刻地影响到审慎要求和道德要求。2008年金融危机之后,欧美资本市场日益开始重视企业文化建设,避免金融危机的方法,从之前的聚焦于去杠杆化,慢慢转移到如何提升对公司的文化和价值上。2013年德勤针对企业文化缺失程度以及如何采取措施建设企业文化等问题采访了全球41位金融高层管理者,许多受访者都承认这是行业需要重视的问题,但当谈及各自企业的时候,企业文化缺失依然是困扰全球金融行业高层的问题。桥水公司创始人瑞·利达欧在著作《原则》中更是明确提出:一个机构就像一部机器,主要由文化和人两个部件构成,做优机构的有效途径就是打造良好的文化和用对人。

金融危机带来的重要启示是,企业文化可能会反映出金融机构内部的种种风险,监管者不能仅仅关注金融机构的偿付能力和流动性,而忽视了金融机构的行为和文化中隐藏的风险。在总结2008年金融危机的深刻教训之后,荷兰央行认为,金融体系的稳健并非仅由商业运营所决定,机构的"行为与文化"及其对风险管理、诚信问题等的影响也决定着金融体系的稳健,进而提出了金融机构稳健文化七要素原则,并确信行为和文化是决定金融机构绩效的因素:良好的文化带来良好并且健康的商业行为,这些商业行为是基于长远考虑和所有利益相关者的利益,具有均衡性、连贯性、持续性并且高效的特征;金融机构应当全力发展能够达成这个目标的文化,不仅董事会要为实现这个目标发挥作用,而且监事会、内部审计部门和合规部门都有助于在机构内推动展开一场关于行为和文化重要性的对话,剖析各种观点,确保机构的行为遵从其战略目标,确保机构有空间进行批判性的自我评价。上述国际经验和教训,值得在中国证券行业文化建设实践中认真总结、反思,取其精华,去其糟粕,推陈出新,为我所用。

三、中国证券业文化建设的不足与成因

中国证券行业经过30多年的持续发展,在砥砺前行中不断厚植发展力量和文化基因,初步形成具有中国特色的证券行业文化。整体来看,与证券行业规模、资本实力、利润水平等"硬指标"的快速增长相比,行业文化的"软实力"发展相对滞后,与业务经营发展不平衡、不协调的问题十分突出。主要表现在健康的投资者文化和内部人文化缺失、合规诚信意识不强、违法违规行为屡禁不止等方面,严重制约行业经营效率质量的全面提升,更无法适应新时代建设规范、透明、开放、有活力、有韧性的资本市场的要求。

导致行业文化"软实力"发展相对滞后的原因,主要有以下几个方面:一是重业绩导向,轻发展质量。在经营模式上走激进路线,业务管控不足,风控合规薄弱,不重视文化建设和从业人员管理,视之为业务发展之余的

"锦上添花"之举。二是过度短期激励,滋生急功近利习气。在"业绩为王"导向下,业务人员薪酬采取"二八、三七"比例激励分成,公司仅收取"牌照费";对合规情况、职业道德、客户评价、服务质量等指标只在形式上"充权重";员工持股、股权激励等长效激励约束机制不健全。三是过责不相匹配,助长道德风险加大。突出体现在:发现难,证券行业专业性高,业务类型复杂,违法失信活动隐蔽性强,难以主动发现;认定难,道德风险引发的违法违规行为,难以证明主观故意动机;追责难,相关法律法规规定较为原则,缺乏具体行为界定及细化到人的明确罚则,难以有效遏制道德风险发生;责任轻,法律规定的问责处罚和司法惩戒不足,难以发挥惩前毖后、以儆效尤的效力。四是诚信体系滞后,声誉约束不足。行业诚信体系不健全,特别从业人员诚信记录不完整、不连贯,失信成本低,没有形成"一处失信,处处受限"的声誉约束机制。五是监管前瞻性不足,缺乏有效引导。在监管念上侧重于"惩劣","奖优"相对不足,没有形成"好人举手"的正向激励机制;对公司治理、发展战略、经营模式、人员素质等潜在风险,缺乏有效的预防性监管手段。六是行业文化缺失,职业教育滞后。在中国金融体系中,证券行业是新兴行业,早期实践中重生存发展,综合治理之后重创新发展,行业文化建设严重滞后,没有形成行业共同的价值观、风险观、发展观;从业人员缺乏系统的职业教育和道德教育,受利己主义、拜金主义等浮躁情绪影响,法制观点和风险意识淡薄,道德风险危机四伏,成为制约证券业高质量发展的"瓶颈"。

四、中国证券业文化建设的方向与方法

文化建设是资本市场健康发展的支柱,也是证券公司行稳致远的立身之本。建设行业文化必须坚持正确的方向和务实的精神,从大局着眼,从小事抓起,常抓不懈,驰而不息,久久为功。

（一）文化建设方向必须紧扣新时代金融核心任务，聚焦高质量发展目标

一是牢固树立服务实体经济的价值观，克服脱实向虚、自我服务倾向。随着金融创新和金融自由化在全球范围内的扩张，经济"金融化"和"类金融化"趋势日益显现，经济运行显著受金融"繁荣—萧条"周期的影响，巨量的货币和信用不断注入并滞留于金融体系，不仅加大了金融体系对实体经济的偏离程度，而且使金融方面的扭曲往往先于实体经济的扭曲发生，因此，证券行业创新发展必须回归本源、优化结构，一切经营活动以服务实体经济为出发点，坚持市场导向引导储蓄转化为有效投资，促进实体经济、科技创新、现代金融、人力资源协同发展，促进形成金融与实体经济的良性循环、金融体系内部的良性循环，不断增强服务实体经济的能力。二是牢固树立以贯彻新发展理念为中心任务的发展观，克服急功近利、投机取巧文化。当前中国经济已由高速增长阶段转入高质量发展阶段，健全具有高度适应性、竞争力和普惠性的现代金融体系，是国家治理体系和能力现代化的重要内容，证券行业必须因时而变，因势利导，转变发展观念，全面贯彻新发展理念，切实把创新成为第一动力、协调成为内生特点、绿色成为普遍形态、开放成为必由之路、共享成为根本目的，作为推动证券行业高质量发展的靶向目标，增强行业发展的适应性，以创新发展解决发展动力问题，以协调发展解决发展不平衡问题，以绿色发展解决可持续发展问题，以开放发展提升竞争力，以共享发展增强普惠性。三是牢固树立以防范金融风险为首要任务的风险观，切实防止道德风险酿成系统性风险。道德风险形成于从业人员的心理活动，触发从业人员背离道德标准而满足个人利益需求的行为，具有隐蔽性、破坏性、复杂性和长期性等特征，其影响机制贯穿于金融活动的各个领域，具有较强的外部性和高度的传染性，一旦发生，轻则导致公司受到监管处罚、声誉受损或资产流失，重则扰乱市场秩序或社会秩序，威胁国家金融安全和经济稳定。因此，文化建设必须从加强从业人员行为规范、职业道德和法制观念教育入手，提高从业人员风控合规意识，从源头上筑牢防范道德风险的思

想防线。

（二）弘扬合规、诚信、专业、稳健行业文化，促进证券业高质量发展

2019年11月证监会易会满主席在行业文化建设动员大会上提出，逐步打造"合规、诚信、专业、稳健"的行业文化的。这八个字的目标既有传承又有创新，既是贯彻落实社会主义核心价值观的必然要求，又是证券行业高质量发展的内在要求，对全行业文化建设具有重要的引导作用。坚守合规底线，证券公司作为资本市场的"看门人"，一切经营活动必须以符合法律法规、监管规则作为第一准绳，坚持合规创造价值、合规人人有责，以合规赢得市场信任、客户信任、投资者信任。坚守诚信义务，证券公司是促进资本形成的信用中介，诚实守信是基本的职业道德和重要的声誉资本，必须慎独慎微，从一点一滴中维护良好的诚信记录，从一言一行之中积淀忠实诚信文化，以诚信提升自身的市场信用。坚持专业特色，专业是行业机构安身立命之本，培养专业精神和专业主义，提升专业附加值是证券公司核心竞争力之所在。坚持稳健经营，金融是经营风险的行业，必须把稳健作为行业的经营底色和鲜明特质，始终保持资本稳健，流动性充足，业务发展与管理能力相匹配，以稳中求进才能铸造"永胜"辉煌。行业文化建设需要遵循文化形成的一般规律和内在逻辑，有序推进。首先以制度建设强基。行业机构应当将合规、诚实、专业、稳健的文化要素，作为基本要求嵌入证券机构业务流程、内部控制、合规管理之中制度化、规范化，以制度承载道德理念、固化良好品行、强化文化认同。其次以生态培养固本。通过制度执行，增进认知认同，使文化建设与公司经营、个人执业行为相融相通，为文化建设创造良好的内外部环境和市场生态。最后以文化形成致远。使行业的价值追求、经营理念、行为规范变为一种习惯，成为从业人员的内心觉醒和自觉行动，成为行业的鲜明标识和共同气质，最终形成普遍的、自发的价值认同和文化积淀。

（三）发挥好自律组织的传导作用，以文化建设提升监管前瞻性

金融危机带给监管部门的重要启示之一，就是要提高监管的前瞻性。

2008年金融危机之后,欧美各国金融监管当局反思认为,潜在的问题往往来源于金融机构的业务模式与战略,以及金融机构的行为及其内部文化,但是相比界定一家金融机构的合规程度而言,对金融机构公司治理的有效性、发展战略的脆弱性及其企业行为、文化进行客观描述更加困难。以往行之有效的审计式监管聚焦于形式合规和细节化的财务和风险报告,对这些潜在的问题却无能为力,要阻止发生严重的金融危机,必须增强监管前瞻性,即加强对金融机构治理结构、发展战略、业务模式、行为与文化的分析判断。加强行业文化建设是增强监管前瞻性的基础,在这方面发挥自律组织的传导作用尤为重要。推进行业文化建设需要处理好4种关系,即行业文化建设与公司文化建设的关系、公司治理与文化建设的关系、公司文化建设与从业人员自律的关系、自律管理的底线要求与最佳实践的关系;做到4个结合,即把文化建设与人的建设结合起来,与历史传承结合起来,与专业养成结合起来,与党建要求结合起来,借鉴荷兰央行提出《稳健文化七要素》作为参照,探索建立一套以公司治理、发展战备、业务模式、行为与文化为目标的综合评估机制,考察相关目标与公司价值观、风险观、发展观的关联度、契合度与偏离度,考量目标主体是否权衡利益平衡行事、行为是否具有一致性、内部管理的开放性、决策过程的透明度、榜样示范性、制度实用性、问责执行力。同时,健全诚信体系、声誉管理体系、社会责任评价体系,完善市场声誉激励与约束机制,激发行业加强文化建设的动力和活力,促进提升监管前瞻性,增强防范金融风险的监管能力。

(四)发挥好公司治理的督导作用,以文化建设促进人的全面发展

推动文化建设应当把握好4个方面的关系:一是行业文化建设与公司文化建设的关系。行业文化建立在证券公司文化基础上的共性文化,反映行业共同的价值观、发展观、风险观,各家证券公司因由不同的历史沿革、经营风格和文化积淀,形成各具特色的个性化的公司文化,监管与自律组织主要是研究、倡导具有共性的行业文化,尊重、引导而不是替代个性化的公司文

化建设。二是公司治理与文化建设协同发展的关系。文化建设是公司发展战略的重要内容，公司治理致力于公司发展战略的确立与执行，文化建设必然是公司治理原则和目标题中应有之义。公司治理与文化建设相互促进、相得益彰，公司治理有效性主要体现在公司价值观、发展观、风险观的有机统一，公司治理、文化与战略的协同发展，共同构成公司可持续发展的"软实力"和核心竞争力。三是公司文化建设和从业人员自律管理的关系。公司文化是员工集体人格的集中反映，公司文化建设归根结底是员工的道德培养和素质建设，新实施的《证券法》赋予了行业协会对证券从业人员的自律管理职能，推动文化建设要以从业人员自律规范为抓手，切实增强从业人员敬畏市场、敬畏法治、敬畏专业、敬畏风险的意识，形成声誉约束、诚信约束、道德约束。四是自律管理的底线要求和最佳实践的关系。自律性组织在制定行业业务规范和自律规则时，要加强提升职业操守和专业能力的制度供给，注重价值引领、道德示范、最佳实践倡导。在完善行业文化建设自律规则体系的基础上，通过组织公司治理与文化建设最佳实践评估、树立道德模范和行业楷模，形成"抓两头，带中间"的工作机制，促进提高行业文化建设整体水平，推动提升文化建设工作的实效性。

  文化建设的重要目标之一就是促进人的全面发展。马克思主义认为"人的发展是社会发展的主题和核心"，人的发展离不开社会的发展，社会发展的最终目的落实于人的全面发展。人的全面发展是指人的体力和智力的充分、自由、和谐、统一的发展，包括人的才能、志趣和道德品质的多方面发展，人的全面发展是以先进文化建设和提高人的综合素质为基础。推动证券行业文化建设，就是着力打造忠诚担当、踏实干事、专业为本、风清气正的组织文化、团队精神、工作氛围、人际关系，为促进人的全面发展构建良好生态。因此，文化建设应当围绕4个结合同步发力：一是与人的建设相结合，坚持以人为本，人人参与，以文育人，以德化人，使道德文化真正内化于心、外化于行，通过激发人才的内生动力，实现人尽其才和人才价值最大化，促进人的全面发展。二是与历史文化相结合，尊重历史文化积淀，深挖行业文化基因，提炼公司文化因子，树立正确义利观，形成证券业独具特色的文化传承。三是与专业建设相结合，培养专业精神和专业主义，推动学习型组织建设，激发从业人员学习专业、尊崇专业、按专业主义干事创业的活力。四是与党建活动相结合，弘扬社会主义核心价值观，在文化培养中加强党性修养，在文化传承中加强党史国史教育，以文化建设促进提升公司党的建设质量。

（本文刊于《中国金融》2020年第5期。笔者时任中国证券业协会党委书记、执行副会长。）

全面提升证券业服务经济高质量发展能力

2018年是改革开放40周年，也是资本市场发展28周年。一年来，证券业深入学习领会习近平新时代中国特色社会主义思想，坚持稳中求进的工作总基调，紧紧围绕服务实体经济、防控金融风险、深化金融改革3项任务，坚持市场化、法治化发展方向，不断融入国家发展战略，持续助推供给侧结构性改革，全力支持多层次资本市场建设，不断畅通资本市场和实体经济的良性循环，取得积极成效。

一是社会责任机制建设不断完善。自2011年以来，中国证券业协会（以下简称"协会"）已连续8年发布证券公司履行社会责任情况报告，向公众披露证券行业在服务实体经济、防范金融风险、推进多层次资本市场建设、服务国家脱贫攻坚战略、发展绿色金融、完善投资者教育和保护等方面的责任履行情况，展现行业责任担当和责任文化建设。2018年，97家证券公司（母公司口径，行业共98家）通过发布独立社会责任报告或者在公司年报中设置专门章节，向公众披露社会责任履行情况，占比99%。证券公司不断将履行社会责任与行业形象建设相结合，形成责任理念、责任文化，争做有责任、有担当、有作为的投资银行。

二是服务实体经济能力不断增强。2018年，证券公司服务105家企业完成IPO，融资1378亿元；上市公司再融资约1万亿元，并购重组交易金额2.58万亿元；交易所债券市场发行债券融资5.69万亿元；推荐583家企业新三板挂牌，完成1402次发行，融资604亿元；48家证券公司签署"证券行业支持民营企业发展系列资管计划"，承诺出资538亿元；交易所债券市场发行8只纾困公司债券，融资98亿元。证券公司坚持以市场需求为导向，致力于满足不同类型、不同成长阶段、不同发展规模的企业融资需求，在缓解民营经济融资难题、服务创新驱动国家战略、推动产业结构转型升级、深化国有企业改革等方面取得一定成效。

三是合规风控管理水平不断提高。2018年，证券公司以合规管理和风险控制为抓手，认真落实《证券公司和证券投资基金管理公司合规管理办法》《证券期货经营机构及其工作人员廉洁从业规定》《证券公司投资银行类业务内部控制指引》《证券公司合规管理实施指引》等要求，健全内部控制体系，优化合规管理架构，完善自我约束机制，提高风险防范能力。根据协会调查显示，2018年，88%的证券公司设立了专职合规部门，约60%的公司增加了合规部门人员配备，超过90%的公司设立独立的风险管理部门，64%的公司增加了风险管理部门人员数量，76%的公司新增了投行相关的风控岗位。证券业合规风控管理的精细化程度不断提高，合规风控管理水平逐渐提升，在净化行业生态、防范金融风险、推动资本市场稳健发展等方面取得积极进展。

四是资本市场双向开放持续扩大。2018年，根据党中央、国务院关于进一步扩大金融业对外开放的决策部署，证券业积极把握发展机遇，稳步推进国际化战略布局。证券公司通过增资或新设境外分支机构，逐步提高服务境内企业和居民跨境投融资和资产管理能力；积极参与"一带一路"建设，服务实体企业"走出去"，着力拓展海外业务，提升跨境业务能力和服务水平。此外，沪港通、深港通年内成交量均有所增加，北向成交额4.67万亿元人民币，同比增长106.3%，南向成交额2.83万亿港元，同比增长25.5%，资本市场双向开放程度进一步提高。

五是投资者教育和保护有序推进。保护投资者合法权益是证券经营机构义不容辞的责任。证券公司始终将投资者合法权益保护作为重中之重，主动承担投资者教育义务，认真履行投资者保护责任。2018年，102家证券公司投资者教育经费总计约3.57亿元，占同期代理买卖证券业务净收入的0.4%；投资者教育服务岗位共计15566人，同比增长4.35%。证券公司以提高投资者满意度和获得感为目标，开展线上线下相结合的投资者教育活动，丰富投教手段，拓展投教载体，完善投资者教育和服务体系；持续引导投资者树立理性投资、价值投资、长期投资理念，倡导成熟、理性的投资文化；引导投资者自觉强化风险意识和理性思维，增强自我保护能力。

六是服务国家脱贫攻坚战略成效显著。自协会发起"一司一县"结对帮扶、"一县一企"产业扶贫行动倡议以来，证券公司积极响应、迅速行动，服务脱贫攻坚成为各公司的思想共识和行动自觉。截至2019年6月，101家证券公司结对帮扶285个国家级贫困县，覆盖了全国34%的国家级贫困县；79家证券公司主动从"一司一县"增至"一司多县"，多家证券公司结对帮扶贫困县达10个以上；70家证券公司主动向深度贫困倾斜，结对帮扶106个深度贫困地区，覆盖了32%的深度贫困县。同时，证券公司在贫困地区派驻挂职干部125人，开展金融和资本市场教育培训432场，受众7.84万余人，推广销售特色农副产品1.01亿元，设立金融扶贫工作站55个。此外，2016~2018年，证券公司为贫困地区企业融资2026亿元，公益性支出12.4亿元。根据国务院扶贫办公布数据统计，在证券公司和社会各界的共同帮扶下，35家证券公司结对帮扶的38个国家级贫困县实现脱贫"摘帽"。

当前，中国经济已由高速增长阶段转向高质量发展阶段，产业结构面临优化调整，宏观经济面临转型升级，经济增长面临新旧动能转换，迫切需要资本市场发挥在资本形成、直接融资、创新驱动、价格发现、风险管理等方面的作用，为实体经济提供更高质量、更有效率、更可持续的金融服务。与此同时，伴随着金融业对外开放进程的加快，证券业面临的国内外竞争也更加激烈。这些既对证券公司的服务能力、服务水平提出了更高的要求，又为业务体系的纵深发展拓宽了空间。

党中央、国务院高度重视资本市场改革发展。在机遇和挑战并存的情况下，证券经营机构要深刻认识在实体经济转型升级中承载的历史使命，按照党中央提出的"打造一个规范、透明、开放、有活力、有韧性的资本市场"的要求，坚持"四个敬畏、一个合力"，以设立科创板并试点注册制改革为契机，深化金融供给侧结构性改革，打好防范化解重大风险攻坚战，全面提升服务资本市场改革发展和实体经济转型升级的能力。

一是坚持责任落实,支持设立科创板并试点注册制改革。设立科创板并试点注册制,对全面深化资本市场改革、引领经济发展向创新驱动转型具有重要意义。对于证券公司而言,既是责任担当,又是难得机遇。作为资本市场直接融资功能的主要承担者,证券公司要站在资本市场改革发展的高度,围绕中介机构行为规范、业务规范和责任体系,以科创板推出为契机,增强投行服务功能,全面提升执业质量和执业水平,压实中介机构责任;完善市场约束和内在制衡机制,实现归位尽责,着力提升资本对科技创新型企业的支持力度,培育新兴产业集群,切实服务于资本市场改革发展和创新型国家建设。

二是坚持金融本质,着力提升服务实体经济能力。作为连接资本市场投融资双方的专业服务机构,证券公司要突出主业、回归本源,坚持新发展理念,坚持差异化、专业化、特色化发展路径,专注强项、做出精品,提高核心竞争力,增强责任与担当,畅通金融资本与实体经济的循环机制;切实履行资本市场中介机构责任,从源头上把好上市公司质量关,积极服务并购重组,为国资国企改革、僵尸企业退出、优化存量资产配置等提供专业服务;坚持服务供给侧结构性改革和实体经济高质量发展要求,丰富多样化的金融工具,提升基于市场投融资需求的金融产品和金融服务供给能力,为实体经济提供精准、高效的金融支持。

三是坚持文化建设,切实营造行业发展的良好生态。加强企业文化建设是道德风险防控的基础,推动形成良好的企业文化、行业文化、市场文化,是资本市场健康发展的根基。证券公司要担负起提升行业文化建设水平、健全道德风险防控体系的主体责任,将合规经营、风险防范、诚实守信、勤勉尽责、廉洁自律、稳健发展等有机融入其中,提升行业美誉度、公信力和核心竞争力。证券经营机构要完善内在约束制衡机制,增强主动合规意识和自我管控风险理念,高标准建立合规风控体系,形成主动合规、全面风控的行业生态;审慎研判业务风险,精准做好股票质押、债券违约、场外配资等重点领域风险防控,维护金融市场的稳定和安全;坚持诚实守信,紧绷勤勉尽责之弦,加强声誉风险管理;强化廉洁从业风险防控主体责任,筑牢廉洁自律防线,净化资本市场生态环境;坚持稳健发展,确保资本充足,保证业务稳健、风险可控、流动性充足,为行业发展提供良好的市场生态。

四是坚持主动作为,迎接资本市场双向开放新机遇。习近平总书记强调,改革开放是当代中国最鲜明的特征,对外开放宜早不宜迟,宜快不宜慢。对内深化改革、对外扩大开放是成熟资本市场建设的重要组成部分,粤港澳大湾区建设、"一带一路"建设、自由贸易试验区建设等,为行业国际化布局带来了新的历史机遇。证券经营机构要按照党中央关于新一轮高水平对外开放的战略部署,在全方位对外开放的背景下,主动学习借鉴国际最佳实践,着力提高跨境金融服务能力和专业水平,提升行业国际竞争力,努力打造国际一流的投资银行和财富管理机构,助力更高层次开放型经济建设。同时,证券公司也要主动提升风险防范能力,完善风险防范应对机制,切实防范金融风险交叉传染,维护跨境投融资业务的正常秩序。

五是坚持责任担当,持续强化行业社会责任建设。证券公司要始终以人民为中心,严格落实客户服务与管理,提升投资者守法意识和风险防范意识,主动回应投资者关切,妥善解决投资者诉求,做到尊重投资者、敬畏投资者、保护投资者;全力服务国家脱贫攻坚战略,深化"一司一县"结对帮扶、"一县一企"产业扶贫,加大对深度贫困地区的帮扶力度,做好贫困县退出后的持续帮扶和巩固提升;践行"绿水青山就是金山银山"的绿色发展理念,引导社会资本投向绿色产业,加快发展绿色金融,切实履行环境责任;健全员工权益保障体系和人才激励机制,着力提升员工满意度,切实履行人才责任;在支持经济发展、创造经济利润的同时,主动承担企业公民的社会责任,投身公益慈善,增进民生福祉,实现自身发展与经济、社会、环境的和谐统一。

"所当乘者势也,不可失者时也"。当前世界面临百年未有之大变局,中国经济在向高质量发展过程中面临着诸多机遇和挑战。习近平总书记提出"金融活,经济活,金融稳,经济稳;经济兴、金融兴,经济强、金融强"。一方面,我们要深刻意识到,中国发展仍处于并将长期处于重要战略机遇期,拥有足够的韧性、巨大的潜力和不断迸发的创新活力。证券行业应坚持法治化、市场化发展取向，坚持守正创新，发挥好投资银行资本中介功能和投融资枢纽作用，支持打造一个规范、透明、开放、有活力、有韧性的资本市场，不断提升证券业服务经济高质量发展的能力。另一方面，金融风险是金融市场的内在属性，证券行业应高度重视金融市场特有的三大属性：脆弱性（信用）、放大性（杠杆）和危机传染性（错配），严防风险外溢，坚决守住不发生系统性金融风险的底线。坚持底线思维，健全风险防控机制，强化对信用风险、流动性风险、回购风险、道德风险，以及违规操作等风险的监测，既要警惕"黑天鹅"，又要防范"灰犀牛"。

展望未来，围绕建设现代化经济体系的战略目标，站在新时代新的历史方位，证券行业要把握好五大机遇：

一是把握加快经济结构优化升级的机遇，加强投资银行能力建设，全面提升核心业务能力和综合服务功能。证券公司应回归资本中介的本质属性，不断优化结构，进一步加强风险经营能力、投资交易能力、产品设计能力、金融科技能力、研究分析能力等核心能力建设，通过IPO、并购重组、债转股等方式，为深化国企改革、促进僵尸企业退出、化解过剩产能等提供专业服务，推动产业结构转型升级，为实体经济发展和满足人民群众需要提供更高质量、更有效率的服务。

二是把握提升科技创新能力的机遇，深化科技运用，促进证券业与金融科技的深度融合。证券行业需要从战略发展高度，深刻理解金融科技、技术进步对经济生态、人文生态、金融生态的深远影响，紧紧抓住以大数据、云计算、人工智能和区块链为代表的新一轮信息技术变革的机遇，积极开发运用证券科技，提高证券科技应用水平，推动传统业务转型，创新业务模式，提高管理效率，形成创新驱动发展新格局。另外，科技创新本身具有很大的不确定性，加上资本市场也有风险，要注意防范科技创新与资本市场形成叠加共振风险。

三是把握深化改革开放的机遇，提升证券业国际化水平。经济全球化是不可逆转的时代潮流，新时代的对外开放是更高水平、更广范围、更多形式的对外开放。证券行业不仅需要练好内功，积极应对境外优质金融机构进入对行业竞争格局的影响，而且更要有效利用国内、国际两个市场、两种资源，让更多业务规范、专业能力强的证券公司"走出去"，开展跨境并购、融资等跨境金融服务，助力国家"一带一路"建设，在全球范围优化资源配置，进一步提高全球竞争力，提高开放条件下经济金融管理能力和防控风险能力，实现更大、更深、更远的发展。

四是把握加快绿色发展的机遇，大力发展绿色金融，切实服务实体经济。绿色发展具有资本密集、中长期运作的特点，依赖高度发达的绿色金融的支持。证券行业应深入贯彻新发展理念，借助市场力量和行业力量，充分发挥资本市场枢纽功能，积极支持符合条件的绿色企业上市、发行绿色债券融资，为绿色发展提供多元化的资金来源；注重发挥投行组织交易、集合资源、风险管理的专业能力，深入参与绿色证券业务，提升绿色业务能力，增强绿色投资意识，提供精准绿色金融服务，助力构建风险投资、银行信贷、债券市场、股票市场等全方位、多层次金融支持服务体系，大力支持绿色产业和绿色金融发展，切实服务实体经济。

五是把握参与全球经济治理体系变革的机遇，推动建设一流投资银行，增强国际影响力。参与并推动全球治理体系变革，是实现中国经济可持续发展的必然要求，迫切需要与国家综合实力相匹配的一流投资银行。众所周知，国际一流投行的规模体量大、核心竞争力强、有强大的适应和发展能力，在国家经济金融发展中发挥了不可替代的作用，是具有系统重要性的金融中介机构。与它们相比，国内证券公司仍存在较大差距。在当前历史机遇下，需要一大批证券公司对标国际一流投行，注重专业化经营、差异化竞争、精细化管理、高质量发展，不断提升核心竞争力，成为深化服务国家战略、提高参与国际金融治理能力的先行军和主力部队。

2019年是新中国成立70周年，也是全面建成小康社会的关键之年。证券业要在新时代改革开放中守正创新、把握机遇、主动作为，以深化金融供给侧结构性改革为主线，打好防范化解重大风险攻坚战，全面提升服务资本市场改革发展和实体经济高质量发展的能力，切实担负起服务国家发展战略和经济社会发展大局的历史使命。

（本文是笔者为《中国证券业发展报告（2018年）》一书所作的序言。笔者时任中国证券业协会党委书记、执行副会长。）

适当性是有效保护投资者权益的基础

习近平总书记指出，发展资本市场是中国的改革方向。2017 年召开的第五次全国金融工作会议确立中国资本市场改革的目标，是形成融资功能完备、基础制度扎实、市场监管有效、投资者合法权益得到有效保护的多层次资本市场。2013 年 12 月国务院办公厅发布《关于进一步加强资本市场中小投资者合法权益保护工作的意见》（国办发〔2013〕110 号，以下简称《意见》），明确提出健全投资者适当性制度，要求完善中小投资者分类标准，科学划分风险等级，建立执业规范和市场服务体系，严格落实投资者适当性制度并强化监管。"适当性"是有效保护投资者合法权益的基础。

一、投资者适当性是资本市场的基础性制度

党的十九大报告明确提出："中国经济已由高速增长阶段转向高质量发展阶段"，服务高质量发展是中国资本市场改革和发展的方向。证券行业服务高质量发展的关键是解决"好不好"的问题。习近平总书记在第五次全国金融工作会议上提出的做好金融工作要把握的四项重要原则，即回归本源、优化结构、强化监管、市场导向，是证券行业服务高质量发展的基本遵循。健全完善投资者适当性管理制度，是贯彻落实四项重要原则的具体举措。证券行业回归本源的重要方面之一，就是回归媒介交易和专业服务的金融中介定位，根据资金供求双方的风险喜好和状况，以及对流动性的不同预期合理匹配资金，促进以信息信用为基础的跨时间、跨空间、跨群体的价值交换。优化结构是要贯彻落实"卖者有责"的理念，让投资者在获得充分信息的基础上，将适当的产品和服务销售给适当的投资者，让适当的投资者承担适当的风险

和收益。强化监管和市场导向就是体现刘鹤副总理在"健全系统性金融风险防范体系"专题协商会上指出的,要使全社会都懂得,做生意是要有本钱的,借钱是要还的,投资是要承担风险的,做坏事是要付出代价的。健全完善投资者适当性管理制度,是解决现阶段中国资本市场发展不平衡不充分矛盾的根本措施。

投资者适当性制度是资本市场基础性制度之一,与信息披露制度共同构成资本市场有效运行的基础台柱。直接融资体系的基本市场逻辑是"买者自负"原则,即投资者分散决策,投资者通过分散决策自己承担适当的风险和收益。但是由于信息不对称问题难以消除,中小投资者作为"信息弱势群体"的客观存在,传统契约关系中的主体平等无法实现,于是引入"卖者有责"原则作为资本市场的重要契约原则。投资者适当性是"卖者有责"原则的具体体现。投资者适当性制度发源于美国,其主要指金融机构提供的金融产品或服务与投资者的财务状况、投资目标、风险承受水平、投资需求、知识和经验之间的契合程度,最初是作为证券经纪商行为的商业道德规范。1929年金融危机以后,根据《1938年罗马尼法》(即《1934年证券交易法》第15章A部分的修正案)设立全美证券商协会(NASD)(即目前全美金融行业监管协会(FINRA)的前身),为保障场外市场证券交易的公平和有序,在自律管理规则中确立投资者适当原则,即会员在向投资者推荐某种证券买卖或者交易时,要有合理根据认为这种推荐适合该特定投资者,对该特定投资者的判断取决于投资者向会员公开的其他持股情形以及财产状况和需要(RULE2310A)。投资者适当性制度经过80多年的发展,由最初的自律规范,发展到纳入监管体系并由司法加以确认,形成自律、监管、仲裁和司法多层级联动的专业监管体系。世界主要成熟资本市场,包括美国、欧盟、德国、新加坡、中国香港等国家和地区都建立了完善的投资者适当性管理制度。国际证监会组织(IOSCO)明确要求凡是向客户推荐产品、提供投资咨询、开展全权委托业务的经营机构,必须对投资者进行适当性评估。从国外成熟市场和新兴市场发展的经验来看,投资者适当性管理制度是让投资者合法权益得到有效保护的基础制度。

二、中国资本市场投资者适当性制度初步形成

2008年国务院颁布《证券公司监督管理条例》开启了中国证券投资者适当性制度建设的先河，"了解你的客户"和"了解你的产品"成为证券公司的合规基础义务。2012年12月中国证券业协会发布《证券公司投资者适当性制度指引》，形成证券行业最早的投资者适当性管理自律规范，对推动证券行业树立投资者适当性理念，指导证券经营机构建立适当性管理制度，规范证券经营机构适当性管理措施、方法和流程等方面发挥了积极作用。2016年12月，为贯彻落实国办《意见》要求，结合总结中国资本市场发展实践和投资者结构现实国情，证监会颁布《证券期货投资者适当性管理办法》（以下简称《办法》），以部门规章的形式对证券期货投资者适当性管理进行统一规范。为全面深入贯彻实施《办法》，中国证券业协会在广泛征求行业意见的基础上，进一步完善投资者适当性管理自律规范，并于2017年7月1日正式实施《证券经营机构投资者适当性管理实施指引（试行）》（以下简称《指引》），在证券经营机构适当性管理的程序、流程和方法等方面作出了具体安排和参考性指引。《办法》和新《指引》实施后，中国证券业协会督促引导证券经营机构梳理业务环节中的适当性要求，健全公司层面各业务链的适当性细则以及各业务链的操作流程，重新对客户与产品分类分级，动态关注客户与产品的风险，形成新的风控模式，按照适当性管理要求对交易与管理系统的前中后台进行改造，证券经营机构投资者适当性管理水平有了显著提升。

三、进一步健全投资者合法权益得到有效保护机制

适当性管理是投资者进入资本市场的第一道保护。健全完善适当性制度是投资者合法权益得到有效保护的基础。建议从以下几个方面进一步健全投

资者适当性制度:

第一,立法加以完善。在《证券法》修订时,确认投资者适当性制度的重要性并进一步完善制度结构,在资本市场"基本法"中提升投资者适当性原则的体系地位和功能意义,不仅在立法上加大了对投资者的保护力度,而且也为从司法上保护投资者利益创造了条件。

第二,强化行政监管。贯彻落实投资者适当性原则依赖于有效的行政监管。在新的投资者适当性管理制度框架下,强化一线监管、辖区监管职责,督促证券经营机构按照要求完善内部制度,并对相应的落实情况进行检查,确保投资者适当性管理能够落在实处。贯彻依法、全面、从严监管理念,加大对违反投资者适当性管理义务机构问责力度。

第三,加强自律管理。在健全投资者适当性制度方面,自律管理具有"更柔""更多""更细"的优势,可以结合实际和个案,构建更富有弹性的适当性标准和行为指引,形成更多的匹配要素和更细的匹配考量,引导经营机构更关注实质性的适当性而不是形式上的适当性。组织行业就投资者适当性管理的技术、流程等细节进行经验交流和自律检查,提升从业人员对投资者适当性的认识,促进行业将投资者适当性管理工作落到实处。

第四,落实主体责任。经营机构要在思想上牢固树立"卖方有责"理念,充分认识投资者适当性管理的重要性,将投资者适当性管理纳入员工培训和考核中,进行有效的内部控制;有效跟踪评估测评和调整客户风险等级,对客户进行"精准画像";充分认识销售产品或提供服务的风险情况,做好尽职调查和产品信息披露。

第五,完善法律救济。由于投资者相对于经营机构处于劣势地位,故在诉讼或仲裁过程中,应由经营机构对其已经履行适当性义务负有举证责任。完善诉讼之外的多元化纠纷解决机制,充分发挥调解、仲裁等非诉讼纠纷解决机制的优势,提高投资者适当性管理纠纷的解决效率。

第六,深入宣传教育。投资者适当性管理制度的落实需要投资者的配合,监管机构、自律组织、经营机构应通过多种方式向投资者进行投资者适当性宣传教育，让社会公众了解投资者适当性管理制度的基本原理，特别是投资者自身的合法权益以及证券经营机构应履行的义务。同时，让投资者知晓在其权益受到侵害时的维权路径，确保能够及时、合理、合法地采取救济措施。

为了切实保护投资者的合法权益，监管机构、自律管理组织、证券经营机构要共同努力，扎实推进投资者适当性管理制度的有效落实，促进证券期货基金经营机构在产品交易与服务提供过程中切实承担起应尽的信息披露、产品风险评测、投资者风险评估、投资者教育的责任和义务，将合适的产品与服务卖给合适的投资者，实现卖者有责和买者自负有机结合，促进资本市场的长期稳定健康发展。

（本文是笔者在 2018 年 9 月 26 日首届中小投资者服务论坛主题演讲稿。笔者时任中国证券业协会党委书记、执行副会长。）

推动证券业更好服务民营经济高质量发展

改革开放40周年，民营经济是推动中国发展不可或缺的力量。当前发挥好资本市场枢纽功能、推动证券业更好服务民营经济高质量发展，是新时代证券业发展的重要历史使命。本文分析了目前民营上市公司面临的多方面困难和问题。指出推动证券业更好服务民营经济高质量发展，当前应主要做好3个方面的工作。

2018年是改革开放40周年，中国民营经济乘着改革开放的春潮，风生水起，不断发展壮大，成为推动中国发展不可或缺的力量，成为创业就业的主要领域、技术创新的重要主体、国家税收的重要来源，为中国社会主义市场经济发展、政府职能转变、农村富余劳动力转移、国际市场开拓等发挥了重要作用。当前发挥好资本市场枢纽功能、推动证券业更好服务民营经济高质量发展，是新时代证券业发展的重要历史使命。

一、改革开放推动民营企业和资本市场共生共荣

改革开放是民营企业和资本市场发展的根本动力。1990年，上海证券交易所开业和深圳证券交易所试营业是中国实行改革开放后建立股票市场的里程碑，开启了资本市场改革开放的伟大征程。经过近30年的发展，中国初步建成较为完善的多层次资本市场体系，成为现代化经济体系的重要组成部分。截至2018年9月，中国上市公司家数达到3568家，市值规模达到6.96万亿美元，居全球第二位；中国经济的证券化率达到56.9%，上升到全球第19位。资本市场的近30年是民营企业由弱到强的"黄金时期"，资本市场具有促进资本形成、优化资源配置、规范公司治理、强化风险管理的基础功能，

推动民营企业建立现代企业制度，提供市场化的资本金增加机制，为民营企业发展壮大提供重要引擎动力。证券公司作为重要的中介机构，通过股票、债券、股票质押、股权基金等多种工具满足了不同发展阶段民营企业多样化的融资需求，推动成千上万民营企业从家族企业转变为现代股份制企业。截至2018年11月底，已有2180家民营企业通过沪深交易所上市，家数占比达到61.2%，首次公开发行累计融资额超过1万亿元，且呈现逐年上升的趋势。2010~2017年，上市民营企业整体净利润复合增速为24.6%，超过了其他上市企业的9.6%，成为推动经济增长的重要力量。

民营上市公司发展环境和质量亟待改善。2018年10月31日，中央政治局会议分析研究当前经济形势认为，当前经济运行稳中有变，经济下行压力有所增加，部分企业经营困难较多，长期积累的风险隐患有所暴露。这种状况在民营企业反映尤为突出。上市公司2018年半年度报告显示，民营上市公司面临以下几个方面的困难和问题：

一是民营企业融资压力快速上升。2018年上半年非金融上市公司筹资活动现金流为7.38万亿元，较2017年同期增长8.27%。但由于还本付息支出增加，筹资活动产生的现金流量净额仅为5933.64亿元，同比大幅下降42.78%。其中，民营非金融上市公司的筹资现金流净额较2017年同期大幅下降50.81%，而国有企业仅微降4.87%，显示出融资压力主要集中在民营企业。民营非金融上市公司债务融资成本也在上升，上半年升至4.03%，同比上升0.19个百分点，国有非金融上市公司融资成本则下降0.26百分点。从贷款期限来看，上半年民营非金融上市公司短期贷款占长短期借款的比重为59.29%，同比上升0.73个百分点；而国有非金融上市公司下降2.55个百分点。这一升一降，一短一长，显示民营企业正待加大长期投资、亟须资金支持的时候，反而难以及时地筹到成本合适、期限匹配的资金。

二是民营企业债务风险上升。2018年上半年末非金融上市公司资产负债率为60.64%，较2017年同期上升0.38个百分点。其中，国有非金融上市公司资产负债为61.79%，同比下降0.21个百分点，国企降杠杆取得一定成效；

民营非金融上市公司资产负债率为54.57%，同比上升1.59个百分点。从债务偿还情况来看，上半年非金融上市公司偿还债务支付的现金同比大幅增加13.54%，其中，民营上市公司偿还债务支付的现金同比增加26.29%，明显高于国有企业8.13%的增幅，偿债压力主要集中在民营企业身上。而民营企业偿债能力出现了下滑迹象，上半年民营企业非金融上市公司现金到期债务比为16.28%，较2017年同期下降1.24个百分点，且明显低于国有企业37.94%的水平。

三是民营企业经营成本上升，净利润比重下滑。2018年上半年，非金融上市公司实际税费负担占营业收入的比重为8.55%，同比微降0.05个百分点，减税费效果微弱；而非金融上市公司缴纳税费发生的现金流净支出为1.37万亿元，同比上升14.12%，使企业直观感受到税费负担加重。特别是民营非金融上市公司缴纳税费发生的现金流净支出同比上升17.05%，高于国有上市公司12.62%的增幅，民营企业感受到的税费负担更重。上半年国有非金融上市公司实现净利润5776.69亿元，同比增长26.45%，占全部非金融上市公司利润总额的57.95%，而民营非金融上市公司实现净利润3277.41亿元，同比增长21.73%，占利润总额的32.88%，比重下降0.51个百分点。

四是民营企业股票质押风险集中爆发。截至2018年8月末，两市上市公司中有3520家上市公司存在股票质押，平均质押比例为16.14%。其中，第一大股东质押比例超过90%的高质押公司有461家，主要是民营控股上市公司。民营企业大量开展股票质押的原因是多方面的：有外部环境变化导致的信用收紧，主要体现在社会融资规模和人民币贷款数量持续下降，股票质押融资成为融资的重要途径。也有前期部分民营企业在经济高速增长期粗放经营，盲目扩张，疏于负债管理的原因。此外，部分证券公司前期为扩大市场份额而疏于风险管控，甚至忽略风险，大打价格战，也起到一定的推动作用。因此，股票质押业务相关风险不断积聚，并与股市下跌形同向共振，进一步放大了市场风险。

当前，中国民营企业遇到上述困难和问题的成因是外部因素和内部因素、客观原因和主观原因等多重矛盾问题综合作用的结果，反映出中国民营经济的发展环境和质量亟待改善。

二、推动证券业更好服务民营经济高质量发展

党的十九大报告明确提出"中国经济已由高速增长阶段转向高质量发展阶段"，服务高质量发展是资本市场改革和发展的方向。证券行业服务高质量发展的关键是解决"好不好"的问题。习近平总书记在第五次全国金融工作会议上提出的做好金融工作要把握的四项重要原则，即回归本源、优化结构、强化监管、市场导向，是证券行业服务高质量发展的基本遵循。

金融是现代经济的核心，是实体经济的血脉。针对民营企业遇到的困难和问题，证券业应当遵照做好金融工作的四项重要原则，发挥好资本市场的枢纽功能，激发市场活力，促进民营企业改善发展环境，推动民营经济提高发展质量。

一是积极化解民营企业股票质押风险。按照习近平总书记在讲话中提出的"对有股权质押平仓风险的民营企业，有关方面和地方要抓紧研究采取特殊措施，帮助企业渡过难关，避免发生企业所有权转移等问题"的工作要求，在中国证监会的支持下，中国证券业协会组织11家证券公司发起"证券行业支持民营企业发展系列资管计划"，得到各证券公司积极响应。截至2018年11月30日，已有31家证券公司完成协议签署，承诺出资规模累计达468亿元，其中，18家证券公司的20只母计划及1只子计划已完成备案，实缴出资规模约341.41亿元。同时，部分公司已通过多种方式对接了包括关联公司、金融机构以及地方政府等其他出资方，并有3家证券公司管理的系列资管计划已完成了5项具体项目投资，投资金额总计11.2亿元。在一个行动胜过一打纲领的关键时刻，系列资管计划的推出既是证券公司形成行业合力、帮助民营企业渡过难关的社会责任，又是证券公司自身提高应对危机拓展业务的能力、提升风险管理水平的重大机遇。因此，系列资管计划始终坚持"市场

化、个性化、多样化"的原则,由各证券公司在协议的框架内自主决策、自主投资,充分发挥市场的力量和行业的专业能力。

二是积极化解民营企业融资困境。在证监会的指导下,证券业协会推动出台《中国证券期货市场衍生品交易主协议》《中国证券期货市场衍生品交易主协议(信用保护合约专用版)》,并发布《中国证券期货市场衍生品交易主协议(信用保护合约专用版)备案指引》,积极配合有关部门贯彻落实2018年10月22日国务院常务会议关于设立民营企业债券融资支持工具的工作部署,鼓励证券公司通过增信机制,支持暂时遇到困难、但有市场、有前景、技术有竞争力的民营企业债券融资,发挥债券市场公开、透明、引导性强的优势,释放政策信号,提振市场信心,修复民企债券融资渠道。各证券公司还可以通过场外衍生品、纾困债、并购基金等多种金融工具,充分发挥资本市场重要组织者和风险管理专业服务商的角色优势,根据不同企业所处阶段的不同,为民营企业提供多样化的融资支持服务。

三是加强投资银行能力建设,更好服务民营经济高质量发展。投资银行在现代化经济体系中发挥着融通资金供求、促进资本形成、推动企业并购、优化资源配置、支持科技创新、引导风险管理等作用。现代投资银行的核心能力体现在风险经营能力、投资交易能力、产品设计能力、金融科技能力、研究分析能力5个方面。现代投资银行的五大核心能力,是现代金融的本质特征和核心内容,加强投资银行能力建设,可以为民营经济证券化进行合理的资产定价和权益保护,更好地满足民营企业高质量发展的综合化金融需求。

2018年11月5日,习近平总书记在首届中国国际进口博览会开幕式主旨演讲中宣布,将在上海证券交易所设立科创板并试点注册制,开启了推动中国资本市场迈向服务高质量发展新的历史征程。科创板不是简单地增加一个市场板块,而是资本市场的重大制度创新,将进一步完善中国多层次资本市场体系,补齐资本市场服务科技创新的短板。注册制改革的核心是理顺政府与市场的关系。注册制改革的关键是要落实好发行人的基础信用责任、中介机构的专业信誉责任、注册审核机关的忠实信任责任,强化自律管理、行政监管和司法惩戒三位一体的责任约束机制。在上交所设立科创板并试点注册制，将为证券业加强投资银行能力建设提供丰富的实践，为创新型民营企业高质量发展注入强大动能。在改革开放新时代，证券业应当回归本源，优化结构，持续增强服务实体经济能力，把更好服务民营经济高质量发展、支持民营企业走向更加广阔的发展平台，当作行业发展的使命、宗旨和天职。

（本文刊于《清华金融评论》2019年第1期。笔者时任中国证券业协会党委书记、执行副会长。）

证券业服务脱贫攻坚出实招重实效

党的十九大把精准脱贫作为全面建成小康社会必须打好的三大攻坚战之一。中国证券业协会党委全面贯彻党中央、国务院关于脱贫攻坚的战略部署，认真落实中国证监会关于扶贫工作的决策安排，积极发挥协会的联系、动员作用，以高度的政治自觉引导行业真扶贫、扶真贫，取得务实成效。

一、加强行业力量组织动员，凝聚合力精准扶贫

为充分发挥资本市场在服务国家脱贫攻坚战略中的作用，加强行业力量的组织动员，2016年8月，协会率先发起"一司一县"结对帮扶行动倡议，号召每家证券公司至少结对帮扶一个国家级贫困县。在协会的倡导下，证券公司积极响应、迅速行动，服务脱贫攻坚成为各公司的思想共识和行动自觉。截至2019年5月，101家证券公司结对帮扶283个国家级贫困县，覆盖了全国34%的国家级贫困县。其中，79家证券公司增至"一司多县"，中泰证券、东方证券、方正证券各自结对帮扶10个国家级贫困县。此外，证券公司还持续加大对"三区三州"等深度贫困地区的帮扶力度。目前，已有69家证券公司结对帮扶105个深度贫困地区。"一司一县"结对帮扶行动广泛凝聚全行业力量，推动行业扶贫从"单打独斗"向"合力攻坚"转变，形成全行业促攻坚的良好态势，为国家脱贫攻坚增添了新的力量，为贫困地区经济发展增添了新的动力。截至国务院扶贫办2017年年底开展的国家专项检查验收，在153个脱贫"摘帽"的国家级贫困县中，通过证券公司和社会各界的共同帮扶，35家证券公司结对帮扶的38个国家级贫困县实现脱贫"摘帽"。

深挖行业优势，培育贫困地区产业"造血"功能。贫困地区金融产品以

及金融服务供给相对匮乏，产业发展的资金"瓶颈"、企业发展的"融资难、融资贵"问题较为突出。为帮助贫困地区开拓多元化融资渠道，2017年9月，协会再次发起"一县一企"行动倡议，号召证券公司发挥专业优势，综合运用承销保荐、并购重组、投资融资、财务顾问等手段，为贫困地区企业规范公司治理、改善融资状况提供专业服务，培育产业"造血"功能，产生了良好的帮扶效果。经统计，2016~2018年，证券公司帮助贫困地区企业融资2026亿元。其中，帮助贫困地区企业首次公开发行股票并上市融资64.70亿元，帮助贫困地区上市公司股票增发融资283.15亿元，帮助贫困地区企业通过全国中小企业股份转让系统股权融资114.31亿元，发行债券（含资产支持证券）融资1090.54亿元，并购重组融资175.22亿元，设立产业基金65.04亿元，开展私募股权融资66.09亿元，通过资管计划、区域性股权市场等其他方式融资166.68亿元。"一县一企"产业扶贫引导证券公司将精准扶贫与专业优势紧密结合，在严把质量关、严控风险的基础上，运用IPO、并购重组、公司债券等金融工具，把资本市场的"活水"引入贫困地区，推动更多金融资源流向贫困地区，为贫困地区发展提供金融支持。

完善脱贫攻坚成效考核评价体系，优化正向激励机制。考核评价是引导行业加强社会责任建设的指挥棒。为构建正向激励机制，发挥政策导向作用，结合证券行业扶贫工作特色，协会探索制定并优化完善了《证券公司脱贫攻坚等社会责任履行情况专项评价指标》，其中，指标包括结对帮扶落实情况、服务贫困地区企业IPO、推荐贫困地区企业新三板挂牌、通过扶贫专项公司债券等方式为贫困地区企业融资、公益性支出情况等维度，引导行业持续加大对贫困地区的帮扶力度，不断增强行动自觉，提升责任担当。经统计，2016~2018年，证券公司为贫困地区企业融资2026亿元，公益性支出12.39亿元。截至2019年5月，证券公司在贫困地区派驻挂职干部121人，开展金融和资本市场教育培训430场，受众7.8万余人，推广销售特色农副产品1.01亿元，设立金融扶贫工作站54个。考核评价体系激励证券公司从"被动帮扶"向"主动作为"转变，证券公司也不断发挥自身专长和优势，对贫困地区结对帮扶的覆盖面不断扩大，融资渠道不断拓宽，公益性支出大幅增长，在帮助贫困地区企业融资、促进贫困地区产业发展、带动贫困县域稳定脱贫等方面发挥了重要作用。

搭建金融扶贫综合服务平台，创新扶贫信息对接共享方式。为加强行业联动，交流经验做法，将政策优势、资源优势和信息优势相互叠加，最大限度地发挥协同效应，2016年9月，由协会指导中证报价搭建的金融扶贫综合服务平台上线运行，平台定位于信息展示、资源对接、扶贫宣传、数据交互等功能。目前，平台已为证监会9个定点扶贫县以及新疆、西藏等贫困地区设立专门的展示板块，为220个国家级贫困县进行县域展示，为56个贫困地区的产业项目进行融资展示，对接产业扶贫基金8支，规模8.34亿元。同时，平台设有证券公司扶贫信息报送系统，截至目前102家证券公司报送了3855条扶贫信息。平台以此为基础，发布行业扶贫动态57期，积极传播行业扶贫正能量。金融扶贫综合服务平台引导行业由"分兵作战"向"行业协同"转变，为推动证券行业扶贫信息对接共享、加强对精准扶贫工作的数据支持提供了有效支撑，也为证券公司了解行业扶贫最新动态、交流扶贫经验提供了良好的渠道，平台已逐渐成为行业扶贫的信息聚集区和经验交流阵地。

注重宣传引导，强化责任建设，营造服务脱贫攻坚良好氛围。一是引导证券公司优化社会责任披露制度。借助证券公司年报信息披露制度，推动行业将社会责任履行情况纳入信息披露范围，引导行业持续加大扶贫投入力度。根据2018年度的年报显示，97家证券公司（母公司口径，共98家）披露了精准扶贫社会责任履行情况，占比达99%。二是发布行业社会责任报告，展现行业责任担当。自2011年起，协会已连续8年发布证券公司社会责任报告，向公众披露行业责任履行情况，展现行业责任担当和责任文化建设。同时，引导证券公司将履行社会责任与行业形象建设相结合，形成责任文化，做有责任、有担当、有作为的投资银行。三是丰富证券公司扶贫成果宣传方式。2018年10月，在证监会扶贫办的指导下，联合期货业协会、基金业协会、上市公司协会，在金融街购物中心、证监会大厅举办"庆祝改革开放40

周年资本市场扶贫成果展",吸引了"一带一路"沿线国家核心媒体培训班、证监会机关及系统单位、西城区政府、中小学校、证券公司、期货公司等前来参观,生动丰富的成果展进一步彰显了资本市场服务脱贫攻坚的显著成效。四是注重常态化宣传推广,形成示范引导。自2016年8月起,协会探索运用《证券行业扶贫工作简报》的形式,及时向公众、行业、监管部门披露扶贫动态。目前,已发布20期简报,对55家证券公司的120个典型案例进行广泛宣传。同时,在全国第五个扶贫日之际,开展了证券行业精准扶贫专题宣传,总结脱贫攻坚典型经验,宣传资本市场精准扶贫的优秀做法和突出成效。

二、发挥优势,精准施策,持续深化精准扶贫

近年来,证券经营机构在资本实力、发展理念、服务质量、规范水平、市场竞争力等方面均有了明显改善,服务实体经济能力不断提升,参与国家脱贫攻坚的资本更加充足。证券公司把扶贫工作作为崇高的政治责任和使命担当,主动探索服务国家脱贫攻坚战略的有效路径,在金融扶贫、产业扶贫、消费扶贫、智力扶贫、公益扶贫等领域多措并举,取得显著成效。

(一)金融扶贫:利用专业优势,助力贫困地区企业缓解融资难题

在打好精准脱贫攻坚战座谈会上,习近平总书记指出,脱贫攻坚,资金投入是保障。要增加金融资金对脱贫攻坚的投放,发挥资本市场支持贫困地区发展的作用。证券公司通过差异化、组团化、精准化的服务,带动更多金融资源流向贫困地区,2016~2018年,帮助贫困地区企业融资2026亿元,进一步拓宽了贫困地区的直接融资渠道。

一是服务贫困地区企业发行上市。贫困地区虽然经济发展滞后,但是独特的自然资源优势和产业政策优势也孕育了一批要素禀赋较好、盈利能力较强、具有IPO潜力的企业。经统计,截至2019年5月,13家贫困地区企业通过IPO"绿色通道"发行上市,募集资金74亿元。2017年11月,由中泰证

券担任保荐机构和主承销商的盘龙药业在深圳证券交易所发行上市，募集资金2.17亿元。盘龙药业位于深度贫困地区陕西省柞水县，中泰证券通过帮助其登陆资本市场，促进企业扩大生产规模，创造更多的就业岗位，直接惠及柞水县贫困人口。同时，推动当地形成产业集合，帮助柞水县打造以中成药为核心的支柱产业，带动地方经济发展。

二是发挥债券特性和作用，拓宽扶贫资金来源。根据证券公司报送的数据统计，2018年，证券公司帮助贫困地区企业发行企业债、公司债券（含资产支持证券）融资232.12亿元，发行人覆盖贵州、四川、广西、云南等多个经济欠发达地区，募集资金用途涵盖异地扶贫搬迁、产业扶贫、生态扶贫等，从不同领域支持了贫困地区因地制宜发展特色产业。2018年12月，由华西证券作为计划管理人的"润银—华西通商小贷一期（扶贫）资产支持专项计划"设立，该资产支持专项计划是广西首单扶贫资产证券化项目。该项目基础资产为百色通商小贷小额贷款，发行规模1.8亿元，募集资金将重点用于支持百色市及周边城市贫困地区优质企业及项目的建设，进一步助推贫困县域经济发展。

三是推荐贫困地区企业在新三板挂牌并开展股权融资。根据证券公司报送的数据统计，2018年，17家证券公司推荐22家贫困地区企业在新三板挂牌，26家证券公司帮助33家贫困地区企业实现新三板股权融资21.46亿元。佰惠生为内蒙古自治区农牧业产业化龙头企业，其3个核心生产厂区分别位于林西县、商都县、太仆寺旗。佰惠生及其子公司坚持以发展甜菜种植为依托，带动农户增收，形成了富有特色的"甜菜扶贫"模式。2018年，佰惠生面临自身、行业等重重压力，流动资金较为紧张。作为主办券商的宏信证券积极帮助佰惠生拓宽融资渠道，引进外部投资者，在较短的时间内完成一轮定向增发工作，募集资金0.37亿元，帮助企业在甜菜收购期结束后，及时向农户结算收购资金，确保农户稳定收益，企业平稳生产。

四是帮助贫困地区企业通过区域性股权市场开展融资。根据证券公司报送的数据统计，2018年，证券公司通过区域性股权市场帮助贫困地区企业融资 43.92 亿元，进一步拓宽了贫困地区中小微企业融资渠道，为地方经济发展提供了有力支持。华创证券通过区域性股权市场发行可转换公司债券，募集资金 2.35 亿元，投入到贵州省西秀区东屯乡八番村、梅旗村、山屯村、高官村的路网建设、河道整治、社区服务设施、旅游景区、小城镇基础设施、美丽乡村建设等项目，促进东屯乡基础设施的完善和品质提升，以"一村一品、一村一景、一村一韵、一村一业"为依托，转变农业产业模式，发展民族文化，打造可阅读、可识别、可记忆的西秀区新型小城镇。

五是借助金融组合产品实现保值增值。中央一号文件提出，要以"保险+期货"为工具服务"三农"，推进精准扶贫。2018 年，多家证券公司联合期货子公司，探索在贫困地区开展"保险+期货"项目，有效利用期货市场价格发现和对冲风险机制，完善传统的再保机制，保障农户收入。九州证券联合大地保险、九州期货在内蒙古自治区巴林左旗探索"保险+期货"玉米期货价格保险项目。该项目参保农户均为建档立卡贫困户，共计投保 8.8 万吨玉米。九州证券捐赠 80.8 万元扶贫资金，为贫困户支付保费，通过整合金融资源，为农民提供专业的金融服务和风险管理工具，有效降低了价格波动对农民收入造成的损失。

（二）产业扶贫：提高贫困地区自我发展能力，确保脱贫效果的可持续

习近平总书记指出，发展产业是实现脱贫的根本之策。要因地制宜，把培育产业作为推动脱贫攻坚的根本出路。近年来，证券公司在结合贫困县资源禀赋和产业实际的基础上，从挖掘产业特色、设立产业发展基金、拓宽营销渠道等多角度出发，持续做好贫困地区及深度贫困地区产业帮扶，着力激发内生发展动力，推进扶贫工作从"输血"向"造血"转变。

一是深入挖掘产业特色，推动产业转型升级。证券公司在充分调研和科学评估的基础上，通过建立生产基地及专业生产合作社、帮助打造特色品牌、助力特色产业发展等方式，帮助贫困地区产业转型升级，从根本上提升贫困地区的自身发展能力。2017 年，东方证券联合生鲜电商将内蒙古自治区莫旗

特产"东方菇娘"推向市场，带动300余户建档立卡贫困户脱贫。2018年，除了为莫旗"东方菇娘"改进生产加工流程、捐建生产设备外，东方证券还将成功经验进一步推广，累计投入320万元，在深度贫困地区湖北省五峰土家族自治县建立茶叶产业扶贫基地，打造"东方红宜红茶"品牌，推动当地茶叶产业升级发展。东方证券发挥公司品牌整合能力，挖掘当地特产的独特优势，为当地茶叶产业建立持久的市场竞争力和溢价能力，探索出解决贫困户就业、增加贫困户收入、提高产品市场认可度的产业发展之路。

二是充分发挥产业基金引导作用，带动贫困地区产业发展。截至2018年年底，21家证券公司自主或参与设立40余只产业扶贫基金，为贫困地区及深度贫困地区产业发展带来活力。国都证券在深度贫困地区河北省围场满族蒙古族自治县参与设立了兴围发展基金（有限合伙）政府产业引导基金。该基金发起设立规模5亿元，旨在通过"政府资金引导+专业投资机构管理"的模式，吸引更多的投资机构和上市公司关注围场优质企业，并通过国都证券的专业辅导，帮助当地企业建立健全内部控制制度体系，形成良好的公司治理结构，满足对接资本市场的基本要求，带动地方经济发展。

三是多渠道拓宽特色产品营销渠道。证券公司借助传统行业与互联网的融合，通过搭建扶贫电商平台、线上推广与线下销售相结合、组织消费认购等，帮助贫困地区及深度贫困地区拓宽特色产品销售途径，带动贫困县域产业发展以及贫困人口增收。为帮助贫困地区特色产品拓宽销售渠道，申万宏源证券积极协调中投系统各单位、扶贫馆经营企业、京东商城、京东物流等，全力推进在京东商城上线中投系统扶贫电商平台的项目建设，在不到一个月的时间内完成了开店申请，并推进线上店铺装修、网页设计、产品上架等。2018年11月，中投扶贫电商平台"一区四馆"正式上线运营，中投公司对口扶贫的"三省四县"农产品得以全面对接京东商城覆盖全国的销售和物流渠道，成为推动贫困地区产业升级、打造产销对接"最后一公里"的关键一环。爱建证券参与设计并采购了20台茶叶自动售卖机，捐赠给深度贫困地区湖北省英山县，并协助将机器在武汉地区的机场、火车站以及上海陆家嘴区域的商务楼宇间完成网点布局，帮助拓宽英山县云雾茶的销售渠道。经过对机器的多次调试和改进，该智能售茶机具备了品牌宣传、大数据管理、在线支付等功能，实现了传统行业与互联网的融合以及线下销售与线上运营的同步进行。此外，售卖的每份茶叶收入中将有 0.2 元存入"英山大病救助基金"，在帮助英山县云雾茶打开销售渠道、提升品牌效应的同时，帮扶大别山区因病致贫、因病返贫人群摆脱困境，为贫困人口脱贫贡献力量。

（三）智力扶贫：坚持志智双扶，持续普及资本市场发展理念和产业技术知识

习近平总书记在解决"两不愁三保障"突出问题座谈会上指出，要加强扶贫同扶志、扶智相结合，让脱贫具有可持续的内生动力。近年来，证券公司广泛开展资本市场教育培训、投资者教育和保护、产业技术培训等，帮助改善贫困地区以及深度贫困地区金融环境，持续为贫困地区群众普及金融理念和技术知识，逐步从注重外部投入向注重外部帮扶与激发内生动力并重转变。

一是广泛开展资本市场教育培训。截至 2019 年 5 月，证券公司为贫困地区政府人员、企业管理人员等开展资本市场教育培训 430 场，培训人员达 7.8 万余人次。中金公司注重提升贫困地区金融干部的水平和能力。一方面，把贫困地区金融干部请到公司业务部门，以在岗培训的方式，帮助金融干部了解资本市场融资和运作知识；另一方面，派出专家团队赴深度贫困地区湖南省古丈县，对金融干部开展资产证券化、私募股权知识和普惠金融能力建设的专题培训，帮助其有针对性地强化金融理念，增强运用金融政策和金融工具助推脱贫攻坚的实际本领。

二是着力开展投资者教育和保护活动。根据贫困地区金融消费者的需求特点，证券公司有针对性地设计开展投资者教育活动，传播理性投资理念，提高风险责任意识，配合有关部门严厉打击非法金融活动，维护贫困地区投资者的合法权益。经统计，2018 年，30 余家证券公司在贫困地区开展了投资

者教育和保护活动，参与的投资者达7万余人次。东海证券将扶贫与扶智相结合，深入湖南省汝城县沙洲村"半条被子"革命老区，开展了以"不忘初心，牢记使命，坚决维护广大中小投资者合法权益"为主题的投资者教育和保护活动，内容涵盖投资者保护法规和制度、金融监管政策解读、证券新业务讲解、投资风险案例及风险警示、证券纠纷调解制度等，为贫困地区投资者普及理性投资、远离非法证券和合法权益保护等知识。

三是积极开展产业技术培训。根据贫困地区产业特点，证券公司积极对接高等院校、科研院所、农科院等，开展产业技术培训，为产业发展提供技术指导，提升产业技术专业程度，提高贫困群众的劳动技能和就业能力，实现稳定脱贫不返贫。广发证券出资100万美元，捐助联合国粮农组织在华发展项目，通过农民田间学校的创新形式，运用"农业+金融+电商"相结合的农业扶贫模式，建设"联合国可持续发展目标示范村"，打造全国乡村振兴示范试点。项目推动贫困地区向生态农业和环境友好型农业转型，让小农户与现代农业发展有机衔接，帮助更多贫困农户脱贫增收。针对贫困地区有意向外出就业的年轻人和有意愿发展农业生产的农户，广发证券邀请当地人社局和农业局的技术专家，举办劳动力转移就业和农业种植技能培训，累计超过100人次，帮助农户掌握一技之长。

（四）公益扶贫：聚焦"两不愁三保障"，帮助贫困地区改善发展条件

证券公司对照"两不愁三保障"的标准，积极投入到贫困地区公益民生建设中。2018年，94家证券公司通过捐资助学、医疗救助、助残扶贫、基础设施建设等，帮助贫困群众解决特殊困难，公益性支出达5.21亿元，同比增长11%。

一是着力开展捐资助学，帮助提升教育水平。证券公司持续帮助贫困地区优化办学条件，加大对教师的培训力度，设立奖学奖教基金，建立对贫困家庭子女和贫困地区教师的激励机制，为贫困地区教育质量提升提供支持。为奖励在教学工作中表现突出的一线双语教师，国信证券在深度贫困地区新

疆维吾尔自治区麦盖提县设立了"国信园丁教育基金",每年出资500万元对优秀教师予以表彰。截至2018年年底,共有514名优秀教育工作者获得表彰奖励,进一步巩固了当地的师资力量。此外,2018年8月,国信证券选派6名优秀员工,分赴麦盖提县3所中小学开展为期一学期的支教活动,成为证券行业发挥自身才智服务贫困地区的又一探索。

二是开展医疗救助和助残扶贫,帮助贫困人口得到充分有效的医疗救治。证券公司加大医疗救助和助残扶贫的帮扶力度,通过捐赠医疗设备、购买补充医疗保险、建立医疗救助兜底保障机制、培训医护人员等方式,帮助贫困地区提高医疗水平,助力贫困人口实现基本医疗需求。2018年,德邦证券依托股东单位组织的"乡村医生精准扶贫计划",在贵州省习水县、江西省莲花县开展乡村医生精准扶贫项目。为方便村医行医出诊,德邦证券为两地捐赠600余只定制的医疗箱,并为每名村医购买意外以及重大疾病保险。为进一步提升村医的诊疗效率,打造"智能化"诊所,2019年3月,德邦证券向莲花县捐赠电脑设备,以加强基层医疗服务能力建设。

三是完善基础设施建设,改善基础设施水平。证券公司通过公益捐赠、协调财政资金、筹措社会资金等,加大对贫困地区基础设施建设的投入力度,帮助提升基础设施水平,改善落后面貌。东兴证券捐资130万元在新疆维吾尔自治区麦盖提县英也尔村修建村民活动中心,为村民开展文化活动、劳动技能培训、金融知识普及、党的政策宣传等提供便利条件和有效保障,积极助力自治区加强现代文化引领。华宝证券捐资100万元,帮助云南省镇沅彝族哈尼族拉祜族自治县建档立卡贫困户进行危房改造以及异地搬迁点民房修缮,为深度贫困地区云南省广南县4个脱贫出列村50户贫困户提供建房补助资金,为广南县3个深度贫困村无力建房的16户贫困户提供建房资金,助力贫困人口改善基本居住条件,住上安全住房。

三、精准把脉,务求实效,扎实推进定点扶贫工作

2018年,协会通过派驻挂职干部,开展公益扶贫、光伏扶贫、产业扶贫

等，多措并举助力隰县脱贫攻坚，取得良好成效。

结合扶智开展公益扶贫。一是捐建图书馆。协会与中国扶贫基金会合作，在隰县开展了覆盖所有小学的图书馆项目，建设21个电子图书室，总计投入105万元。二是资助贫困学生。资助40名贫困大学生和40名贫困小学生，大学生每人资助5000元，小学生每人资助1000元，总计24万元。三是建设高中生自强班。协会与中国扶贫基金会在隰县第一中学捐建"自强班"，资助50名贫困生完成学业，并进行成才支持，总计投入30万元。四是发放爱心包裹。对隰县所有学校进行爱心包裹项目全覆盖，发放爱心包裹6257个，总计86.47万元。五是举办"善行者"走进隰县活动。联合扶贫基金会在隰县举办"善行者"走进隰县活动，邀请行业单位约300人参加，筹集善款130多万元，用于隰县深度贫困户，将有300多户500多人由此而受益。

因地制宜开展光伏扶贫。2017年9月，根据隰县当地的实际情况，协会向全行业发起支持隰县光伏扶贫村级电站建设的倡议，证券行业积极响应，共有49家公司认捐45座电站，捐赠资金5282.5万元。2018年6月，由证券公司捐建的村级光伏电站均已建设完毕，并网发电，预计可持续解决1904户5782人稳定脱贫问题。光伏电站建成后收益全部用于支持建档立卡贫困户脱贫，通过设置公益岗位、开展公益事业、直接补助等方式，对贫困户进行补贴，每户每年可补助3200元，基本实现建档立卡贫困户稳定脱贫。

聚焦特困成立帮扶基金。为解决隰县特困群体稳定脱贫问题，确保特困群体实现"两不愁三保障"，协会、扶贫基金会和隰县人民政府联合成立"隰县特困扶贫专项基金"，由协会出资1000万元，行业扶贫专项基金出资600万元，基金运作方配套管理资金500万元，总规模2100万元。专项基金由专业的基金管理人运作，产生的收益作为特困群体帮扶的补充。按照年收益4%~5%计算，每年收益约100万元，可解决300多人特困群体的稳定脱贫问题。2018年，特困帮扶基金已开始运作，预计2019年9月可产生收益。

引入"善品公社"提升特色品质。善品公社是中国扶贫基金会建立的、专为贫困地区农产品合作社服务的公益性电商平台。协会于2017年将善品公社引入隰县，帮助当地合作社和农户加强合作社管理，指导农户科学种植，进行品质管控和品质塑造，带动贫困户持续增收。2018年，苏宁投入500万元用于发展隰县玉露香梨产业，发挥在产业运营、商业资源和品牌效应等方面的优势，全面扶持隰县玉露香梨产业。

发挥专业优势推动企业改制上市。协会对当地符合上市条件的企业进行了摸底，协调证券公司对符合上市条件的企业进行专项辅导，帮助当地企业改善公司治理，优化财务管理，拓宽融资途径。大同证券出资5000万元在隰县设立全资子公司大证资本有限责任公司，利用金融资源服务当地企业。目前，大象集团、京润泽公司、好乐佳食品公司、华豹涂料公司等拟在新三板、创业板上市的企业，已开始前期筹备工作。

四、周密部署，凝聚共识，开创行业服务脱贫攻坚新局面

2019年是攻坚克难之年，是脱贫攻坚"三年行动"关键之年。协会将继续探索建立更加有效的扶贫工作机制，持续引导证券行业立足精准扶贫、精准脱贫，在防范风险的基础上，加大对贫困地区，尤其是深度贫困地区的金融支持力度，做好贫困县退出后的持续帮扶和巩固提升工作，不断开创资本市场扶贫新局面。

一是因地制宜，因县施策，发挥帮扶合力，不断巩固多元帮扶体系。证券公司积极参与脱贫攻坚，形成了多元帮扶体系，为贫困地区经济发展和贫困人口生活水平提高贡献了力量。协会将进一步引导行业精准施策、精准发力，找准阻碍贫困地区发展的短板，结合当地资源禀赋和地域特色，发挥行业合力，对症下药、靶向治疗，以更强烈的担当精神和更扎实的工作作风，推动证券行业服务脱贫攻坚再上新台阶。

二是发挥专业优势，助力贫困地区产业发展，激发贫困地区内生发展动力。发展产业是贫困地区实现脱贫的根本之策。协会将进一步引导证券公司把自身发展与服务国家战略紧密结合，通过服务贫困地区企业IPO、发行债

券、并购重组、新三板挂牌、设立产业基金等方式，帮助贫困地区企业缓解"融资难、融资贵"的问题，将高效的金融工具和先进的资本市场理念带到贫困地区，做地方政府和企业的金融智囊团。

三是聚焦深度贫困地区，不断加大投入力度，集中力量攻克坚中之坚、解决难中之难。攻克深度贫困堡垒是打赢脱贫攻坚战必须完成的任务，也是实现全面小康的重点和难点。协会将引导行业持续向深度贫困地区发力，集中优势资源，发挥专业特长，着力提高金融扶贫的针对性和精准度，多渠道探索解决深度贫困地区产业基础薄弱、产业项目较少、产业结构单一、抗风险能力不足等难题，带动更多金融资源更广泛地参与深度贫困地区的脱贫攻坚。

四是提高脱贫质量，保持脱贫攻坚定力，帮助贫困地区稳定脱贫、防止返贫。随着脱贫攻坚进入关键期，证券公司以更大的投入和更坚定的决心，助力更多贫困地区实现脱贫"摘帽"。协会将全面贯彻落实党中央关于贫困县"摘帽不摘政策"的决定，引导证券公司着眼于可持续脱贫和防止返贫，探索建立稳定脱贫的长效机制，着力提高脱贫质量，巩固脱贫成效，做好贫困县退出后的持续帮扶和巩固提升工作。

五是营造良好氛围，汇聚行业力量，讲好扶贫故事，传递行业扶贫正能量。证券行业服务脱贫攻坚取得显著成效，涌现出一批优秀案例和先进典型。协会将深入挖掘行业扶贫的优秀案例，总结推广成功经验和典型做法，更广泛地传递资本市场服务国家脱贫攻坚战略的正能量。同时，激励市场主体以更加专业的服务、更加勤勉的态度、更加多元的产品，持续加大金融扶贫支持力度，更好地发挥在脱贫攻坚中的示范和引导作用。

2020年是全面建成小康社会决胜之年，如期实现脱贫攻坚目标，时间紧张、任务艰巨、责任重大。协会将坚持以习近平新时代中国特色社会主义思想为指导，更加自觉地贯彻落实党中央、国务院关于扶贫开发的决策部署，聚力当下、深耕未来，以时不我待、只争朝夕的责任和担当，引导行业深化精准扶贫，持续做好定点扶贫，为服务实体经济、打赢脱贫攻坚战增添动力，为全面建成小康社会提供有力的资本市场支撑。

（本文根据笔者 2019 年 10 月 14 日在国家扶贫日"资本市场服务脱贫攻坚论坛"演讲稿整理。笔者时任中国证券业协会党委书记、执行副会长。）

推进青岛资本市场发展和
财富管理中心建设的若干建议

经济新常态、资本市场监管转型和青岛市财富管理金融综合改革试验区建设,为青岛资本市场的快速发展带来了历史性机遇。国际经验表明,强大而有效率的资本市场是财富管理服务业发达的基础。通过深入辖区市场主体进行走访调研,对推进青岛资本市场发展和财富管理中心建设,形成以下几点意见和建议:

一、建设与青岛经济实力相匹配的资本市场尚有较大空间

从全国情况来看,青岛资本市场发展明显低于全国平均水平。截至2014年第三季度,全国A股上市公司主营业务收入20.9万亿元,利润总额2.6万亿元,分别占规模以上工业企业收入的26%、60%;青岛A股上市公司主营业务收入1469亿元,利润总额124亿元,分别占规模以上工业企业收入的13%、24%;截至2014年年底,全国A股上市公司总市值37.3万亿元,占GDP的58.5%,青岛A股上市公司总市值1886亿元,占GDP的22%。从区域情况来看,青岛资本市场与青岛经济实力不相匹配,2014年青岛市GDP达到8692亿元,实现了8%的增速,规模以上工业企业利润实现5.6%的增速,分别高于全国平均水平0.6个、2.3个百分点,GDP及GDP增速在4个计划单列市中分别名列第一、第二,一般公共预算收入在4个计划单列市中名列第二,地方公共财政预算收入增长率名列副省级城市和计划单列市地税第一,青岛的经济总量和经济增速均位于全国同类城市前列,但是青岛资本市场发

展却不具有比较优势,具体表现为4点:一是上市公司数量偏少。截至2014年年底,青岛A股上市公司家数为19家,在4个计划单列市中是最少的,总市值仅略高于厦门。二是区域经济证券化率偏低。上述数据显示,截至2014年年底,青岛区域经济证券化率为22%,在4个计划单列市中是最低的。三是股权融资规模偏小。2014年,青岛A股上市公司通过股权融资61亿元,融资规模是4个计划单列市中最少的。四是证券经营业态偏窄。目前,青岛暂无法人期货公司、法人公募基金管理公司;法人证券公司中信证券(山东)是中信证券的全资子公司,以经纪业务为主,牌照受限单一;其他证券经营机构以分公司、营业部存在,以提供通道服务为主,业务收入主要为证券买卖的佣金收入,且业务、产品同质化经营问题突出,创新能力、专业服务水平明显不足,承销保荐、证券自营、财务顾问、资产管理等业务功能缺失。综上所述,青岛资本市场发展与区域经济的发展水平、财富管理金融综合改革试验区的需求不相匹配。以伦敦为标准定义金融中心,最显著的特征就是以资本市场直接融资为主,资本市场化程度高。因此,大力推进青岛资本市场发展,应当是财富管理金融综合改革试验区最关键的基础设施,应当作为服务和引领青岛经济新常态的重要无形之手。

二、支持青岛上市公司顺应新常态实现转型升级

青岛19家A股上市公司传统制造业占89.47%,一半以上是行业龙头和知名品牌。在经济新常态下,近2/3的青岛企业走在转型路上,面临转型升级的挑战。这些企业的转型升级都是顺应移动互联网、跨界经营新业态和新能源新材料新商业模式的趋势,代表着青岛经济在新常态下可持续发展的中坚力量。然而,我们在调研中,也深切体会到曾经的辉煌一定程度上加大这些企业转型升级的压力和风险。截至2014年第三季度,19家A股上市公司净利润增速为8%,同比下滑29个百分点;营业利润增速为17%,同比下滑3个百分点,经济下行的压力凸显。青岛上市公司是青岛经济的"品牌"和

"骨干"，贡献巨大，据2014年第三季度报告显示，19家A股上市公司缴纳各项税费共计113亿元，超过拥有45家上市公司的宁波，在4个计划单列市中是最高的。大力改善青岛上市公司发展的政策和环境，着力提升青岛上市公司的品牌价值和在资本市场的公信力，需要更好地发挥政府的作用。

（1）通过全面深化国有企业改革，改善上市公司发展的外部环境。按照十八届三中全会决定进一步确立以管资本为主的国企改革思路，坚持发挥好"支持不干预"的政企关系定位，全面深化青岛国有资产管理体制改革，先行先试分类监管模式，对青岛啤酒、海尔、海信、双星、澳柯玛等市场高度竞争性行业，在公司治理、股权融资、股权激励、人事管理、员工持股等方面进一步放松管制，促进经理人市场形成，让企业家精神和价值在现代企业制度中得到应有体现，发扬光大青岛的"国际品牌"商誉。

（2）切实降低企业税费负担，形成激励创新的政策导向。积极争取扩大支持创新的普惠性减税额和国家创新引导基金的投入，优先向转型升级中的上市公司倾斜；积极推动企业研发费用加计扣除、固定资产加速折旧等政策，缓解上市公司转型升级的压力；提高出口退税和重大技术装备进口免税政策的办理效率，减少占压企业资金。按照国家统一部署，进一步规范行政收费行为，减少企业社保支出。

（3）按照监管转型要求，改进一线监管方式。事前监管转移到以引导公司依法自治和自律管理的预防性监管机制上，激发上市公司自主创新活力；事中监管以督导中介机构归位尽责和提高执业质量、聚焦上市公司信息披露为监管主线，健全基于信息披露风险评估的响应检查流程，减少例行检查、巡回检查，减少对上市公司商事活动的干预；加强事后执法监管和诚信问责，维护三公原则和中小投资者合法权益，促进资本市场健康发展。当前，经济新常态和发展转型，为上市公司的信息披露带来了新挑战，一线监管要重点加强指导并做好预防性监管工作，为上市公司转型升级服务。

（4）改善创新驱动发展的政策环境。积极为上市公司争取创新引导基金支持和创新激励政策，支持上市公司在控股股东层面，按照市场化原则组建并购基金、创新引导基金，对接建设财富管理中心集聚的"资本"优势，融合青岛企业中储备的创新型人才资源和技术研发优势，形成创新驱动发展的孵化器，支持上市公司实施行业整合、产业升级、发展转型战略。

（5）充分利用好已有的"壳资源"。青岛A股上市公司在资本市场上有良好的信誉，但是多数所属传统行业市场竞争激烈、转型压力大，例如，特锐德、海立美达在向电动车配套业务转型，新能源业务拓展需要政府政策支持；民生控股在向金融服务业转型，在青岛却没有业务发展，这与建设财富管理中心的需求背道而驰。如果政府的作用发挥不好，青岛已有的上市公司难免会流失。要把上市公司作为青岛市改革投融资体制、提高直接融资比重、化解区域性金融风险、降低实体经济杠杆率的重要平台，形成优质资产、优质资源、优秀人才向上市公司集聚的政策导向，改变青岛企业"重间接融资，轻直接融资"的路径依赖。

三、内引外联打造"基金宜居城"，助力财富管理中心建设

资本聚集是财富管理的基础，统计资料显示，截至2014年年底，青岛辖区完成登记私募基金管理人36家，全国占比0.67%；备案私募基金40只，全国占比0.53%；管理规模62.97亿元，全国占比0.31%；从业人员701人，全国占比0.74%。可见，从私募基金管理人数量、私募基金数量、资金规模、从业人数等指标来看，青岛市占比均不超过1%，与青岛国家级财富管理金融综合改革试验区的地位不相匹配。建议从3个方面推动青岛基金业加快发展：

（6）筹建"青岛财富管理基金业协会"。根据《证券投资基金法》有关规定，从事证券投资的私募基金纳入证券监管，中国证监会在监管转型中已构建起公私募基金监管体系，基金业将实行自律管理为主。为更好地服务于青岛市财富管理金融综合改革试验区建设，青岛证监局拟推动筹备成立"青岛财富管理基金业协会"，会员包括青岛属地各类基金、机构投资者，与青岛

财富管理中心建设有合作关系的国际国内公私募基金、机构投资者。业务范围是搭建交流平台、拓展合作渠道、发展交叉业务、实施自律管理，服务青岛财富管理金融综合改革试验区和金家岭金融聚居区建设，促进基金机构与辖区产业融合、证券业机构间跨界融合，探索财富管理新业态。希望得到政府部门的大力支持。

（7）打造青岛"基金宜居城"品牌。发挥青岛特殊的地理人文优势，借鉴美国"硅谷"、迈阿密、上海虹口"对冲基金园区"、浙江嘉兴"基金小镇"的经验，打造青岛"基金宜居城"。遵照国务院清理规范税收优惠政策的通知精神，出台相关税收扶持政策，以金家岭金融聚集区为中心，完善社保、医疗、教育体系，提升金融服务业水平，积极发展金融交叉业务，丰富财富管理新业态，吸引各类资产管理机构和人才入驻创业、投资，形成资本"洼地"，以资本推动企业技术创新、实体经济转型、上市资源培育。

（8）积极引导全国性公募基金到青岛设立分公司，支持符合条件的机构在青岛发起成立公募基金。目前，青岛仅有3家公募基金分公司，远不能满足建设财富管理中心的需要。

四、健全蓝海股权交易中心的职能定位

青岛蓝海股权交易中心（以下简称"蓝海中心"）是青岛市政府批准设立的区域性股权交易市场，从成立之时就弱化交易平台作用，截至2014年年底，挂牌企业数量已达131家，帮助85家企业实现融资10.5亿元，成为中小微企业融资的重要平台。建议从两个方面加快发展蓝海股权交易中心：

（9）支持蓝海中心做实5个职能定位。根据全国证券监管工作会议的精神，2015年证监会将出台发展区域股权交易市场的指导意见，方向是进一步明确其功能定位。蓝海中心具有市场化的机制和传统，应当支持其率先落实5个功能定位，一是小微企业培育和规范的园地；二是小微企业的融资中心；三是地方政府扶持小微企业各种政策和资金综合运用的平台；四是资本市场

中介服务功能的延伸；五是上市资源的孵化器。要把蓝海中心作为推行试验区各项改革政策的辐射平台，财富管理的大数据中心，产融结合的交通枢纽。

（10）坚持挂牌企业属地化原则，利用互联网思维实施"走出去、引进来"信息化发展战略。蓝海中心应当紧紧依托主要股东中信证券的资源、人才、服务优势，在满足中小微企业融资需求方面，积极探索业务和产品创新，满足个性化投融资需求，实现差异化、特色化经营；金融业是高附加值的信息服务业，金融中心首先是金融信息收集和扩散的场所，蓝海中心应当积极拓展与证券期货交易所、全国股转公司、其他股权交易中心产融信息的互联互通合作，探索打造跨区域产融信息互联互通的大数据中心，充分运用移动互联网、媒体社会化技术共享区域外企业信息和资源，有效提高蓝海股权交易中心的影响力。

五、健全证券经营业态，提升财富管理服务实体经济水平

2014年2月10日经国家11部委批复的《青岛市财富管理金融综合改革试验区总体方案》，明确提出了"提高财富管理服务实体经济水平"的要求，同时财富管理又是一项专业化很强的金融服务，这就要求财富管理中心建设应当落实"三个结合"，即与服务区域龙头企业转型升级相结合、与健全区域证券机构服务功能相结合、与提高实体经济创新能力相结合。建议从以下4个方面加快财富管理中心建设：

（11）健全证券机构服务业态，支持互联网金融创新。截至2014年年末，青岛市有89家证券营业部、7家分公司、1家法人子公司（分属46家证券公司），服务业态以经纪类通道服务为主，与财富管理中心建设的需求大相径庭。随着资本市场监管转型，新设证券经营机构将会相对放松管制，建议政府相关部门未雨绸缪，结合青岛资本市场实际，积极引导、支持按照市场化原则组建、以互联网金融创新为业务出发点的机构在青岛发起成立全牌照或

者以投行、资管牌照为主的证券公司,最大限度地减少同城同质化业务竞争,同时支持其不断充实资本金,引导区域相关业务向其集中,提高其市场竞争实力。继续引导全国性证券机构在青岛设立分公司,以互联网金融创新拓展财富管理新业态;支持中信证券(山东)公司补充净资本,拓展基于互联网金融的业务、产品、组织体系创新,全面提升其财富管理的能力。

(12)大力扶持与财富管理相关的专业服务业。财富管理不是孤立存在的,它的发展与相关的服务业如法律服务、会计服务、财经公关、财经传媒、信息服务业密切相关,这些产业在CBD集聚,并形成先进生产服务集群,是建设财富管理中心不可或缺的基础设施。

(13)探索以自律管理为主的财富管理新业态。借鉴银行间市场、上海陆金所模式,以"青岛财富管理基金业协会"会员为主要投资者,运用互联网金融理念,探索众筹融资模式,探索银行、证券、保险理财产品跨界合作平台,探索衍生品场外交易市场试点,打造中小微企业投融资平台。

(14)抓住上海自贸区和CEPA政策推广的先机,务实争取国家给予突破性的、先行先试的政策支持。如在CEPA框架下,证监会降低了赴港上市门槛以及允许香港在内地设立证券机构等。与上海自贸区挂牌同一天,证监会发布了《资本市场支持促进中国(上海)自由贸易试验区若干政策措施》,批准筹建上海国际能源交易中心,支持双向投资于境内外证券期货市场,允许开展国际金融资产交易创新试点等,以上政策可以探讨在青岛争取试点。

六、适应多层次市场和双向开放发展趋势,大力培育上市资源

大力发展资本市场是国家发展战略的重要组成,2015年随着全面深化改革的推进、资本市场监管转型、多层次资本市场建设和注册制推行,上市公司整体规模必将迅速壮大。然而,截至2014年年底,待审A股IPO企业7家、辅导备案待申报A股IPO企业8家,就A股上市资源储备而言,低于主

要副省级城市。在走访中，我们明显感到区域企业"创业热情很高、创新意识较强、上市动力不足"，这与青岛作为计划单列市间接融资市场相对发达、区域信贷资金相对富裕有一定关系。建议顺应注册制改革、双向开放、多层次市场发展趋势，按照境内外市场、不同板块市场、不同层次市场的差异化要求，做好两个方面分类培育上市资源的工作：

（15）积极做好超 200 人股东的非上市公众公司规范工作，引导符合条件的进入资本市场。青岛市股东人数超过 200 人的非上市公众公司最多时超过 90 家，既是潜在上市资源，又是潜在金融风险，2014 年证监会发布了《非上市公众公司监管指引第 4 号》，提出在"规范审批、规范存管、规范治理"的基础上，纳入证券监管并推动其在三板挂牌，条件具备的直接在证券交易所市场上市。建议相关部门按照 4 号指引重视推动相关工作。

（16）多渠道培育上市资源。建议青岛市政府结合实施"千帆计划"，充分借力沪、深证券交易所动员作用，深入挖掘上市资源，扩容上市资源储备，在财税政策、资金补贴、业务指导方面，继续给予扶持，对符合条件的企业，支持其在三板挂牌、在境内外交易所市场上市。目前青岛市在新三板挂牌企业仅 16 家，低于其他计划单列市，这与青岛市对三板挂牌企业的财政补贴标准低于同类城市有一定关系，建议适当提高至同类城市的平均水平。

七、提升青岛辖区期货行业发展水平

青岛具有全球第七大港口优势、保税区政策优势以及山东省产业结构齐全等优势，各类生产贸易企业对号与期货市场进行风险管理具有广泛的实际需求，青岛未来的期货市场发展潜力很大，应逐步转型升级为"场内场外、境内境外、期货现货、商品金融"交互融合、协调发展的新格局。建议政府探索与各期货交易所签订战略合作协议，从以下 3 个方面促进辖区期货行业健康发展：

（17）协调期货交易所在青岛设立原油期货交割库。建议政府为原油储备库民营企业"信用背书",协调相关金融机构为其提供强有力的信用担保,取得期货交易所的认可和支持,争取第二批在青岛港设立原油期货交割库,结合"青岛能源交易中心"的设立和运转,努力将青岛打造成为中国北方的能源现货和衍生品交易中心。

(18)充分利用区位优势积极拓展期货业务。依托青岛保税区"境内关外"的特殊政策优势,积极协调海关总署,检验检疫及财税等部门,支持期货交易所在青岛保税港区探索开展铁矿石、动力煤、铜、铝等期货品种的保税及交割业务,为相关期货品种的国际化提供支持。在今后政策允许的情况下,争取期货交易所在青岛设立具有本土优势和国际化发展方向的期货品种交易子公司。

(19)充分利用期货交易所的资源,开展教育培训、合作调研和创新业务试点。建议政府解除对国有企业利用期货套期保值的限制,推动各类实体企业参加期货市场教育培训活动,提高企业利用期货期权工具进行风险管理的水平。例如,青岛橡胶轮胎产业发达,在产销量占全国半壁江山的山东省中,青岛橡胶轮胎产业规模占近4成,可通过加大培训,引导橡胶企业利用期货市场规避风险。建议政府加强与期货交易所的合作调研,通过调研橡胶谷20号烟片胶运行情况,推出契合轮胎企业需求的20号天然橡胶期货品种;推动期货交易所支持运作规范的大宗商品市场与交易所合作探索为产业客户提供仓单转让、串换等现货延伸服务;推动期货交易所将期货市场服务实体经济的创新试点工作在青岛先行先试。

(本文是笔者2015年2月10日向山东省人民政府主要领导同志呈报的调研报告。时任山东省省长批示:国家拟进一步扩大金融创新试点,其中多层次资本市场是重点,包括众筹融资、商业银行设立股权投资基金等,应优先在青岛及我省其他有条件的地方进行探索。此件也请省证监局阅研。时任山东省分管金融副省长批示:请省金融办会同青岛市研究建议措施,提出加快青岛乃至全省资本市场发展的意见,落实郭树清省长批示要求。笔者时任青岛证监局党委书记、局长。)

提升天津资本市场服务实体经济能力和水平的若干建议

一、天津资本市场发展状况

（一）直接融资企业数量持续增加

2016 年新增 3 家上市公司、79 家新三板挂牌企业。截至 2017 年 4 月底，上市公司和新三板挂牌公司家数分别达到 47 家、188 家，较 2016 年同期分别增长 11.9%、60.68%，分别居全国第 16 位、第 15 位。天津银行在香港上市，实现金融机构上市零的突破。2016 年新增 32 家债券发行人发行公司债券，较 2016 年增长 1.5 倍。截至目前，天津市公司债券发行人达到 44 家。

（二）直接融资规模水平显著提升

2016 年企业利用资本市场累计融资 1091.2 亿元，其中，股权融资占比 7.68%，债券融资占比 92.32%；融资总额是 2015 年的 3 倍，超过四川，追近湖北。上市公司完成并购重组交易金额达 651.86 亿元。2017 年至今 IPO 募集资金 10.58 亿元，上市公司再融资 76.3 亿元，新三板挂牌融资 5.76 亿元，发行公司债融资 76.3 亿元。另有 16 家上市公司的并购重组和再融资方案正在积极推进，交易金额达 451.43 亿元。

（三）证券基金期货经营机构稳步发展

截至 2017 年 4 月底，天津市有证券法人机构 1 家（渤海证券），证券分支机构 169 家；公募基金法人机构 1 家，私募基金法人机构 378 家（中基协备案），实缴规模 6619 亿元。期货法人机构 6 家，分支机构 32 家，期货交割库 52 家。独立基金销售法人机构 3 家，异地分支机构 1 家。2016 年，渤海证券完成增资 51.7 亿元，总资产、净资本全国排名分别在第 23 位、第 26 位；天弘基金成为国内基金行业首家管理规模突破 1 万亿元的基金公司，余额宝以 12305 亿元的规模，成为全球最大的货币市场基金。一季度天津市新增证券分公司 2 家、证券营业部 2 家、期货营业部 2 家，2 家合资证券公司的设立取得进展。

二、天津资本市场风险分析

习近平总书记指出："任何时候都不要忘记，必须把发展实体经济和培养有核心竞争力的优秀企业作为制定和实施经济政策的出发点，真正打牢中国社会主义市场经济的微观基础"。中国资本市场是资源配置和宏观调控的重要工具，是推动经济社会发展的重要力量，第一要务是服务实体经济。当前天津发展迎来了重要的历史性窗口期，但是天津资本市场发展与直辖市经济地位及其在国家战略中的定位不相匹配，成为制约天津发展的"短板"。主要表现在以下 5 个方面：

（一）直接融资占比较低，融资结构失衡

从总体结构来看，2016 年全市直接融资占社会融资规模的比重为 26.79%，证券化率为 29.69%，间接金融仍然占据主导地位，资本市场发展不充分。2016 年年底，天津市金融机构存贷比高达 95.63%，间接融资在推动经济发展中的作用已得到充分发挥，保持经济稳中求进、实现发展动能转换，亟需加大直接融资的支持。从资本市场来看，2016 年全市 1091.2 亿元的企业境内资本市场融资总额中，股权融资占比 7.68%，债券融资占比 92.32%，股权融资规模仍然偏低。

（二）上市公司质量效益不高、结构不合理、与区域经济关联度不大

一是10家央企上市公司中7家管理总部或核心业务在外地，与天津实体经济关联度不高。二是19家市属国企上市公司中，10家公司总资产在控股集团中占比不到30%，津滨发展、海泰发展、天保股份3家公司总占比不到10%，市属国企资产证券化率较低。三是16家民企上市公司在天津市占比34%，2016年年末总资产、营业收入分别仅占8.28%和10.97%，百亿市值的仅3家（天士力、红日药业、中源协和），总体规模偏小。近年来，民企上市公司经营业绩增速放缓，发展后劲乏力。四是上市公司较多集中在制造业、房地产、交通运输、批发零售等传统行业，先进制造业较少。47家上市公司中，先进制造业17家，其中民营9家。上市公司中体现区位优势和产业特色、代表未来发展方向的龙头公司较少。五是年报显示天津市上市公司增收不增利，2016年累计实现营业收入3074.19亿元，增长12.17%，扣除巨额亏损的两家央企上市公司，天津市上市公司净利润总额同比减少9.77%。

（三）上市、挂牌公司利用资本市场的能力相对较弱

2016年年末，天津市上市公司总市值在全国的占比为0.99%；2016年度天津市上市公司股权融资71.74亿元，在全国1.33万亿元融资总额的占比为0.54%；天津市挂牌公司股票融资12.06亿元，在新三板1391亿元融资总额的占比为0.87%，与天津市GDP在全国2.4%的占比水平不相匹配。全市有9家上市公司近5年未实施再融资，19家市属国企上市公司中无1家实施股权激励和员工持股计划。上市公司再融资方式相对单一，以非公开发行和公司债为主，对优先股、可转债、可交换债、资产证券化等多样化融资工具运用较少。2016年天津市上市公司平均并购重组0.87单，每单交易金额2.16亿元，平均单数略高于全国0.81单的平均水平，但每单交易金额同全国9.62亿元的平均水平差距较大。相对于北京、河北、湖北、上海、深圳、重庆等省市，天津市上市公司并购重组活跃度偏低。

（四）上市、挂牌后备资源不足，后续增长乏力

从拟上市公司来看，全市目前在证监会审核的拟 IPO 企业仅 4 家，不仅远低于北京、上海、深圳（分别为 52 家、51 家、47 家），与重庆、湖北、河北等省市相比（分别为 12 家、8 家、7 家），也有一定差距。目前在天津证监局 IPO 辅导备案企业 17 家，同北上广浙等地区过百家的后备上市资源相比差距明显。在 16 家拟上市企业中，有 6 家公司募集资金投向是在外地，与天津实体经济关联度较低。从拟挂牌公司来看，目前仅 22 家企业在全国股转系统审核，占全部在审企业的 2.68%，列全国第 9 位。天津市部分企业小富即安、偏安一隅的观念较浓，没有进入资本市场谋求快速发展的勇气，尚未形成"我要上市"和"抱团上市"的氛围。

（五）证券、基金、期货机构服务实体经济能力不足，核心竞争力有待加强

渤海证券投资银行业务与国内大中型券商相比有差距，2016 年投资银行、经纪业务、资管业务净收入分别排行第 65、53、56 位，服务实体经济能力有待提升。天弘基金业务结构较为单一，风险管理能力和业务发展空间受到制约。6 家期货法人公司基础薄弱、人才储备不足、盈利能力较差、业务规模小，资本闲置情况较为突出。378 家私募基金机构中，214 家在天津没有开展股权投资业务，天津市私募基金机构宣传募集行为不合规、投资运作不诚信、登记备案信息不准确不完整、内部制度不健全问题较为突出。

三、提升资本市场服务实体经济能力和水平的建议

习近平总书记在主持中共中央政治局第 40 次集体学习讲话中深刻指出，中国金融业发展要"为实体经济发展创造良好的金融环境，疏通金融进入实体经济的渠道，积极规范发展多层次资本市场，扩大直接融资，加强信贷政

策指引，鼓励金融机构加大对先进制造业等领域的资金支持，推动供给侧结构性改革"。习总书记的重要讲话为中国金融业的发展指明了方向，遵照习总书记的教导，建议从以下 7 个方面，着力提升天津资本市场防范风险、服务实体经济的能力和水平：

（一）推动建立与天津战略定位和经济地位相匹配的直接金融体系

一是充分利用改革开放先行区的体制机制优势，依托金融运营创新示范区，大力推进资本市场重要基础设施建设，积极引进机构间私募产品报价系统股权市场落地天津，增强天津吸附全国金融资源的能力。二是依托先进制造业研发基地和北方国际航运核心区，探索建设上市挂牌公司募投项目产业园区，引导全国上市公司将募投项目落地天津，不求所有但求所在，形成募投项目资金集聚"洼地"，打造北方直接金融"高地"。三是依托海河产业基金，通过参股、参投上市公司并购基金的方式，吸引全国上市公司把先进制造业研发中心落地天津。

（二）以深化混合所有制改革为方向，增强市属国企上市、挂牌公司体制机制活力和发展后劲

一是明确市属国企混改的市场化方向，把根据不同资质标准分别进入主板、创业板、新三板和区域性股权市场，设定为检验混改成效的目标，提高市属国企的资本化、证券化、市场化、规范化水平，加大天津市上市、挂牌公司规模和可持续资源储备。二是以增强体制机制活力为方向，推动市属国有上市公司"再混改"，在市属国有上市公司中先行先试股权激励、员工持股计划和职业经理人制度；注入优质国有资产，放大国有资本功能，提高市属国企的证券化率。三是支持组建国企改革引导基金，以境内民营企业、境外投资机构为投资主体，以天津市国有资本投资运营有限责任公司和中国国新控股有限责任公司为参股单位，设立专业化的混改"领投"机构，引导、带动民营资本、金融资本、境外资本等各类资本参与市属国企混改，形成混改

"鲶鱼效应"。

（三）重点推进以上市公司为主体的并购重组，推动经济转型升级，提高发展质量和效益

上市公司并购重组是加速产业技术升级，促进传统产业快速转型，推动区域经济集聚发展，带动大众创业万众创新，提升区域经济证券化水平的重要途径。建议围绕天津市一基地三区建设，注重"三个结合"，突出"三个重点"，重点推进以上市为主体的并购重组：一是注重"走出去"与"引进来"的结合，重点推进先进制造业研发产业向天津集聚。二是注重境外并购与国内行业并购整合的结合，重点推进并购项目、技术等高端要素向天津集聚。三是注重市场力量和政府作用的结合，重点推进并购项目对接的常态化和机制化。

（四）提升天津市市场主体与天津实体经济的关联度

一是提升与京津冀协同发展战略的关联度，引导各类市场主体把自身发展深度融合到京津冀协同发展战略中，以新的发展理念为指引统筹谋划，把技术创新、产业升级、动能转换与一基地三区建设结合起来，同互联网经济的时代特点融合起来，不断探索适应自身发展、符合时代需要的先进商业模式，实现创新驱动发展。二是提升与天津传统商业文化和工匠精神的关联度，引导天津上市、挂牌公司注重中长期战略研究，注重敬畏规则、敬畏市场、敬畏投资者的修养，注重传统品牌的潜在价值发现，把蕴含在传统品牌价值中的工匠精神发掘出来，形成新的价值增长基因，着力提高发展质量和效益。三是提升股权投资基金与天津实体经济的关联度，引导股权投资基金"去虚向实"规范发展，大力培育发展天使投资、创业投资、并购投资、产业投资基金，深度融入到一基地三区建设和混合所有制改革中。

(五) 发挥资本市场中介机构的专业优势, 支持企业规范发展提升核心竞争力

一是支持渤海证券加快向现代投资银行、财富管理机构、职业经理人经营目标全面转型, 以推进其 IPO 上市为契机, 组建专业化的投资银行子公司, 全方位实施职业经理人制度和市场化薪酬制度, 全面提升服务实体经济的能力和核心竞争力, 力争在优势业务方面跻身全国券商第一梯队。二是重视发挥保荐人、财务顾问、注册会计师、评估师、律师在专业传导、合规督导方面的"看门人"作用, 支持企业规范改制, 切实转换经营机制, 增强体制机制活力。三是积极推进合资证券公司设立工作, 培育核心竞争力, 壮大天津市证券经营机构实力。

(六) 规范发展区域性股权市场

全面贯彻落实《国务院办公厅关于规范发展区域性股权市场的通知》和《证监会区域性股权市场监督管理试行办法》, 按要求积极推动将天津市 2 家私募股权市场整合为 1 家, 努力促进"机构间私募产品报价系统"的股权市场迁址天津发展, 承接原市属 2 家股交所的部分外地挂牌企业 (总计 527 家); 依托金融运营创新示范区, 规范发展天津市区域性股权市场, 率先健全完善协同监管机制, 探索特色化运营, 抢先抢跑形成服务于行政区域内中小微企业的私募股权市场和扶持中小微企业政策措施的综合运用平台。

(七) 加强金融监管, 防控金融风险, 维护金融安全

一是贯彻落实习近平总书记在政治局第 40 次集体学习时的重要讲话精神, 探索建立中央驻津金融监管机构与地方金融监管机构协调监管、联合执法机制, 补齐监管短板, 避免监管空白, 推动金融机构切实承担起风险管理责任, 加大对市场违法违规行为打击力度, 形成金融发展和监管强大合力。二是加快推动交易场所清理整顿验收工作, 把彻底解决历史遗留问题与全力

维护社会稳定有机结合起来,严密防止其风险外溢、传染、爆发;严格执行国发37、38文以及清整部际联席会议第三次会议要求,明确界定商品类市场与权益类市场的监管分工,建立健全长效管理体制。严厉打击非法证券期货活动,坚定守住不发生系统性、区域性金融风险的底线。三是以发展实体经济为根基,用好用足自贸试验区、自主创新示范区、高新区和开发区的政策优势,进一步推动QFII、QDII、QDLP、QFLP和合资证券公司等机构落地,积极发展地方政府债券、PPP项目证券化、创新创业公司债、绿色公司债券等新产品和自贸区符合条件的基金产品与香港基金产品互认。

(本文是笔者2017年5月16日向天津市人民政府主要负责同志报送的调研报告。时任天津市市长批示:安青松同志汇报材料反映的情况和问题客观务实,提出的建议很有针对性。市金融工作局商证监局及有关部门进一步研究采取创新的措施,大力推进企业股改上市挂牌和融资,力争今年有较大突破,加大对企业培训引导和支持服务力度,加强对各区和相关部门的考核,形成工作合力,促进金融创新发展,有效防范金融风险。时任天津市分管金融副市长批示:证监局提出的7点建议有针对性和操作性,请金融局主动与证监局衔接好。笔者时任天津监管局党委书记、局长兼天津稽查局局长。)

中国上市公司并购基金研究

《国务院关于进一步优化企业兼并重组市场环境的意见》(〔2014〕14号)明确鼓励各类财务投资主体通过设立并购基金参与兼并重组。《上市公司重大资产重组管理办法》中规定,鼓励依法设立的并购基金等投资机构参与上市公司并购重组。近年来,上市公司及其关联方设立的并购基金成为并购市场上日益"活跃"的主体,逐步在上市公司产业并购和转型升级中发挥出促进作用。然而,由于市场主体和市场机制不成熟,也出现了上市公司及其相关方利用并购基金进行题材炒作、伪市值管理和不正当利益输送等现象。

并购基金作为产业资本与金融资本结合的产物,本质上应当是为实体经济服务,支持实体经济的产业整合、创新与转型。针对目前中国上市公司并购基金发展状况,2015年中期,青岛证监局指导相关机构专家成立上市公司并购基金课题研究组,对并购基金的概念及内涵,中国上市公司并购基金现状及存在的问题,上市公司并购基金规范发展的意义及风险,引导上市公司并购基金规范发展的策略、思路、建议等进行研究,以期探讨进一步发挥上市公司并购基金服务于实体经济的作用。

一、并购基金及发展概述

并购基金不是严格意义上的法律名词,是市场约定俗成的概念,是由私募股权投资基金演变出来的一个分支,而私募股权投资基金又隶属于私募投资基金范畴。并购基金既体现了私募股权投资基金的特征又具有特定的内涵。

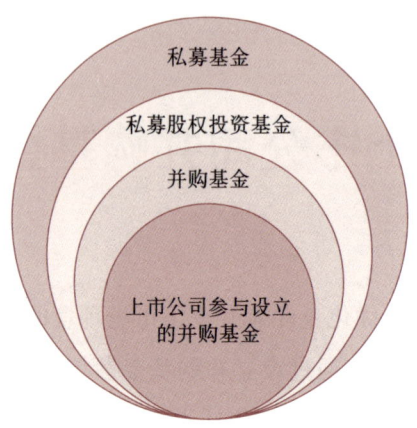

图 1　私募基金与并购基金关系图

（一）私募基金、私募股权投资基金与并购基金

根据中国证券监督管理委员会（下称"证监会"）颁布的《私募投资基金监督管理暂行办法》第二条规定，私募投资基金即私募基金，是指在中华人民共和国境内，以非公开方式向投资者募集资金设立的投资基金。私募基金的投资包括买卖股票、股权、债券、期货、期权、基金份额以及投资合同约定的其他投资标的。对于投资于未上市公司股权的私募基金通常将其界定为私募股权投资基金（Private Equity，简称"PE"）。私募股权投资基金中一个重要的分支便是并购基金（Buyout Found）。并购基金是指将其投资方向定位于并购企业的一类基金。

（二）美国并购基金发展简述

并购基金最早出现于 20 世纪中期的美国，正值美国第三次并购浪潮（1965~1969 年）兴起，在此后的历次并购浪潮中，并购基金呈现了不同的特点，发挥了不同的作用。

（三）中国上市公司并购基金发展起因

2003 年，中国第一支并购基金弘毅投资成立，其主要投资于成熟行业中

表 1　美国近几次并购浪潮中并购基金的特点及作用表

时代背景	时间	代表机构	特点	对经济的作用
美国第三次并购浪潮	1965~1969年	无	探索阶段，参股为主，为并购方提供资金	对经济的促进作用尚不明显
美国第四次并购浪潮	1981~1989年	KKR、黑石	并购基金从单纯的金融工具变身为直接并购方。并购基金主导收购，并直接参与标的公司改造。资金来源除基金本身外，以标的公司资产为抵押引入金融杠杆，以垃圾债券为夹层资金，金融杠杆得到了普遍应用	金融资本渗透到实体经济并整合相关资源对企业进行改造，通过发掘企业潜力提升其价值，促进了实体经济的发展
美国第五次并购浪潮	1992~2000年	红杉资本	以强强联合为方向的产业并购成为此轮并购浪潮的主要特征，并购基金从主导并购转而寻求与上市公司合作，为上市公司实施行业整合、产业升级、跨境跨界并购提供金融服务支持，涌现出金融资本与产业资本有机融合的典型案例。在第五次并购浪潮中并购基金并未像第四次并购浪潮那样热衷于为并购市场"加杠杆""为并购而并购"，而是围绕上市公司的产业布局与整合，促进跨业跨界跨境发展，提升公司价值和价值链，发挥金融杠杆作用，体现了并购基金服务实体经济的正向功能	促进了高新行业的发展，通过助推行业变革促进了经济的发展
美国第六次并购浪潮	2004~2015年	凯雷投资	以跨境跨界跨业并购为主要特征，但由于2008年金融危机的影响，并购基金的发展势头有所减缓	通过全球布局，促进了经济全球化与一体化的进程

的成熟企业和新兴行业中的成长型企业。自 2006 年至 2015 年本土并购基金共成立有 418 只，其中，披露募资金额的基金 327 只，募资规模达到 1829.92 亿元。从天堂硅谷与大康牧业合作开始，上市公司及其关联方与基金管理公司合作成立并购基金逐步发展起来。为贯彻落实依法监管、从严监管、全面监管的工作方针，做好预防性监管和风险防范工作，2016 年 6 月，青岛证监局对辖区内上市公司设立并购基金情况进行问卷调查，了解到辖区上市公司

设立并购基金的需求和动机主要如下:

1. 产业转型升级的需求

从问卷中获悉,产业转型升级是青岛辖区内上市公司设立并购基金的需求主因。如青岛海尔表示希望通过并购基金并购重组标的公司来推进其业务向智慧家电、智慧家庭的交互平台转型,促进公司智慧家庭战略的落地。软控股份表示希望借助并购重组相关标的公司使其向工业机器人业务领域进军,并以此作为软控股份整体的发展战略。海立美达表示希望借助并购基金进一步推进海立美达产业转型升级,便于吸收全球先进技术,同时降低公司海外并购风险。青岛金王表示并购基金将主要投资于公司现主营业务以及未来计划拓展的互联网电商、移动云商、线下渠道、国内外品牌相关产业项目,以实现化妆品产业链的拓展、整合。

2. 市场化并购及专业化操作经验的需求

青岛海尔认为私募基金在中国属于并购行业的专家,通过与私募基金合作可以吸取私募基金先进的并购经验,如目标企业价值评估等,将其运用到公司自身参与的并购活动中,将增加并购的成功率。海信电器认为上市公司并购重组历经产能扩张、品牌建设、技术并购3个阶段,相应地,对市场化并购与专业化团队的需求越来越高。软控股份认为借助私募基金的专业性,可以寻找到更适合的并购标的,加强对并购标的的细致调研,提高并购效率,降低并购风险。

3. 获得融资优势的需求

青岛海尔认为私募基金一方面具备丰富的投资经验和先进的投资策略,能够使并购基金保持良好的信誉,从而增强投资者信心;另一方面,可以充分利用自身的社会网络关系帮助上市公司根据并购项目的进度逐期募集资金,解决并购融资困难的问题。软控股份认为上市公司设立并购基金进行并购是上市公司充分利用资本市场的重要手段,借助并购基金放大杠杆,可以弥补上市公司现金不足的缺点。

4. 把握并购时机的需要

青岛海尔表示并购基金收购的目标企业，不纳入上市公司合并财务报表的范畴，即使目标企业亏损，对上市公司财务报告的影响不大，且上市公司可以通过并购基金对标的企业有更深入的了解。这种并购模式下，上市公司可以利用并购基金提前锁定行业内的并购标的，并在可预见的时间段内自主选择注入上市公司的时机。

5. 降低并购风险的需要

青岛海尔认为并购风险按时间分为3类，并购实施前存在战略决策风险、并购目标选择错误的风险；在企业并购实施过程中存在信息不对称风险、资金财务风险等操作风险；在企业并购后的整合过程中存在管理、企业文化等无法实现协同效应的风险。私募股权投资机构作为专业金融中介参与并购，不仅会降低目标企业与公司信息不对称的风险，而且也承担了一部分并购前与并购实施过程中的风险，同时还可有效降低企业并购后整合过程中的风险。

二、中国上市公司并购基金发展现状及存在的问题

上市公司设立的并购基金多数以有限合伙方式存在，主要服务于上市公司自身的产业整合或产业转型。

（一）2014年1月至2016年6月上市公司参与设立并购基金实证分析

据统计，2014年1月至2016年6月期间（以下称"报告期"），主板、中小板及创业板342家上市公司公告设立了466只并购基金，具体情况整理分析如下：

1. 上市公司及其关联方设立的并购基金的整体现状

（1）上市公司参与设立并购基金数量统计。

①报告期并购基金公告设立概况。

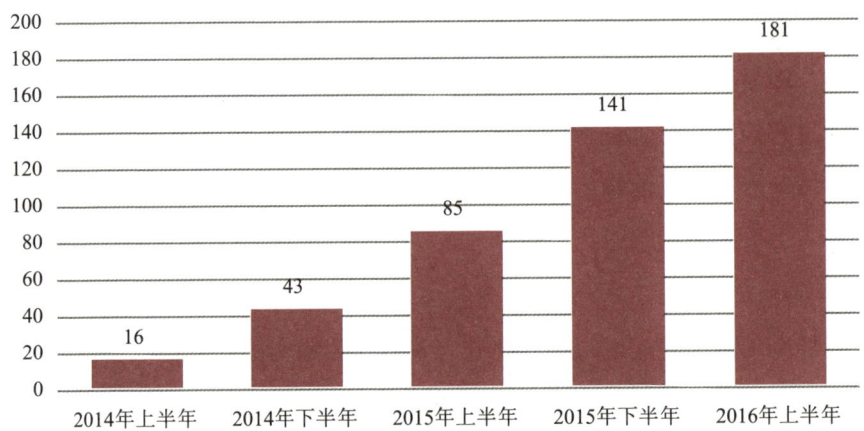

图2 2014~2016年上半年设立基金情况（单位：只）

由上可见，并购基金的数量呈现出递增的趋势。

②并购基金工商登记、协会备案情况统计。

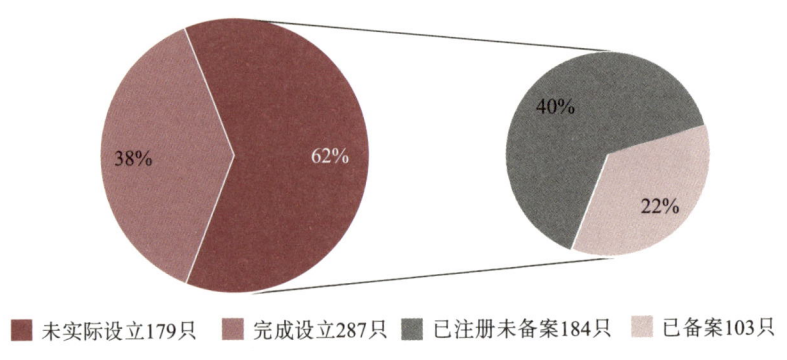

■ 未实际设立179只　■ 完成设立287只　■ 已注册未备案184只　■ 已备案103只

图3 上市公司公告的466只基金设立情况统计

（2）各板块公告设立及已成立的并购基金数量、上市公司数量分布情况统计。

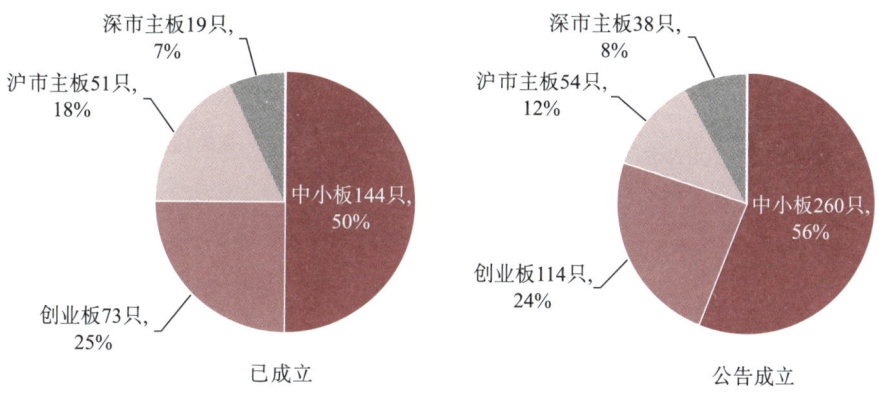

图 4　公告设立及已成立并购基金各板块占比情况统计

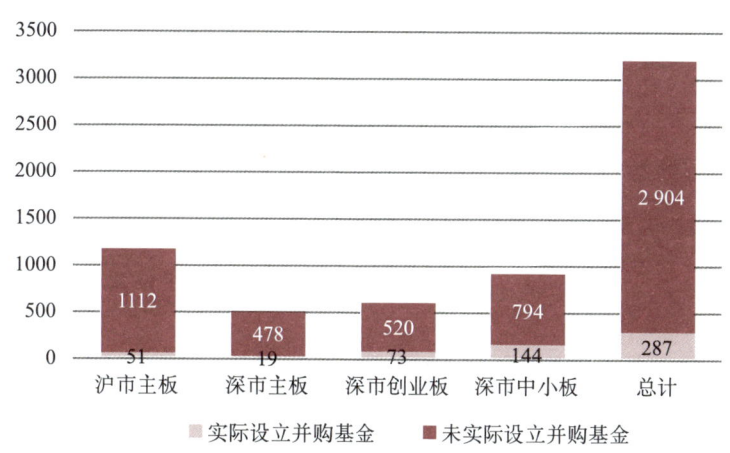

图 5　各板块成立并购基金的上市公司数量（单位：家）

由上可知中小板和创业板上市公司设立并购基金的积极性较高。

2. **上市公司并购基金出资统计**

（1）基金规模统计。

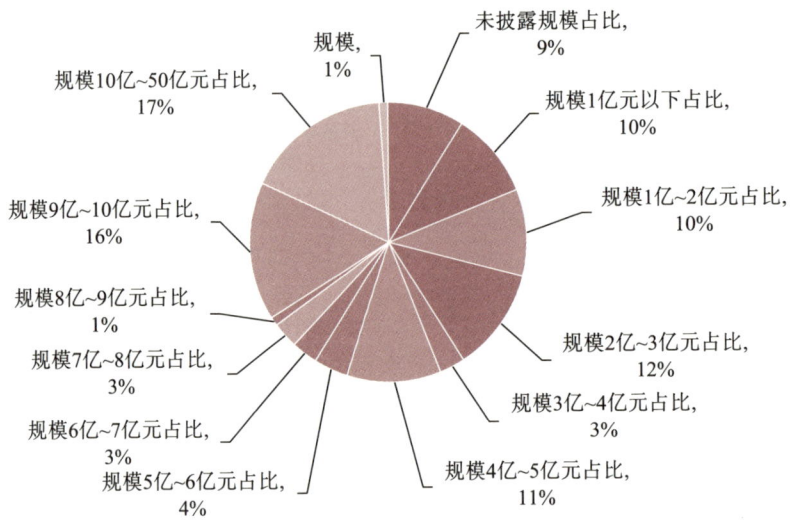

图6　公告设立的466只并购基金规模统计

10亿元以下的基金规模占到大多数,表明探索性明显,实践效果尚待观察。

(2) 基金融资来源。

①上市公司及其关联方投资比例统计。

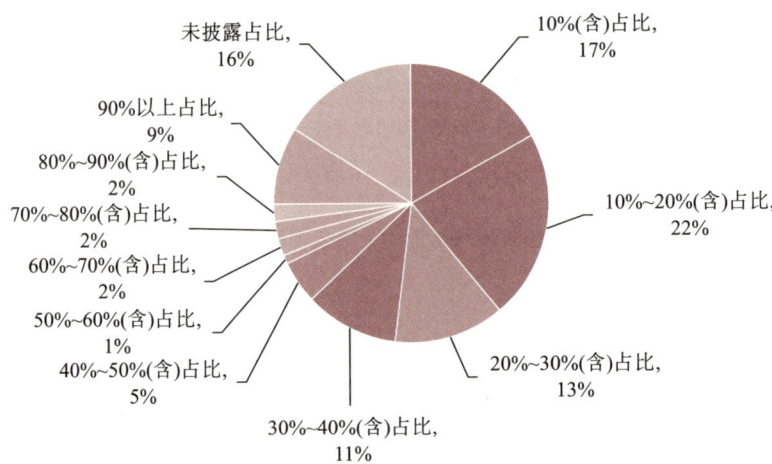

图7　公告设立的466只并购基金上市公司及其关联方投资比例统计

上市公司及其关联方投资比例在40%以下的占比63%，表明大部分上市公司设立并购基金的目的之一就是为了最大限度地吸引金融资本、社会资本参与产业并购。

②基金管理人投资比例统计。

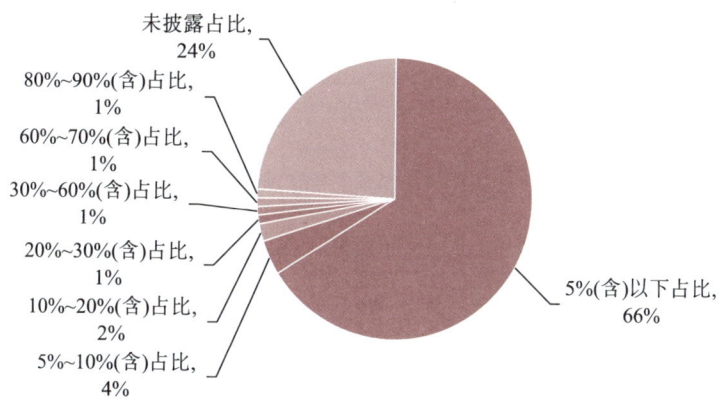

图8 公告设立的466只并购基金中基金管理人投资比例统计

在上市公司设立的并购基金中，基金管理人出资比例不高。

③其他投资者投资比例及其类别统计。

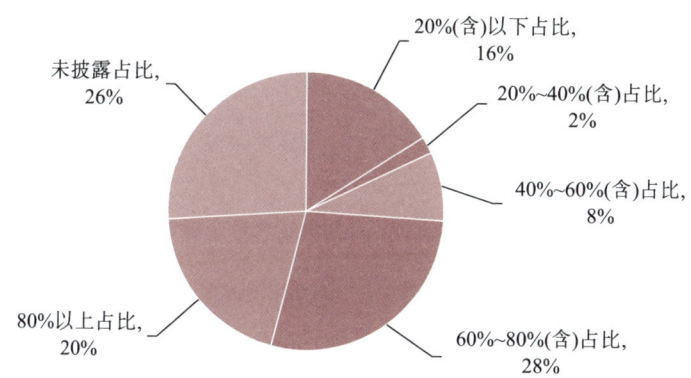

图9 公告设立的466只并购基金其他投资者比例统计

从募资来源来看，中国并购基金的投资者范围比较广泛，但是金融资本的参与度有限。

311

④并购基金出资缴付情况。

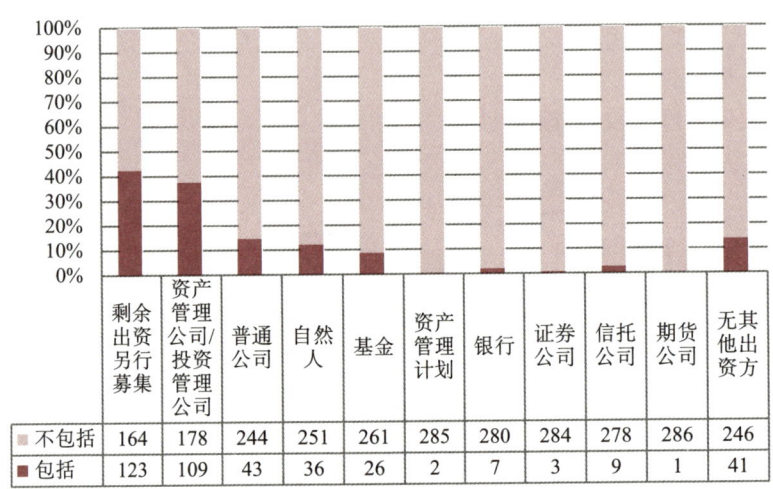

图 10　已成立的 287 只并购基金中其他投资者分类

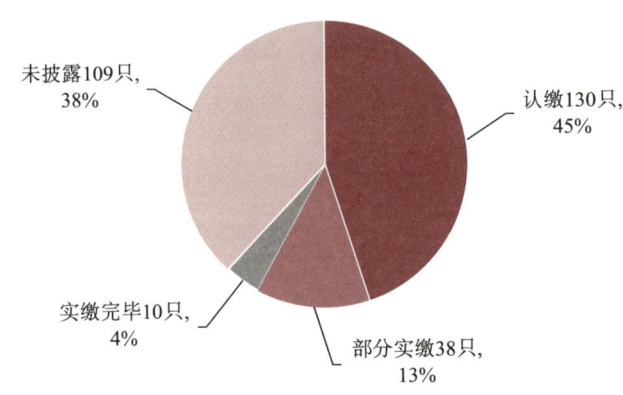

图 11　已成立的 287 只并购基金资金缴付情况

全部或部分资金到位的占比不高。根据巨潮资讯网的披露以及在全国企业信用信息公示系统的查询，实缴到位的并购基金中大多已经有项目投资。

3. **并购基金的组织形式统计**

（1）并购基金组织形式。437 只公告设立的并购基金（占比 94%）采取有限合伙制形式。从实际公告以及进一步的核查发现，目前中国上市公司参与设立的并购基金的投资者数量一般在 20 人以下。

（2）上市公司及其关联方参与投资方式统计。根据公告显示，97%的并购基金是由上市公司、上市公司子公司、上市公司及其子公司共同投资设立。

4. 并购基金投资方向统计

从上市公司公告设立并购基金的投资方向，可以大致看出上市公司未来的发展方向。52%的并购基金的投资方向与上市公司相同或相近，说明该部分上市公司在整合已有的业务。16%的并购基金的投资方向为上下游行业，则说明上市公司欲整合其产业链。23%的并购基金投资方向为完全不同于目前上市公司相关行业的，则在一定程度上反映出上市公司意在产业转型。

5. 上市公司并购基金的信息披露情况统计

（1）信息披露备忘录生效后基金备案后续披露情况统计。

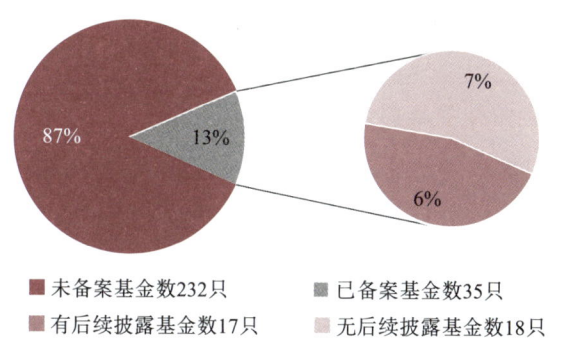

图 12　备忘录生效后公告设立的 267 只基金后续披露情况统计

由上可知，目前中国上市公司参与设立的并购基金备案以及信息披露情况不容乐观。

（2）未按规定完整披露情况统计。

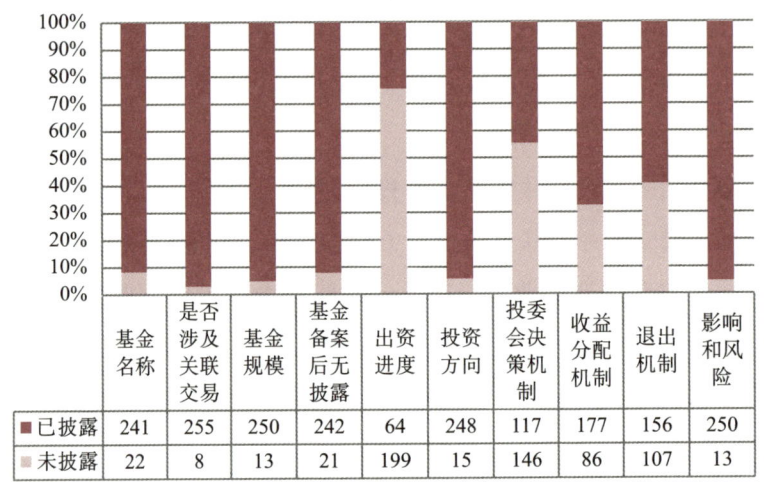

图13 公告设立的263只并购基金未按规定披露项目

如图13所示,相关上市公司公告已成立的并购基金98%未按备忘录完整披露信息。

6. 并购基金决策相关事项统计

(1) 上市公司参与设立基金管理公司情况。

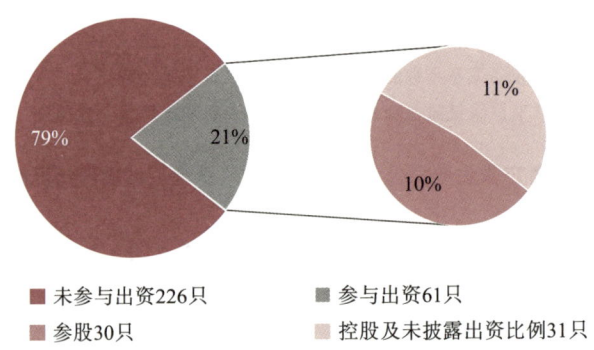

图14 已成立的287只并购基金中上市公司及其子公司参与设立基金管理公司情况

图14显示,上市公司一般不参与基金管理公司的设立。

(2) 投资委员会决策程序统计。

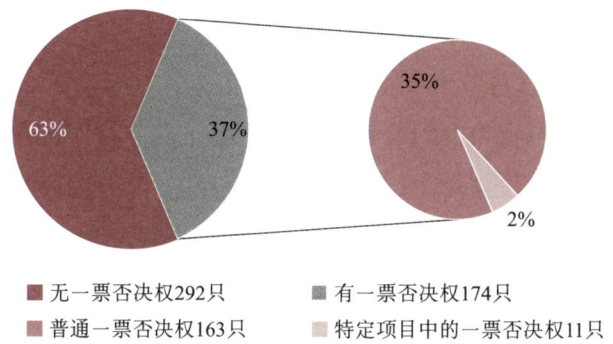

■ 无一票否决权292只　　■ 有一票否决权174只
■ 普通一票否决权163只　■ 特定项目中的一票否决权11只

图 15　公告设立的466只并购基金中上市公司在决策中的特殊权利

466只并购基金均设立了投资决策委员会，在投资决策委员会中，上市公司具有一票否决权的有163只，无一票否决权的有292只，约定在特定项目中有一票否决权的有11只。

（3）并购基金退出方式统计。在公告设立的466只并购基金中，共140只并购基金约定在其退出时，上市公司在同等条件下具有优先购买权，占比30%。

（二）中国上市公司参与设立的并购基金与美国并购基金的差异

1. 主体不同

在美国，并购基金发起的主体多是以私募基金为主，并购基金收购的企业多是价值被严重低估的企业。中国上市公司参与设立的并购基金以上市公司为主导，并购基金投资标的通常是根据上市公司提升价值链的需求确定。

2. 并购目的不同

美国并购基金收购标的公司的目的或是为了通过整合提升其内在价值，进而溢价出售的财务投资，或是为支持上下游做优做强、分享上下游发展成果，进而实现公司发展壮大的战略投资。而中国上市公司参与设立并购基金的目的是为了配合上市公司业务调整或产业转型，实为一种产业投资。

3. 投资资金来源不同

美国并购基金通常利用债务杠杆进行并购。中国上市公司参与设立的并购基金以自有资金为主，较少采用杠杆收购的方式。

4. 私募基金与上市公司合作方式不同

美国私募基金与上市公司合作的方式主要是业务合作，在并购基金层面基本以私募基金单独设立为主；而在中国私募基金与上市公司的合作方式则更加紧密，由上市公司或其关联方参与出资设立并购基金，上市公司在并购基金中的参与性更强一些。

5. 退出渠道不同

美国并购基金的退出方式灵活，或溢价出售标的公司股权，或使标的公司登陆资本市场后退出。中国上市公司并购基金的退出主要依赖于上市公司的收购。

（三）中国上市公司设立并购基金存在的问题

1. 青岛上市公司调查问卷反映的问题

（1）市场操纵与内幕交易。基于与上市公司的紧密合作关系，并购基金在接触项目的过程中掌握到的信息要比普通投资者多，甚至知道上市公司未来的并购标的和方向。在利益的驱动下，相关人员存在利用内幕信息谋利的可能性，进而让上市公司陷入市值炒作和内幕信息泄露的争议之中。

（2）同业竞争。如上市公司控股股东、实际控制人或其控制的企业以及上市公司董事、监事或高级管理人员跟投并购基金投资项目，则存在被认定为新增上市公司同业竞争的情形，并可能因此需要上市公司及相关关联方履行相应的内部审批程序。

（3）委托—代理关系风险。并购基金运作中，上市公司与私募基金之间在项目选择、基金管理和运作等方面存在着委托—代理关系风险。并购基金的退出渠道主要是上市公司收购，私募基金也存在美化目标企业以获得收益的动机。

（4）对赌协议风险。为达到对赌业绩，目标企业往往会采取有损企业长期发展的短期行为，如非理性扩张、掩饰业绩下降，甚至违法操作等，影响上市公司的利益。

2. 其他重要问题

结合 A 股上市公司并购基金的实证研究，以下问题也比较突出：

（1）并购基金存在脱实向虚的倾向。部分上市公司设立并购基金具有明确的整合产业、提升价值链的目标。但也有部分上市公司设立并购基金并没有明确的目标，甚至是盲目跟风，把并购基金作为开展所谓"市值管理"的工具，实质上是配合二级市场的题材炒作，这种做法存在引导产业资本脱实向虚的倾向，背离了并购基金的正向选择。

（2）信息披露不完整、不及时的问题。2015 年 9 月针对上市公司设立并购基金（即上市公司＋PE）蔚然成风的状况，上海证券交易所、深圳证券交易所下发规范上市公司设立并购基金的信息披露指引（备忘录），但根据前述统计可知，信息披露不完整、不及时的问题普遍存在。

三、上市公司并购基金发展的意义与风险

（一）上市公司并购基金发展的意义

1. 新常态下经济发展的需要

2015 年中央经济工作会议明确了推动供给侧结构性改革的战略部署，提出了"去产能、去库存、去杠杆、降成本、补短板"五大任务。由此针对实体经济的宏观及微观政策，无不释放了关注实体经济存量整合、创新、转型、高品质发展的信号。

落实"三去一降一补"五大任务，离不开资本市场的支持。通过资本市场直接融资增加资本金，改善企业财务结构，为调结构、去产能、去杠杆提供支撑。上市公司并购基金在产业资本的引导下，可以在产业结构调整、向创新驱动发展转型中发挥促进作用。

2. 有助于将资金真正地用于支持实体经济的发展

大力发展多层次资本市场是中国特色社会主义市场经济的重要组成部分。从国际经验来看，金融资本与产业资本的有机结合，是推动现代企业成长的重要条件。由于中国金融体系不完善，资本市场不成熟，一方面，是企业融资难、融资贵；另一方面，却是大量资金滞留在金融体系内部"空转"。上市公司参与设立并购基金，引导金融资本与产业资本有机结合，形成良性循环，带动经济体系的健康运行。

3. 有助于发挥私募基金的积极性，拓宽并购基金的来源

上市公司并购基金的兴起无疑给私募股权基金的发展提供了有退出保障的新的运营方式。"PE+上市公司"的并购基金符合"短、平、快"的投资需求，其投资流程及其投资回报相对于传统的PE、VC模式，更符合国内众多私人资本的需求。通过合理的结构设置，将金融资本与产业资本较好结合，私募基金不但会支持上市公司的发展，而且对其自身的盈利能力也会有很大提升。

4. 有助于提高上市公司并购质量，提升上市公司内在价值

不适合直接进入上市公司而又想进入资本市场的企业，可以通过并购基金先行锁定，通过整合、满足一定条件后，再由上市公司收购，可提高其规范性，提升并购质量，进而加快上市公司产业整合，提升公司内在价值。

（二）规范上市公司并购基金发展应注意的风险

1. 炒作并购基金概念，提升股价，进行不正当利益输送，损害投资者利益

近年来，个别上市公司以"市值管理"为名炒作并购基金题材。市值管理实质是为了使市值能够反映上市公司的实际价值目的，是为了实现市场价格发现与企业内在价值相匹配，促进并引导优化资源配置和创新驱动发展。这些上市公司把并购基金的设立当作其提升股价的一种手段，谋取个人不正当利益，损害投资者利益。

2. 上市公司并购基金参与各方责、权、利配置与私募股权投资基金原有配置存在差异，导致并购基金运行不畅的风险

上市公司并购基金大部分是以有限合伙方式存在的，因为普通合伙人要承担有限合伙企业的无限连带责任，因此，通常由普通合伙人行使相应的决策权。但上市公司设立并购基金投资标的企业的目的在于产业整合，虽然其为有限合伙人，但是还是会要求一定的控制权。上市公司的权利或多或少突破了原来的法律框架，权、责、利的分担及匹配存在一定的错位。如果处理不好，会产生矛盾，影响并购基金的运行及健康发展。

3. 上市公司收购并购基金所持有的标的公司时估值不公的风险

影响上市公司收购标的公司估值的因素很多。标的公司的股东有不同的利益诉求，出售方会以利益最大化为导向来提升标的公司的估值，上市公司投资的并购基金可能是出售方之一，上市公司又是收购方。上市公司股价也可能因收购事项发生波动。因此，多种利益相关方的存在可能会导致上市公司收购时存在估值不公的风险。

4. 内幕交易、操纵市场的风险

上市公司并购基金的其他参与方与上市公司的紧密合作关系，使得并购基金的相关信息、并购基金所投资企业的相关信息在可能影响上市公司股价的某个时期成为内幕信息，其他参与方成为内幕消息的知情人。如果上市公司不对其进行严格地管控与督导，极有可能由于其逐利性进行内幕交易从而损害上市公司及其股东的合法权益。

5. 政策合规风险

2016年以来，一行两会相继出台以"减通道、降杠杆、穿透监管"为导向的监管政策。强调对资金流向从严监管和对风险资产的穿透监管，资金的募集及其使用有若干限制。如果上市公司并购基金不能合规运作，甚至绕道曲线规避上述监管政策，就会产生合规性风险。

四、引导并购基金规范发展的思路和建议

2016年9月1日,国务院总理李克强在国务院常务会议中提出:"发挥主板、创业板和地方性股权交易场所功能,完善全国中小企业股份转让系统交易机制,规范发展专业化并购基金,支持证券公司柜台市场等开展直接融资业务,畅通创投的上市、股权转让、并购重组等退出渠道"。明确了应当规范发展并购基金的指导思想,但目前尚未出台具体指导要求。为规范发展上市公司参与设立的并购基金,提出以下建议:

(一)完善上市公司并购基金制度

2014年8月,证监会颁布了《私募投资基金监督管理暂行办法》,首次针对私募股权投资基金进行规范。该办法属于行政规章,但没有专门涉及与上市公司有关的并购基金。

2010年证监会发布推进完善资本市场并购重组工作安排,首次从政策上明确鼓励并购基金等投资机构参与上市公司并购重组;2011年证监会修订发布《上市公司重大资产重组管理办法》,进一步明确鼓励并购基金等投资机构参与上市公司并购重组政策,上市公司设立并购基金渐行渐近。

2014年针对"PE+上市公司"成为市场炒作热点,沪、深证券交易所分别出台了信息披露备忘录,强化上市公司并购基金等信息披露,但是尚缺乏针对上市公司并购基金私密性与公开性、灵活性与强制性并存特点的法律法规层面的顶层设计。因此,建议由监管部门结合私募基金管理以及上市公司监管的要求,对上市公司并购基金出具专项的指导性意见,强化信息披露,确定行为边界,明确违规行为的认定,进而规范上市公司并购基金的运作,保护投资人利益。

(二)明晰监管思路及监管方式

建议在合法合规及维护投资者合法权益尤其是知情权前提下,重点采取

以下措施，保障并购基金对实体经济发展的促进作用。

1. 协同强化并购基金的信息披露监管

目前，对并购基金信息披露的专项监管体现在沪、深交易所制定的信息披露备忘录。从实际情况来看，该信息披露备忘录执行情况不尽如人意。中国基金业协会对私募基金管理人登记、私募基金备案中对相关信息强制要求披露，披露的范围和内容不同于交易所信息披露备忘录的规定。鉴于上市公司并购基金的特殊性，建议统一该基金的信息披露要求，将基金业监管与上市公司监管结合起来，并完善相关的监管措施。

2. 明晰监管职责、实施全面监管

对于上市公司并购基金，目前除基金管理人登记、基金募集受到基金业协会的自律性监管外，其内部运营决策机制、投资、投后管理、内控、退出等都与上市公司的利益密切相关，要符合上市公司的监管要求。因此，建议在集中统一监管架构下，针对上市公司并购基金的特殊性，相关监管部门与自律组织细化监管流程，明晰监管职责，确立监管规则，完善监管措施，加强监管协作。

3. 明晰上市公司与并购基金之间关联关系、内幕交易、不当利益输送等的边界，从严监管违法违规行为

目前，对于有限合伙类基金如何界定实际控制人、如何界定上市公司与其参与并购基金的关联关系、内幕交易敏感期、知情人范围、不当利益输送等尚无明确的认定标准，上市公司实际控制人及关联方主导的并购基金投资项目与上市公司存在同业竞争情况下应当采取何种合法解决途径，需要有清晰界定，进而加大对违法行为的处罚力度，加强对风险外溢的关注和应对。

（三）拓展并购基金的资金来源

银监会 2015 年发布的《商业银行并购贷款风险管理指引》规定"商业银行在发放并购贷款时，并购贷款占并购资金的比例不应高于 60%，并购贷款期限一般不超过 7 年"，与修订前相比，比例及年数有所提高。自 2016 年以

来，银监会研究提出投贷联动，以解决以往商业银行业务与投资银行业务难以深度结合的问题，更好支持高科技创新企业。2016年10月，国务院《关于积极稳妥降低企业杠杆率的意见》，明确提出：鼓励各类投资者通过股权投资基金、创业投资基金、产业投资基金等形式参与企业兼并重组。大力发展私募股权投资基金，促进创业投资。在有效监管的前提下，探索运用股债结合、投贷联动和夹层融资工具。目前，已经有10家银行和5个国家级自主创新示范区开展投贷联动试点，探索建立服务科技创新的投贷联动机制，上市公司并购基金有了新的资金来源渠道。

2012年，中国证券业协会发布《证券公司直接投资业务规范》（以下简称《规范》），允许直投公司进行与股权相关的债权投资，使券商通过直投公司开展过桥贷款成为可能。另嘉林药业借壳天山纺织、旋极信息发行股份并购泰豪智能的两个上市公司并购重组案例中，标的公司中都有结构化基金入股，但需要进一步明晰结构化工具运用在上市公司并购重组中的规则边界。

（四）强化并购基金管理人责任

鉴于基金管理人在并购基金的运营中起着核心作用，可以通过法律法规或协议约定其勤勉尽责义务，并有相应的约束措施。如约定在基金成立一年内无实际投资的除上市公司或其大股东同意外管理费减半。此外，在上市公司收购并购基金控制的企业时，可探讨与基金管理人签署业绩补偿约定。

（五）完善并购基金投资人的退出渠道

多种退出路径的实现，有赖于资本市场融资机制、交易机制的完善，增加投入资本的流动性路径。标的公司若不能被上市公司收购，并购基金可以通过出售给他人，或标的公司IPO、新三板挂牌后转让、资产证券化等方式实现退出。这些退出方式需要系列制度设计，以保证基金投资人的合法利益。并购基金在设立之时，应该综合考虑未来的股权退出方式，将股权退出的意向等进行适度前置，这样在募集资金时也更符合LP的需求，尤其是金融资本需求。

资本市场植根于实体经济,必须服务于实体经济。上市公司参与设立并购基金,决不能走"脱实向虚"的邪路,必须不忘初心,回归本源,坚持市场化、专业化、合规化方向,促进产业资本与金融资本的有机结合,更好地为实体经济服务。

(本文是笔者主持的专项课题研究。笔者时任中国证监会青岛证监局党委书记、局长。)

参考文献

[1] 中国证券监督管理委员会统计信息，http://www.csrc.gov.cn/pub/newsite/sjtj/。

[2] 中国证券业协会行业数据，https://www.sac.net.cn/hysj/zqgsjysj/。

[3] 中国证券业协会编著：《中国证券业发展报告（2019）》，中国财政经济出版社2019年版。

[4] 中国证券业协会编著：《创新与发展：中国证券业2018年论文集》《创新与发展：中国证券业2017年论文集》，中国财政经济出版社2018年版。

[5] 中国证券业协会编著：《2018年度证券公司履行社会责任情况报告》。

[6] 中国证券业协会人力资源管理专业委员会行业文化建设课题组："证券行业价值观的提炼与践行研究"，刊载于《思想政治工作研究》2017年9月。

[7] 清科研究中心：《2016年中国并购基金报告》，2016年3月。

[8] [美]史蒂夫·西瓦兹著，吴晓灵主编，高凌云等译：《金融创新与监管前沿文集》，上海远东出版社2015年版。

[9] [荷]乔安妮·凯勒曼、雅各布·德汗、费姆克·德弗里斯编著，张晓朴译：《21世纪金融监管》，中信出版社2017年版。

[10] [美]乔尔·塞里格曼编著，徐雅萍等译：《华尔街的变迁：证券交易委员会及现代公司融资制度演进》，中国财政经济出版社2009年版。

[11] 吴晓求等著：《中国资本市场研究报告（2017）——中国金融监管改革：比较与选择》，中国人民大学出版社2017年版。

[12] 康书生等著：《证券市场制度比较与趋势研究》，商务印书馆2008年版。

[13] 习近平："决胜全面建成小康社会 夺取新时代中国特色社会主义伟大胜利——在中国共产党第十九次全国代表大会上的报告"，刊载于《中国经济周刊》2017年10月。

[14] 刘鹤："对危机与监管的认识"，刊载于《市场观察》2016年1月。

[15] 易会满："敢担当善作为，站稳人民立场，努力实现新时代资本市场高质量发展"，刊载于《旗帜》2019年11月。

[16] 尚福林主编：《证券市场监管体制比较研究》，中国金融出版社2006年版。

[17] 肖卓霖、何晖："新时代企业经济管理创新研究"，刊载于《中国管理信息化》2020年1月。

[18] 杨良奇、吴桂华、易玉："当前经济结构调整下经贸类高校校准毕业生就业定位及其策略分"，刊载于《科技经济导刊》2019年12月。

[19] 李培峰："新时代文化产业高质量发展：内涵、动力、效用和路径研"，刊载于《重庆社会科学》2019年12月。

[20] 韩文秀："建设更高水平开放型经济新体制"，刊载于《宏观经济管理》2019年12月。

[21] 邓丹凤："融资融券在中国的发展现状分析"，刊载于《中国集体经济》2014年2月。

[22] 周跃辉："坚持公有制为主体、多种所有制经济共同发展和按劳分配为主体、多种分配方式并"，刊载于《党课参考》2019年11月。

[23] 李德："中国证券市场的改革与发展"，刊载于《金融纵横》2011年4月。

[24] 边传奇："当前对证券公司监管相关法规的若干缺陷"，刊载于《济南金融》2005年12月。

[25] 张国云："金融罕有的'金九银十'景"，刊载于《中国发展观察》2019年9月。

[26] 邢成："金融体制创新与信托业再塑"，刊载于《中国金融》2019

年9月。

［27］刘再起、张瑾："中国特色自由贸易试验区开放升级研究——基于负面清单的分析"，刊载于《学习与实践》2019年12月。

［28］原浩哲："科创板对中国资本市场健康发展的意义"，刊载于《大众投资指南》2020年1月。

［29］薛靖东："2018：防范金融风险，促进良性循环"，刊载于《中国经济信息》2017年12月。

［30］聂庆平："对实行股票发行注册制的几点认识"，刊载于《清华金融评论》2019年10月。

［31］宋立："为实体经济提供高质量金融服务"，刊载于《人民日报》2020年1月。

［32］周跃辉："坚持和完善社会主义基本经济制度"，刊载于《党课参考》2019年12月。

［33］钮文新："金融是生意，更是责任"，刊载于《中国经济周刊》2018年10月。

［34］胡洁："当前信用风险叠加流动性风险的形成与化解"，刊载于《中国发展观察》2018年11月。

［35］何立峰："优化政府职责体系"，刊载于《宏观经济管理》2019年12月。

［36］肖钢："资本市场与科技创新"，刊载于《全球商业经典》2019年8月。

［37］王芝清："人民币国际化背景下，怎样实现高质量的金融开放？"，刊载于《国际融资》2019年9月。

［38］林毅夫："从70年发展看经济学理论创新"，刊载于《中国中小企业》2019年12月。

［39］朱卫东、周菲、魏泊宁："新时代中国高质量发展指标体系构建与测度"，刊载于《武汉金融》2019年12月。

［40］许宪春、郑正喜、张钟文："中国平衡发展状况及对策研究——基于'清华大学中国平衡发展指数'的综合分析"，刊载于《国际货币评论（2019合辑）》2019年12月。

［41］徐明："全力推动新三板改革平稳落地，更好服务创新型民营中小企业"，刊载于《金融时报》2020年2月。

［42］王东、王稳："新时期保险教育：专业化与国际化发展——第六届中国保险教育论坛观点综述"，刊载于《保险研究》2011年12月。

［43］尚福林："不断探索金融创新，助推经济高质量发展"，刊载于《清华金融评论》2019年12月。

［44］於勇成、金涛："中资券商国际业务发展路径探析"，刊载于《清华金融评论》2019年11月。

［45］步艳红："银行理财子公司发展的定位与使命"，刊载于《当代金融家》2019年10月。

［46］李扬："全球债务浪潮汹汹，风险管理面临新挑战"，刊载于《中国银行保险报》2020年1月。

［47］郭雳："注册时代发行保荐制度的存废与革新——以香港地区新规及案例为参照"，刊载于《证券法律评论》2015年4月。

［48］吴思："防控金融风险的关键是深化金融体制改革"，刊载于《中国经济报告》2018年6月。

［49］朱邦凌："哪些风险会成为A股市场的'灰犀牛'"，刊载于《证券时报》2017年7月。

［50］林晚发、刘颖斐、赵仲匡："承销商评级与债券信用利差——来自《证券公司分类监管规定》"，刊载于《中国工业经济》2019年1月。

［51］姬旭辉："防范化解金融风险的政治经济学研究"，刊载于《经济学家》2019年2月。

［52］沈小平："坚持全面依法治国"，刊载于《党课参考》2019年11月。

[53] 施超："国有企业并购的价值重塑"，刊载于《商场现代化》2019年11月。

[54] 赵娜、张晓峒、朱彤："董事声誉偏好与企业投资效率——基于中国2005～2016年上市公司的实证分析"，刊载于《南开经济研究》2019年12月。

[55] 王国刚："新时代金融监管框架点论"，刊载于《〈IMI研究动态〉2018年第二季度合辑》2018年6月。

[56] 吴俊："关于建设现代化经济体系的研究"，刊载于《经济研究参考》2019年6月。

[57] 孙兰生："新时代金融业的价值追求与使命担当"，刊载于《农业发展与金融》2019年12月。

[58] 秦锐："居民部门杠杆率上升，风险不容忽视"，刊载于《科技智囊》2017年5月。

[59] 何磊："习近平关于建设现代化经济体系的重要思想"，刊载于《党的文献》2018年8月。

[60] 吴汉洪："市场监管与建设现代化经济体系"，刊载于《学习与探索》2018年5月。

[61] 刘江宁："关于中国经济发展进入新时代的研究"，刊载于《经济研究参考》2019年6月。

[62] 李迅雷："为什么直接融资比重总是上不去"，刊载于《财富生活》2019年8月。

[63] 王桢："写好建设现代化经济体系这篇大文章"，刊载于《新湘评论》2018年3月。

[64] 强舸、成小红："国有企业党委（党组）与董事会的决策分工与运作机制——以'讨论前置'为考察核心"，刊载于《理论视野》2019年11月。

[65] 赵英杰："论OECD〈公司治理原则〉——2015年修订情况及其对

中国的启示",刊载于《证券法苑》2016年12月。

[66] 李明富、韩维蜜:"发掘数字化创新动能,深化资本市场金融供给侧改革——第三届中国证券业金融科技发展座谈会召开",刊载于《金融电子化》2019年8月。

[67] 张晓刚:"完善金融期货市场功能,构建资本市场稳健发展新生态",刊载于《清华金融评论》2019年10月。

[68] 郭庆卫、刘宏宇:"论中国商业银行的公司治理",刊载于《金融理论与实践》2003年9月。

[69] 阎岳:"依新证券法治市,增强资本市场活力与韧性",刊载于《证券日报》2020年1月。

[70] 刘慧:"资本市场新使命是服务实体经济",刊载于《中国经济时报》2020年1月。

[71] 蒋建湘:"中国特色国有公司治理模式及其实现",刊载于《经济法论丛》2018年3月。

[72] 李晓永、赵凌云:"中国企业股票期权行权期限问题研究",刊载于《经济与管理》2011年4月。

[73] 贺宛男:"易主席为何将敬畏市场放首位",刊载于《理财周刊》2019年3月。

[74] 马晓曦:"坚持'四个必须'推进资本市场健康发展——中国证监会主席易会满答记者问",刊载于《中国金融家》2019年3月。

[75] 邱永红:"中国上市公司退市法律制度的历史变迁与演进实证研究——兼论〈证券法〉相关规定的修改完善",刊载于《证券法苑》2014年6月。

[76] 杨海霞:"中国创投20年:任重道远再出发——专访中国投资协会副会长、股权和创投委会长沈志群",刊载于《中国投资(中英文)》2019年2月。

[77] 师毅:"张学政:学习是一种信仰,创新是一种超越",刊载于《中关村》2019年6月。

[78] 任泽平、曹志楠、马图南、黄斯佳："注册制是一场触及灵魂深处的改革",刊载于《商业文化》2019年5月。

[79] 胡旸："中概股回归的新模式——以学大教育为例",刊载于《财会学习》2016年8月。

[80] 侯巍："探索新时代证券公司差异化高质量发展路径",刊载于《中国证券报》2019年8月。

[81] 菅明军："打造核心竞争力 服务实体经济",刊载于《中国证券报》2020年1月。

[82] 温家宝："总结经验,明确方向,不断开创金融工作新局面",刊载于《人民日报》2012年1月。

[83] 桂浩明："H股全流通的启示:努力提高上市公司质量",刊载于《现代商业银行》2019年12月。

[84] 范一飞："开展企业标准'领跑者'活动谱写金融标准化新篇章",刊载于《金融电子化》2019年8月。

[85] 郭正彪："证券行业数据应用方向和实践",刊载于《金融科技时代》2019年12月。

[86] 王清："以高水平金融开放推动高质量发展",刊载于《经济日报》2019年12月。

[87] 金玥："国债续发如何影响流动性?",刊载于《金融市场研究》2019年11月。

[88] 李扬："金融供给侧结构性改革的六大方向",刊载于《国际货币评论(2019合辑)》2019年12月。

[89] 韩维蜜："思想交锋:证券业数字化转型实践",刊载于《金融电子化》2019年2月。

[90] 庄少文："香港FinTech又有新标杆,智能投顾'有鱼智投'2.0版本发布",刊载于《证券日报》2017年4月。

[91] 李显志："寻痛点,找支点——券商金融科技之路",刊载于《金

融电子化》2019年8月。

[92] 陈雨露、马勇："宏观审慎监管：目标、工具与相关制度安排"，刊载于《经济理论与经济管理》2012年3月。

[93] 赵辉："日美企业文化对发展中国企业文化的启示"，刊载于《新闻世界》2012年3月。

[94] 吴星："给科技插上腾飞翅膀"，刊载于《江淮法治》2019年7月。

[95] 鲍颖焱："证券监管权法律问题研究——以系统论的角度展开的观察"，刊载于《学术论文联合比对库》2018年12月。

[96] 杨毅："资本市场可以成为民企发展壮大重要引擎"，刊载于《金融时报》2018年12月。

[97] 张穗："中国区域性股权交易市场全景解读"，刊载于《国际融资》2016年10月。

[98] 黄明、王文姬："美国并购基金简介与中国发展并购基金的思考"，刊载于《政研简报》2010年第28期。

[99] 郑鈜、李潇潇："并购基金的监管路径：一个商法思维的分析框架"，刊载于《南方金融》2014年第1期。

[100] 卓尚进："切实维护金融安全　扎实做好金融工作"，刊载于《金融时报》2017年5月。

[101] 刘欣："中国加强金融监管"，刊载于《今日中国》2017年6月。

[102] 魏革军："重塑金融业价值框架下的监管改革"，刊载于《〈IMI研究动态〉2017年下半年合辑》。

[103] 朱从玖："并购重组与经济转型升级"，刊载于《中国金融》2017年3月。

[104] 龚柏华："国际化和法治化视野下的上海自贸区营商环境建设"，刊载于《学术月刊》2014年1月。

[105] 清华大学国家金融研究院课题组，吴晓灵、李剑阁、王忠民："完善制度设计，提升市场信心，建设长期健康稳定发展的资本市场"，刊载于

《清华金融评论》2015（12）。

［106］吴晓求："中国资本市场：从制度和规则角度的分析"，刊载于《财贸经济》2013（01）。

［107］刘道远："多层次资本市场改革语境下证券交易制度研究"，刊载于《法学论坛》2010。

［108］李国运："美国资本市场信息披露制度监管体系研究"，刊载于《财会通讯》2007（06）。

［109］刘义圣："中国资本市场功能变迁与制度完善"，刊载于《当代经济研究》2004（07）。

［110］宋渊洋："制度距离、制度相对发展水平与服务企业国内跨地区经营战略——来自中国证券业的经验证据"，刊载于《南开管理评论》2015。

［111］吴晓求、陈启清、毛宏灵："中国证券业：发展与未来之路"，刊载于《经济理论与经济管理》2004（01）。

［112］Yong‐Yi Li. Information transparency and corporate performance – Evidence from China's multi‐tiered capital market system. Journal of Statistics and Management Systems. 2019（22‐1）.

［113］Jacek Gad. The pillars of internal control and risk management systems in relation to financial reporting：The perspective of the Polish and German capital markets. Zeszyty Teoretyczne Rachunkowości. 2016（884573）.

［114］Nikiforos S. Panourgias. Capital markets integration：A sociotechnical study of the development of a cross‐border securities settlement system. Technological Forecasting & amp；Social Change. 2015（99）.

［115］Dara Szyliowicz. Regime theory and the development of the securities industry. Management & Organizational History. 2012（7‐2）.

［116］Felix Zogning. Comparing financial systems around the world：Capital markets，legal systems and governance regimes. Economics，Management & Financial Markets. 2017（12）.

后 记

　　唯变不变，道法自然。经历 40 年改革开放洗礼，亲历 30 年资本市场实践，在知天命之年对这条法则才有了更深切的体会。20 世纪 80 年代，大学生还被称为"天之骄子"，一方面读着《资本论》批判市场经济，另一方面读着《国富论》学习市场经济，风起于青萍之末，冥冥之中已注定将经历经济社会的巨大变迁。20 世纪 90 年代被称为"转轨经济"的年代，由计划经济体制向市场经济体制转轨是主旋律。置身于改革开放和市场经济的最前沿——资本市场建设和公司制度改革的实践，最早接触到的公司治理、信息披露、并购重组等理论与制度，皆奉英美模式为圭臬，以至于在《证券法》立法中，把"收购上市公司"制度按英文直译为"上市公司收购"制度。21 世纪初，中国资本市场爆出了"银广夏""蓝田股份"造假案，一时间惴惴不安，感觉是不是没学好？不意金融帝国华尔街随即爆出"安然"和"世通"造假大案，不免又起"小巫见大巫"之念。2008 年 4 月，在北京大学的一次演讲中，基于对市场经济的认知，慷慨陈词"政府不应该参与市场博弈"，要坚信"市场的自我调节和自我修复能力"。随即一场发端于美国的次贷危机，演变成席卷全球的金融危机，美国政府断然出手"救市"，一举颠覆传统的自由市场经济理论，被称为"行动的勇气"。危机之后，全球经济学界掀起"市场失灵""信息披露失真""公司治理失效"问题的反思和探讨。可谓时有消长，经有因革，为治之道，必通其变，识变顺变，应物自然，这是本书表达的方法论。

　　不易、简易和变易是天人合一哲学思想的三条重要原则，深刻揭示了事物变化的基本规律。一场全球性的新冠疫情正在重演历史的周期律。19 世纪中期，当工业文明的"坚船利炮"打开古老的国门后，时代的精英们意识到

致知录：中国资本市场实践与思考

将发生"百年未有之大变局"。自此以后，全球化趋势浩浩荡荡，顺之昌逆之衰，虽千回百转不改其方向。2018年，全球最大的两个经济体猛然爆发贸易摩擦，全球化与逆全球化两股潮流在新时代激烈碰撞。履霜坚冰至，又一个"百年未有之大变局"次第呈现。而庚子年这场突如其来的新冠疫情，骤然加快加重加深了"大变局"的来临。从1840年至今整180年，两个庚子年站在同样的历史关口，只是"攻守之势异也"。变易之中有不变的规律。《孙子兵法·势篇》提出"凡战者，以正合，以奇胜"的战略思想。大争之世，正者制度优势，奇者科技优势。在现代化经济体系中，资本市场是科技优势的"孵化器"，在要素资源市场化配置和促进创新资本形成方面发挥着中枢作用。当前中国经济由高速增长阶段转向高质量发展阶段，投融资体制市场化改革是关键环节，资本市场在投融资体系中发挥中枢作用是必然结果。从国际金融发展的实践来看，一国金融体系的形成具有较强的"路径依赖性"。改革开放40多年来，中国金融体系形成了以高储蓄率为特征和以商业银行为主体的基本格局。中国经济高速增长的"黄金十年"，也是中国商业银行无论资产规模还是市值水平迅速跻身全球前列的十年。这十年中国直接融资比重维持在10%～15%之间，股权融资比重在3%～5%之间，投资银行资产规模在金融体系占比仅为2%左右。投资银行是促进投融资交易的核心中介机构，是资本市场发挥中枢作用的重要基础平台。没有充分发展的投资银行就没有高度发达的资本市场。30年间中国股市经历了4次显著的大起大落，分别发生在1997年、1999年、2007年、2015年，每一次大起都有"银行资金入市"的影子，每一次大落也留下了"银行资金违规入市"的印记，充分反映了中国金融体系发展不平衡的症结所在。打造一个规范、透明、开放、有活力、有韧性的资本市场，规范、透明、开放是资本市场的制度基础，有活力、有韧性是资本市场的生态环境，前者是资本市场的内在禀赋，后者是金融体系的系统集成。发挥资本市场中枢作用，引导储蓄资金转化为有效投资，是中国金融体制改革必须跨越的关口。资本市场中枢作用的发挥，客观上有赖于金融管理体制的顶层设计和金融资源配置的重大调整。当然经济为本，金融为

后　记

末，不宜过度夸大金融的作用，资本市场亦然；敬畏市场不易，迷信市场不对，适宜尚和去同，执两用中。总之，大道至简，事成必是精确的时机、精准的方位、确定的因果、正确的方法，这是本书表达的认识论。

"世运渺渺高贤意，疫情汹汹苦亦辛"。书成之际，正是新冠疫情狼烟四起之时。庚子年1月23日武汉"封城"，1千多万人居家隔离，"九省通衢"之地交通阻断。"两江白甲鏖战苦，十万军民逆行忙"，打响人类历史最波澜壮阔的抗疫阻击战，再次彰显了中华民族不屈不挠的斗争精神。当中国人民踏着春天的脚步逐渐走出疫情阴霾之时，小小寰球已是遍地狼烟，3月9~18日美股史无前例地在10日内触发4次熔断，3月23日美联储史无前例地推出无上限量化宽松。不到2个月的时间，全球确诊病例突破300万，死亡人数逾20万。历史周期律表明，重大疫情是天心人事变化的征兆，国际政治经济格局也将随之改变。置身在不确定的世界和百年未有之大变局，我们唯有朝乾夕惕，从善如流，日益精进，以自身的确定性应对外界的不确定性。

疫情期间流传最广的一句话是：时代的一粒灰落在个人头上就是一座山。当灾难来临，家就是遮风挡雨的铜墙铁壁、不慌不乱的安乐之窝，我和爱人、大儿子一起居家隔离，相濡以沫共克时艰，感谢她们给予我的温暖和踏实！当然能够安享这份太平，是有人不辞辛劳保障物资充足，是有人勇于逆行阻断疫情蔓延，是有人隐忍奉献维护和平安宁，感恩他们撑起的这片太平天下！母亲和小儿子却没有这般安然，犹如两座大山时时压在我心里。老母亲疫情期间在贵阳居家隔离时患肺部感染，弟弟冒着隔离、传染风险，把母亲送进医院治疗十余天，姊妹亲人们尽心陪护不辞日夜，为人子却不能病前尽孝，久久不能释怀；小儿子未成年孤悬海外，举目无亲，在"重灾区"西雅图独自抗疫，为人父却不能护佑弱小，常常揪心不已。每年母亲寿辰千万里必赶回去陪伴，十余年没有间断，今年是母亲八十大寿，却因疫情阻隔，未能如愿陪伴左右。谨以此书为证，祝愿老母亲康复圆满更加福寿绵延！同时祝愿小儿子历经磨练更加坚强卓越！祝愿挚爱家人身心康安、岁月静好！

最后，感谢清华大学五道口金融学院老师、学生和出版社同志为本书顺利付梓做出的努力！

（签名）

庚子年农历三月初四